W0055595

BASTEI
LÜBBE
TASCHENBUCH

Über die Autorin:

Michelle Stevens studierte zunächst Creative Writing an der New York University und schrieb sich später für ein Psychologiestudium ein, das sie erfolgreich mit einer Promotion abschloss. Ihre Dissertation wurde als beste des Jahrgangs ausgezeichnet. Als Therapeutin und Gründerin der Non-Profit-Organistation »Post Traumatic Success« arbeitet Michelle Stevens weltweit mit Überlebenden von traumatischen Lebenssituationen zusammen, ermutigt sie zu heilen, zu wachsen und um ein besseres Leben zu kämpfen. Heute lebt sie mit ihrer Familie in Pasadena, Kalifornien.

MICHELLE STEVENS

AUSSER MIR VOR ANGST

Missbraucht und misshandelt, zerbrach meine Seele in viele Persönlichkeiten

Aus dem amerikanischen Englisch von
Rosie Pinhorn

BASTEI
LÜBBE
TASCHENBUCH

BASTEI LÜBBE TASCHENBUCH
Band 60992

Dieser Titel ist auch als E-Book erschienen.

Vollständige Taschenbuchausgabe

Deutsche Erstausgabe

Für die Originalausgabe:
Copyright © 2017 by Michelle Stevens
Illustrationen © Gillian Biease 2013
Titel der amerikanischen Originalausgabe: »Scared Selfless«
Originalverlag: G. P. Putnam's Sons

Für die deutschsprachige Ausgabe:
Copyright © 2018 by Bastei Lübbe AG, Köln
Textredaktion: Dr. Ulrike Strerath-Bolz, Friedberg
Titelillustration: © Lesley Rigg/shutterstock
Umschlaggestaltung: Christin Wilhelm, www.grafic4u.de
Satz: hanseatenSatz-bremen, Bremen
Gesetzt aus der Adobe Garamond Pro
Druck und Verarbeitung: CPI books GmbH, Leck – Germany

ISBN 978-3-404-60992-5

2   4   5   3

Sie finden uns im Internet unter
www.luebbe.de
Bitte beachten Sie auch: www.lesejury.de

Für Mikey, Chris, Steve und Leah,
die mir gezeigt haben, dass Liebe die beste Medizin ist

Inhalt

Vorwort

Ein wundersamer Abend

Wir wären beinahe zu spät gekommen. Fast den ganzen Weg über hatte starker Verkehr auf dem Highway geherrscht. Als ich das Gebäude schließlich betrat, konnte ich sehen, dass die anderen schon ihre Talare übergezogen hatten. Ich fand meinen, schlüpfte rasch hinein und prüfte noch einmal sorgfältig, dass mein Tam richtig saß. Dieses seltsame Hütchen ist zugleich Stolz und Demütigung aller Doktoranden.

Ich reihte mich in die Schlange der Absolventen ein, gerade noch rechtzeitig, bevor die Gruppe geschlossen in den Hörsaal marschierte. Nach einer Reihe der typischen langweiligen Reden begann der Dean, die Namen aufzurufen. Wir mussten ein paar hundert Masterabschlüsse durchstehen, bevor sie mit den Dissertationen begannen. Wir waren ungefähr fünfzig, alle mit diesen mittelalterlichen Hütchen ausgestattet. Da mein Familienname mit *S* beginnt, dachte ich, es wäre besser gewesen, wenn ich mir in den Falten der schmucken Robe etwas zu essen versteckt hätte. Oder noch besser: einen Scotch.

Endlich waren wir an der Reihe. Ich schaute mir voller Erwartung an, wie die Absolventen einer nach dem anderen aufstanden und nach vorne gingen. Bei Nummer 239 kannte ich den Ablauf: Der Name wird aufgerufen, der oder die Graduierte geht nach vorn, erhält das Diplom vom Provost und bekommt die Hand geschüttelt, während der Dean etwas unelegant die Kapuze über den Kopf des Graduierten schiebt. Wenn das Haar des Kandidaten so richtig schön in Unordnung gebracht ist, folgt ein schnelles *Klick-Klick* des Institutsfotografen. Dann verlässt man das Podium, und schon wird der nächste Name aufgerufen.

Als die Kommilitonin neben mir nach vorne gerufen wurde, bereitete ich mich also auf einen fixen Spurt vor. Aber als sie die Bühne verließ, gab es eine unerwartete Pause. Der Provost wandte sich vom Mikrofon ab, und der Präsident trat vor. Ich geriet in Panik. Was zum Teufel ging hier vor sich? *O Gott,* dachte ich. *Ich muss meine Scheine vermasselt haben.* Auf einmal bereute ich die siebenstündige Fahrt nach San Francisco.

»Jedes Jahr«, sagte der Präsident, »wählt die Fakultät einen Absolventen aus, der für seine Dissertation eine besondere Auszeichnung erhält. Dieses Jahr geht diese Auszeichnung an ein ambitioniertes Projekt, das die Geschichte eines Mädchens nachzeichnet, dessen Leben von einem gewieften und außerordentlich grausamen Pädophilen bestimmt wurde. Außerdem handelt es sich bei dieser Arbeit um eine anthropologisch-soziologische Studie der Pädophilie und der sadomasochistischen Subkulturen in der westlichen Welt. Es ist die mutigste Untersuchung, die ich jemals gelesen habe. Sie wurde von Michelle Stevens verfasst.«

Applaus brach im Auditorium los. Leute, die mich kannten, riefen Hurra. Der Präsident trat vom Mikrofon zurück und lächelte mich an. Ich begriff kaum, dass von mir erwartet wurde, nun hochzugehen. Von meinen Kommilitonen nach vorne geschoben, schritt ich Meter für Meter zur Bühne. Auf dem Weg dahin drehte ich mich gerührt zu all den Menschen um, die mich unterstützt hatten: meine Frau Chris, unser kleiner Sohn Mikey, mein bester Freund Steve. Auch mein gesamtes Dissertationskomitee war da, und eine Reihe meiner Professoren. Ehrlich gesagt war es ein höchst wundersamer Moment.

Im Grunde war es sogar ein Wunder, dass ich noch lebte.

Jahrelang habe ich ein gefährliches Dasein gefristet. Zuerst wurde ich wiederholt Opfer von Kindesmissbrauch. Später litt ich dann unter einer schweren Psychose, verursacht durch eben jenen Missbrauch. Nur sechs Jahre vor meinem Abschluss wurde ich in eine geschlossene Psychiatrie eingewiesen, weil eine meiner alternativen Persönlichkeiten sich auf die Suche nach sadistischen Männern gemacht hatte, die mir wehtun wollten. Eine andere war beständig suizidgefährdet und hatte dahingehend schon mehrere Versuche unternommen.

In einer Fachklinik für Traumapatienten sagte mir eine erfahrene Therapeutin, meine Prognose sei nicht sehr gut. Ich wurde mit Dissoziativer Identitätsstörung diagnostiziert, besser bekannt als Multiple Persönlichkeitsstörung. Das ist eine der schlimmsten psychiatrischen Diagnosen überhaupt. Ich war umgeben von Patienten, die aufgrund der Krankheit alles verloren hatten. Ihre Arbeit. Ihre Ehepartner. Ihre Kinder. Mir wurde gesagt, dass ich niemals ein normales, funktionsfähiges Leben würde führen können. Ja, mir wurde gesagt, ich sei ein hoffnungsloser Fall.

Ich übertreibe also nicht, wenn ich behaupte, es grenzte an ein Wunder, dass ich hier vor einer akademischen Fakultät auf dem Podium stand. Und für meine Dissertation gelobt zu werden, nun, auch das grenzte an ein Wunder. Denn das Thema meiner Dissertation war *mein beschissenes Leben*. Nicht gerade der übliche akademische Weg, ich weiß. Aber als Überlebende eines Kindersexrings wollte ich Licht in die Welt der Pädophilie bringen. Ich musste erklären, warum diese Menschen tun, was sie tun, und wie sich das auf ihre jungen Opfer auswirkt.

Mir war aufgefallen, dass unsere Gesellschaft die stete Nachrichtenflut über Entführungen, gefallene Kirchenvertreter und Kinderpornografie leid ist. Dabei wissen wir trotz all der Fernsehquoten und Verkaufszahlen von Zeitschriften, die über derlei

Geschichten berichten, sehr wenig über sexuellen Missbrauch und seine Ursachen. So kann es geschehen, dass wir jedes Mal, wenn eine große Geschichte ans Licht kommt – Elizabeth Smart, katholische Priester, Jaycee Dugard, Jerry Sandusky, die Entführungen in Cleveland –, die gleichen Fragen stellen:

Wie konnte das passieren?
Wie konnte das in dieser Gegend passieren?
Warum sind sie nicht geflohen?
Warum haben sie es niemandem erzählt?
Warum hat niemand etwas bemerkt?
Wie konnte das so lange anhalten?
Warum hat keiner etwas dagegen unternommen?

Tief in meinem Innern erkannte ich, dass diese Geschichten an unseren Urängsten rühren. Sie bewirken, dass wir uns um unsere eigene Sicherheit sowie die unserer Kinder sorgen. Wir fragen uns:

Wie soll ich wissen, wem ich trauen kann?
Wie kann ich mich und meine Lieben schützen?

Ich wusste, dass ich Antworten auf diese Fragen hatte. Und zwar auf *alle* diese Fragen. Ich hatte Antworten, weil ich mehr als sechs Jahre lang Vergewaltigungen und Folter durch unzählige Pädophile überlebt habe – Männer, die aufgrund ihrer kriminellen Handlungen im Geheimen vorgehen und äußerst schwer zu finden und zu studieren sind. In dieser Zeit war es mir bestimmt, Einblick in die Taten eines sogenannten »Karriere-Pädophilen« zu erhalten. Ich wurde Zeugin seiner schmutzigen Verbrechen, beobachtete ihn dabei, wie er auch andere Kinder aus typischen Mittelschichtfamilien missbrauchte. Außerdem bekam ich die Machenschaften anderer Perverser mit und lernte viel über Sexualstraftäter: wie sie denken, wie sie ihre Opfer aussuchen, wie sie ihre Eroberungen verschweigen. Als Überlebende weiß ich außerdem, was es heißt, Missbrauch zu erleiden – was es der Seele eines Menschen antut. Ich weiß es, weil ich es selbst erlebt habe.

Also schrieb ich alles auf, was ich wusste. Dann las ich Bücher, Studien und Interviews und lernte noch mehr darüber. Nach acht Jahren Forschung hatte ich einen Berg an Material über Sexualstraftäter, deren Opfer und gesellschaftliche Reaktionen auf ihre Handlungen und war bereit, dieses Wissen mit der Welt zu teilen.

Ich war sogar bereit, die Details meines eigenen Missbrauchs und meiner Genesung mit der Welt zu teilen.

Aber ich war nervös.

Wie würden die Leute reagieren?

Als ich zur Bühne hinaufging und das Meer aus Gesichtern fixierte, kam mir plötzlich eine Geschichte aus meinem Kurs »Geschichte der Psychiatrie« in den Sinn. Denn vor vielen Jahren stand ein anderer Therapeut hinter einem Podium und sprach offen über sexuellen Kindesmissbrauch. Für ihn ging die Sache nicht so gut aus. Man schrieb das Jahr 1896, und der Therapeut war ein Mann namens Sigmund Freud. Freud arbeitete mit Patientinnen, die unter *Hysterie* litten, eine vage Diagnose für eine Reihe von Symptomen bei Frauen inklusive Schlaflosigkeit, Gereiztheit und sexueller Gelüste (oder des Fehlens jeglicher Gelüste). Er betreute vor allem schwierigere Fälle von Hysterie – Frauen mit Halluzinationen, unerklärten Lähmungserscheinungen und radikalen Persönlichkeitsveränderungen mit Gedächtnisverlust in Bezug auf bestimmte Vorfälle. Auf der Suche nach den Ursachen für die Symptome machte Freud eine monumentale Entdeckung: Er erkannte, dass seine Patientinnen psychotisch waren aufgrund von »ein[em] oder mehrere[n]

Erlebnisse[n] von vorzeitiger sexueller Erfahrung, die der frühesten Jugend angehören«.

Freud war überzeugt, dass seine Patientinnen Opfer von sexuellem Kindesmissbrauch gewesen waren und dass diese Art von Missbrauch einen lang anhaltenden psychologischen Schaden verursachte. Voller Begeisterung über seine neuen Erkenntnisse war der gute Doktor darum bemüht, sie mit seinen Kollegen in einer Vorlesung zu teilen. Leider reagierten seine Kollegen nicht gut auf diese Nachricht. Hysterie war immerhin eine sehr weit verbreitete Diagnose.

Wenn Freud recht hatte, bedeutete das, dass in ganz Wien kleine Mädchen missbraucht wurden. Statt diese bittere Erkenntnis zu akzeptieren, gaben die Männerbünde extremer Skepsis Ausdruck. Sie glaubten, dass Freud falsche Missbrauchserinnerungen in die Köpfe seiner leicht beeinflussbaren Patientinnen pflanzte. Dem gesellschaftlichen Druck (und vielleicht einem eigenen Unbehagen) nachgebend, widerrief Freud und stellte eine neue These auf. Er folgerte stattdessen, dass die schrecklichen Erinnerungen eher einem Wunschdenken entsprangen.

Und so wurde Frauen in den nächsten achtzig Jahren gesagt, dass ihre Erinnerungen falsch und vielmehr Wunschdenken seien. So einfach war das: Diese Frauen wünschten sich einfach nur, als Kind vergewaltigt worden zu sein! Diese Lächerlichkeit war eine so durch und durch anerkannte Forschungsmeinung, dass noch ein Lehrbuch der Psychiatrie von 1975 angab, Fälle von Vater-Tochter-Inzest würden im Verhältnis eins zu einer Million auftreten.

Während ich mir wünschte, etwas ganz Besonderes zu sein, wissen wir heutzutage, dass sexueller Kindesmissbrauch alles andere als selten ist. Bis zu 40 Prozent aller Frauen und 13 Prozent aller Männer in den Vereinigten Staaten haben schon einmal »nicht einvernehmliche körperliche Kontakte« erlebt. Internationalen Berichten zufolge werden weltweit bis zu 50 Prozent aller Mädchen und 60 Prozent aller Jungen im Kindesalter sexuell missbraucht. Das bedeutet, dass nahezu jeder Mensch entweder Opfer von Missbrauch war oder zumindest eine betroffene Person im näheren Umfeld hat. Es ist traurig, dass sexueller Kindesmissbrauch eine der wenigen Lebenserfahrungen ist, die die gesamte Weltbevölkerung miteinander teilt.

Vor diesem Hintergrund könnte man meinen, dass der sexuelle Missbrauch von Kindern ein allgegenwärtiges Gesprächsthema ist, so gewöhnlich wie die Arbeit oder das Wetter. Aber tatsächlich ist das nicht so. Denn im Gegensatz zum Wetter ist Sex noch immer ein Tabuthema. Und Sex mit Kindern? Nun, das ist faktisch ein Supertabuthema. Wir finden das Thema so unangenehm, dass wir es aus dem politischen Diskurs verbannen. In ihrer Funktion als Psychiaterin sagt Judith Herman: »Einige Verstöße gegen den Gesellschaftsvertrag sind zu schrecklich, um sie laut auszusprechen: Das ist die Bedeutung des Wortes *unaussprechlich.*«

Das Problem ist aber folgendes: Wenn wir nicht über sexuellen Kindesmissbrauch reden, wie können wir dann hoffen, die Dinge jemals zum Besseren zu verändern? Wenn wir Kinder schützen, Pädophilie verhindern und erwachsenen Opfern helfen wollen, dann müssen wir offen und ehrlich über das Problem diskutieren.

Deshalb habe ich beschlossen, meine persönliche Geschichte von Missbrauch und Genesung mit anderen zu teilen. Als ich an jenem Abend aufgerufen wurde, um meine Promotionsurkunde entgegenzunehmen, erzählte ich den Anwesenden meine Geschichte.

Es ist die gleiche Geschichte, die ich hier erzähle – die eines achtjährigen Mädchens, das dazu gezwungen wurde, Sexsklavin zu werden.

Ich wurde vergewaltigt, gefoltert und in die Prostitution mit unzähligen Männern gezwungen. Ich wurde für Kinderpornografie benutzt. Das Ergebnis des Missbrauchs war, dass ich verstört und ohne Aussicht auf eine optimistischere Perspektive aufwuchs. Aber ich beschloss, mich nicht der Verzweiflung hinzugeben. Ich schwor, für ein gutes und normales Leben zu kämpfen. Der Weg dahin war nicht leicht, sondern mit Schmerz, Zweifeln und Selbsthass gepflastert. Aber ich gab nicht auf und fand letztlich die Hilfe und Liebe, die ich brauchte.

Ich kehrte an die Uni zurück und wurde schließlich Psychologin. Ich wollte Menschen helfen, die genauso litten wie ich damals. Nun arbeite ich mit Hunderten Opfern von Kindesmissbrauch. Eine Aufgabe, vor der ich großen Respekt habe. Und so verrückt es auch klingen mag: Ich spreche niemals von einer schlechten Prognose.

Aber ich greife vor. Zurück auf Anfang ...

Teil I

Missbrauch

Wenn die Angst regiert, ist Gehorsam die einzige Wahl, um zu überleben.

Toni Morrison, *Gott, hilf dem Kind*

Stalins Huhn

Alles begann mit einer Puppe. Nicht für mich natürlich, obwohl ich acht war und noch mit Puppen spielte. Aber diese Puppe war etwas Besonderes. »Eine echt antike Porzellanpuppe«, sagte meine Mutter. Sie hatte sie an einem Antiquitätenstand auf dem Flohmarkt gefunden. Der Preis: dreihundert Dollar.

Selbst heutzutage sind dreihundert Dollar für eine Puppe übertrieben. Es war jedoch 1976, und meine Mutter war eine alleinerziehende Achtundzwanzigjährige mit einem schlecht bezahlten Job. Wir lebten in einer Einzimmerwohnung, Radio und Fernsehen sowie Telefon wurden oft abgeklemmt, weil wir nicht dafür zahlen konnten. Meine Mutter war also eigentlich nicht in der Lage, eine Dreihundert-Dollar-Puppe zu kaufen.

Aber niemand hat meiner Mutter jemals bescheinigt, vernünftig zu sein.

Ein Zahlungsplan wurde entworfen. Die alte Dame hinter dem Tresen nahm eine erste Rate entgegen, steckte die Puppe in eine Papiertüte und schob sie unter den Tisch. Alle paar Wochen schleifte meine Mutter mich zurück zu dem Stand und überreichte der Dame ein paar Scheine. Ehrlich gesagt war mir das mit meinen acht Jahren alles so ziemlich egal. Der Flohmarkt war halt irgend so ein Ort, zu dem man an einem Samstag ging. Herumrennen, Steine kicken, Hot Dogs essen. Und der staubige Stand, den meine Mutter besuchte, war besonders interessant, denn er war bestückt mit Puppen, elektrischen Eisenbahnen und Baseballkarten. Wir hatten Spaß.

Ich ahnte nicht, dass mir jemand nachstellte.

Da war ein Mann am Stand, der den Platz als Nebenverdienst unterhielt. Gary Lundquist war Lehrer für Fünftklässler und hatte eine Schwäche für Spielsachen, Spiele und überhaupt alles, was einem Kind Spaß macht. Kaum dass er mich gesehen hatte, ließ er durchblicken, auch eine Schwäche für meine Mutter entwickelt zu haben.

Die zwei fingen an, miteinander auszugehen. Dann ging alles sehr schnell. Innerhalb weniger Wochen wurde es mit der Beziehung so ernst, dass Gary vorschlug, ich sollte ein bisschen Zeit mit ihm verbringen. *Allein.* Er sagte, so könnten wir unsere eigene spezielle Freundschaft entwickeln. Ein langes Wochenende wurde geplant. Meine Mutter brachte mich zu Garys Haus und fuhr weg, nachdem sie mir versprochen hatte, mich in drei Tagen wieder abzuholen.

Als Erstes fiel mir auf, wie groß Garys Haus war. Es stand auf einer riesigen Wiese und war das schickste Haus, das ich jemals betreten hatte. Es gab drei Schlafzimmer, ein Büro und einen vollgestopften Keller. Außerdem war ein offener Kamin im Wohnzimmer – der erste, den ich in meinem Leben sah. Heute ist mir klar, dass es nur ein typisches Haus der Mittelklasse war, mit wohl kaum mehr als 170 m². Da ich aber aus einfachen Verhältnissen kam, erschien es mir wie ein Palast.

Das Dekor war jedoch seltsam. Ein ausgestopftes Reh hing über dem Kamin, und die Wand des Esszimmers wurde von einer Konföderierten-Flagge geziert. Neonreklameschilder für Bier strahlten ein schummeriges Licht in den Flur aus. Auf jeder Ablagefläche befand sich irgendeine Baseballkarte, ein Kronkorken oder ein militärisches Memento. Und es gab massenhaft politische Memorabilien, besonders Bilder von Präsident Carters Tochter Amy als Kind.

Als ich das Wohnzimmer betrat, fiel mir ein Bücherregal voller Fotoalben auf. Eine ganze Menge davon. »Was ist denn das?«, fragte ich.

»Schau sie dir an«, sagte er und drückte sich an mir vorbei. Mit seinen 1,85 m konnte er problemlos ein paar Alben von den oberen Regalfächern herunterholen. Er ließ sie auf den Wohnzimmertisch fallen und setzte sich selbst auf die Couch. Er klopfte auf das Kissen neben sich und winkte mich herüber. Kaum dass ich saß, öffnete er das erste Album. Auf der aufgeschlagenen Seite klebten Fotos. Lauter Bilder von Kindern. Ihre Haare waren alle ordentlich gekämmt, sie starrten in die Kamera und lächelten in dieser bekloppten Weise, in der Kinder auf Schulporträts lächeln.

Auf der nächsten Seite war ein großes Foto von einer Klasse. Die gleichen Kinder waren alle hübsch gekleidet und standen auf Stufen. Daneben stand Gary. Unter dem Foto stand:

G. Lundquists 5. Klasse – 1969

Gary erklärte mir, dass er Lehrer sei und dies nun schon seit mehr als zehn Jahren. Das Foto zeigte eine seiner ersten Klassen, die er unterrichtet hatte, als er noch in Kansas arbeitete. Er sprach über sein Collegestudium in Kansas und darüber, dass die Studentinnen frigide Kühe waren. Mit meinen acht Jahren hatte ich natürlich keine Ahnung, wovon er sprach. Ich war vollkommen ahnungslos, genauso wie die Kinder auf dem Foto. Gary zeigte mir eine Seite nach der anderen. Zuerst die offiziellen Schulporträts. Dann die offiziellen Klassenfotos. Dann Polaroids – kleine Fotos von einzelnen Kindern. »Die Besonderen«, sagte er.

Sie lachten, umarmten sich oder machten Unsinn, wie Kinder es eben tun. Einfach nur normale Bilder. Aber sehr viele davon. Die Kinder in seiner Klasse, die Kinder in seiner Theater-AG, die Kinder des Begabtenprogramms, das er am Nachmittag betreute. Nachbarskinder. Kinder, die er für Wochenendarbeiten beschäftigte. Kinder, die mit ihm im Sommer verreisten. Kinder, die er für eine Weile in Pflege nahm, wenn die Eltern sich nicht um sie kümmern konnten. Hunderte und Aberhunderte von Kindern.

Keines davon war seines, sagte er. Dabei wünschte er sich nichts mehr als ein Kind ganz für sich allein.

Und deshalb sitze ich hier, dachte ich. Zum Vorsprechen, sozusagen. In den wenigen Wochen, in denen er mit meiner Mutter ausging, hatte er schon deutlich gemacht, dass er eine bedeutende Rolle in meinem Leben spielen wollte. Das war eine große Erleichterung für meine Mutter. Bis vor Kurzem hatte sie jegliche Hoffnung aufgegeben, noch jemanden zu finden, der Verantwortung für ihr uneheliches Kind übernehmen wollte. Und dann kam doch noch so ein toller Typ daher: gebildet, fest angestellt, mit einem schönen Haus, und obendrauf hatte er noch ein erfolgreiches kleines Geschäft. Meine Mutter stammte aus einer verarmten Familie. Sie hatte weder eine gute Erziehung noch eine Berufsausbildung genossen und keinerlei Zukunftsaussichten. Für sie war Gary eine ausgesprochen gute Partie.

Nach ein paar weiteren Fotoalben sagte Gary, es sei Zeit, ins Bett zu gehen. Ich holte mein Nachthemd und ging ins Bad, um mich fertig zu machen. Als ich wieder rauskam, fand ich Gary in einem Schlafzimmer am Ende des Flurs. Es war spärlich eingerichtet mit einem einfachen Doppelbett. Gary hatte bereits die Laken beiseitegeschlagen, also kroch ich hinein und zog die Decke über mich.

Gary sah auf einmal sehr bekümmert aus. »Weißt du«, sagte er, »ich bin sehr traurig. All die Jahre habe ich in diesem großen Haus ganz alleine gewohnt. Ich bin so einsam … Aber jetzt kannst du ja meine Tochter sein!« Er verkündete es strahlend, als ob das alles so einfach wäre. Aber ich war mir nicht so sicher. Ich kannte den Mann doch kaum. Und trotz all seiner Bemühungen, sich bei mir einzuschmeicheln, war ich mir nicht sicher, ob ich ihn wirklich mochte. Die Vorstellung, einen Vater zu haben, in einem richtigen Haus zu wohnen, mein eigenes Zimmer zu haben, war sicher nicht schlecht. Aber irgendetwas an Gary kam mir unaufrichtig vor. Wenn nicht gar beängstigend.

»Lass mich dein Nachthemd ansehen«, sagte er plötzlich und zog die Decke weg. Das stimmte mich glücklich, weil ich mein Lieblingsnachthemd trug: ein langärmliges rosa Flanellkleidchen mit Rüschen am Saum und einer schönen Dame vorne drauf. Sie hielt ein paar Blumen in der Hand und trug einen Schutenhut. Santa Claus hatte es mir zu Weihnachten gebracht.

»Oh, das ist aber hübsch«, gurrte er und traf den Nerv meines Stolzes. »Willst du ein Foto von dir in dem hübschen Nachthemd?«

Ich nickte.

Er verließ das Zimmer und kam nach wenigen Augenblicken mit einer Polaroidkamera zurück. Er positionierte sich am Fußende des Betts und machte sich daran, die restlichen Decken wegzuziehen, bevor er seine Linse ausrichtete. Ich bat ihn, eine Minute zu warten, um mein Nachthemd glattzustreichen. Ich wollte sichergehen, dass die Dame vorne auf dem Hemd gut zu sehen war. Dann machte er das Bild. Zwei Mal drückte er auf den Auslöser und schoss ein Foto für sich und eins für mich. Ich habe meines noch. Es zeigt ein kleines Mädchen mit langen braunen Haaren und einem Pony, umgeben von einem Meer aus rosafarbenen Rüschen, flach auf dem Bett liegend. Das Mädchen hat eine milchig weiße Haut und blassrosa Lippen, von einem scheuen Lächeln umspielt. Die großen blauen Augen sind weit geöffnet, starren direkt in die Kamera. Da ist eine Unschuld an dem kleinen Kind, eine Verletzlichkeit, die so viel Vertrauen ausstrahlt, dass sie mich heute schmerzt.

Dennoch ist es ein Bild, das mir sehr viel bedeutet, denn es ist das letzte Mal, dass ich mit diesen strahlenden, unbekümmerten Augen direkt in die Kamera geschaut habe. Ein seltsames Geschenk und das erste von vielen, die ich von diesem Mann erhalten würde, der zugleich mein Leben zerstört hat. Eigentlich ein wahrer Schatz. Was ich meine, ist: Wie viele Leute können schon behaupten, dass sie genau wissen, wie sie im letzten Moment ihrer Kindheit aussahen?

Später in der gleichen Nacht. Ein Keller. Ich bin nackt und in einem Käfig eingesperrt. Ich kann mich nicht mehr daran erinnern, wie ich dahin gekommen bin.

Es gibt viele Dinge in meinem Leben, an die ich mich nicht mehr erinnern kann. Dies ist eine gute Gelegenheit für einen Einschub: Ich leide an Amnesie, und das schon seit meiner Kindheit. Jeder Mensch mit multiplen Persönlichkeiten leidet an Gedächtnislücken. Auslöser sind die Traumata, die er oder sie in der Kindheit durchmachen musste. Ich zum Beispiel hatte völlig vergessen, dass ich als kleines Mädchen vergewaltigt und gefoltert wurde. Die Erinnerungen kamen erst nach und nach im Erwachsenenalter zurück. Die Vorstellung, dass jemand etwas so Wichtiges wie eine Vergewaltigung vergisst – oder mehr als eine Persönlichkeit entwickelt –, ist für manche Leute schwer zu verstehen. Also behaupten einige, wiedergewonnene Erinnerungen und multiple Persönlichkeiten seien Humbug. Diese Leute haben natürlich nicht die Tortur durchleben müssen, die ich zu erdulden hatte. Wäre es so, dann würden sie verstehen, warum mein Verstand so hart daran gearbeitet hat, alles zu verdrängen.

Es gibt ein schönes Sprichwort dazu: *Richte niemanden, bevor du nicht eine Meile in seinen Schuhen gelaufen bist.* Und doch leben wir in einer Gesellschaft, in der Gewaltopfer immer wieder verurteilt werden. Verprügelte Frauen werden als »schwach« beschimpft, wenn sie ihre Männer nicht verlassen können. Vergewaltigungsopfer werden wegen ihrer Kleidung kritisiert. Sogar unschuldigen Kindern wird vorgehalten, dass sie ihren Entführern nicht davongelaufen sind!

Dazu kommt es, weil viele Leute ihre Ansichten rein darauf begründen, was sie zu kennen und verstehen gelernt haben. Aber was nicht Betroffene wirklich über Verbrechen wissen, ist sehr eingeschränkt. Schließlich misshandeln die meisten Täter ihre Opfer nicht mitten im Einkaufszentrum. Wenn sie nicht komplett dämlich sind, schlagen, vergewaltigen und drohen sie in ihrem privaten Umfeld. Das verhindert, dass der Rest der Gesellschaft erfährt, was wirklich passiert.

Aus diesem Grund herrscht weithin eine gewisse Skepsis gegenüber Opfern und seltsam erscheinenden Symptomen wie Amnesie, wiedergewonnenen Erinnerungen und multiplen Persönlichkeiten. Es ist für viele schlichtweg nicht vorstellbar, welch schreckliche Begebenheiten derartige Störungen hervorrufen. Der einzige Weg für die Betrachter, jemals zu wissen, was Opfer durchgemacht haben, ist, wenn Opfer ihre Erfahrungen offenbaren. Aber Opfer sprechen selten über ihre beschämende Qual, und so entsteht ein Informationsvakuum, das zu sehr vielen Missverständnissen, Insensibilität und Ignoranz führt.

Eines meiner Ziele ist es, diese Missverständnisse aufzuklären. Aber dafür muss ich Details über den Missbrauch offenlegen, den ich als Kind erleiden musste. Es ist mir klar, dass es meinen Leserinnen und Lesern nicht immer leichtfallen wird, das zu lesen. Dennoch: Wenn Menschen die komplizierten Antworten zu Reaktionen eines Opfers auf Gewalthandlungen verstehen wollen, dann müssen sie in die Schuhe des Opfers schlüpfen. Sie müssen die Gewalt selbst *erfahren* – wenigstens auf den Seiten eines Buches.

Und deshalb werde ich meine Geschichte genau so erzählen, wie sie mir im Gedächtnis geblieben ist. Manche Erinnerungen sind klar und farbig wie in einem Hollywoodfilm. Andere sind dunkel, verschwommen und unzusammenhängend wie die Seiten eines vergilbten Fotoalbums. Sie alle wurden über Jahre hinweg zusammengetragen und erzählen eine schlimme Geschichte. Meine Geschichte. Sie handelt von meiner Versklavung, und sie beginnt in einem Keller.

Ein kalter, dunkler Keller mit einem Zementboden und Wänden aus Betonschalsteinen. Der Raum sieht riesig aus. Von meinem Sitzplatz aus scheinen die Schatten unbegrenzt.

Ich bin nackt und in einem Käfig eingesperrt: wohl neunzig mal neunzig Zentimeter groß. Gerade groß genug, um sich mit ausgestreckten Beinen hinzusetzen oder um sich in der Embryonalstellung hinzulegen. Er ist aus dünnen Metallstangen gefertigt. Der Boden besteht aus einer festen Metallplatte. Ein winziges Vorhängeschloss sichert die Halterung an der Tür. Es ist ein Hundezwinger. Die Art von Käfig, die dazu dient, Welpen wegzusperren. Mit meinen acht Jahren weiß ich das jedoch noch nicht. Meine einzige Erfahrung mit Haustieren besteht aus dem Zusammenleben mit einer kleinen Wüstenrennmaus, die meine Mutter bei Woolworth gekauft hat. Sie lebt in einem Glaskäfig in unserem Wohnzimmer und beißt, wenn ich versuche, sie anzufassen.

Ich will nach Hause zu meiner Wüstenrennmaus und meinem Snoopy-Kissen und meiner Raggedy-Ann-Puppe. Ich will auf dem Teppich in meinem Schlafzimmer liegen und Sesamstraße auf meinem kleinen Schwarz-Weiß-Fernseher gucken. Ich will, dass meine Mama Fischstäbchen und Kroketten macht und dann mit mir auf der Couch sitzt, sodass wir beide unsere Lieblingssendung Archie Bunker gucken können.

Ich habe Hunger.

Wann habe ich das letzte Mal etwas gegessen?

Was für ein Tag ist heute?

Wann kommt Mama zurück?

Plötzlich ein Geräusch.

Wird die Haustür geöffnet? Mama ist hier! Erleichterung. Nur noch einen kleinen Moment.

Dann höre ich den schweren Schritt von Männerfüßen. Er ist zurück. Mein Bauch tut weh. Ich muss pinkeln.

Seine Füße laufen auf dem Boden über mir. Ich bin wie gelähmt. Mein Atem wird flach, meine Arme und Beine werden schwach, und nach und nach verliere ich die Kontrolle über meinen gesamten Körper. Mein Verstand jedoch bleibt scharf und fokussiert. All meine Aufmerksamkeit gilt dem Geräusch der Füße. Jeder Schritt – weiter weg, näher – ist Leben. Oder Tod.

Es ist der schiere Horror. Und zwar von der Art, wie ihn die meisten Menschen nur aus ihren Träumen kennen. Aber selbst aus dem schlimmsten Albtraum kann man aufwachen, aus dem Bett springen und die Vorhänge aufreißen. Versuchen, das schreckliche Gefühl abzuschütteln.

Ich will dieses Gefühl abschütteln. Meine schreckliche, schreckliche Angst. Ich will sie verdrängen und einfach nur etwas anderes fühlen. Es ist unerträglich, sich so sehr zu fürchten. Unerträglich, es nur eine Minute, eine Stunde, geschweige denn einen ganzen Tag auszuhalten.

Oder zwei Tage? Wie viel Zeit ist wohl vergangen? Wann kommt meine Mutter? Was ist das für ein Geräusch?

Männer unterhalten sich.

O Gott, es müssen zwei sein!

Die Tür am oberen Ende der Treppe wird knarrend geöffnet. Gary kommt herunter, gefolgt von einem anderen Mann. Ich kann ihn nicht genau sehen, weil er im Schatten verborgen ist. Trotzdem spüre ich schon jetzt, dass er fies sein wird. Er ist so groß wie Gary, hat schwarzes Haar und einen schwarzen Schnurrbart. Er sieht irgendwie wie ein Verbrecher in einem dieser alten Stummfilme aus.

Irgendwann später einmal erfahre ich, dass der Mann Joe

heißt. Er ist ein Freund von Gary, der seine Interessen teilt. Auch er begeistert sich für politische Geschichte, antike Sammelobjekte und sadistische Pädophilie.

Als der Mann die letzte Treppenstufe erreicht, schlendert Gary langsam zu mir herüber. Sie sehen beide streng aus, und keiner der beiden redet, was die ganze Szene sogar noch mehr einem Albtraum ähnlich macht. Falls ich tatsächlich einen Körper, einen Verstand, einen Namen habe, bin ich mir dessen in diesem Augenblick nicht bewusst. Alles, was ich jetzt noch kenne, ist Lähmung. Meiner Glieder, meines Verstands, meiner selbst. Die Zeit steht still. Jeder Schritt, der Gary näher zu mir führt, dauert eine Stunde. Jetzt fühle ich keine Angst mehr. In diesem Moment fühle ich nichts.

Der schwarzhaarige Mann trägt so etwas wie Seile. Er geht ein Stückchen von der Treppe weg und beginnt, sie über die Balken der Kellerdecke zu hängen. Gary kommt weiter auf meinen Käfig zu. Er steht jetzt über mir und schaut auf mich herunter.

»Es ist Zeit, mit deinem Training zu beginnen, Sklavin«, sagt er. Seine Stimme ist tief und fordernd, nicht so, wie sie sonst klingt. Sein Gesicht ist auch anders. Es ist ausdruckslos und leer. Außer seinen Augen, die mich mit einer Kälte anstarren, wie ich sie noch nie zuvor gesehen habe. An niemandem. Die Kälte und Ausdruckslosigkeit sind so unmenschlich, so bizarr, dass sie mich bis heute verwirren.

Vielleicht spielt Gary nur mit mir – ein beängstigendes unecht-verrücktes Spiel, wie es Erwachsene manchmal machen, bevor sie ein ulkiges Gesicht ziehen und anfangen zu lachen.

»Raus aus deinem Käfig, Sklavin«, sagt Gary im gleichen fordernden Ton. Er bückt sich und öffnet das Schloss.

Die Tür schwingt leicht auf.

Er wartet.

Aber worauf? Ich bin wie gelähmt. Nichts von dem, was hier passiert, ergibt einen Sinn.

»Ich habe gesagt, raus aus deinem Käfig, Sklavin. Du wirst tun, was ich sage. Du wirst lernen, mir zu gehorchen!«

Er bückt sich noch mal, streckt seinen Arm durch die Käfigöffnung und grapscht nach meinem Bein. Er zerrt daran und fängt an, mich rauszuziehen.

Hilflos, wie ich bin, werde ich über den Boden geschleift. Am Boden des Käfigs ist ein Metallrand, und als mein Rücken darübergezerrt wird, merke ich, wie der kalte Stahl meine Haut aufschürft. Alles passiert so schnell. Ich kann mich auf nichts richtig konzentrieren.

Plötzlich werde ich hochgehoben. Der Schwarzhaarige hält mich. Er und Gary fesseln meine Arme und Beine mit den Seilen, die von der Decke hängen, und stopfen ein Halstuch in meinen Mund. Es passiert alles so schnell und ist so seltsam, dass ich nicht begreife, was eigentlich geschieht. Schlagartig lassen mich die Männer los, und das volle Gewicht meines Körpers hängt durch. Das zieht die Fesseln um meine Handgelenke, Schenkel und Knie ruckartig fester. Ich hänge dort nackt, geknebelt und mit gespreizten Beinen.

»Wenn du mir nicht gehorchst, dann wirst du bestraft«, sagt Gary. Dann hält er eine Art Stock hoch, wahrscheinlich einen abgesägten Besenstiel. Ich habe Angst und bin sicher, dass ich nun geschlagen werde. Doch stattdessen rammt Gary mir den Stock nach einer bedrohlich langen Pause zwischen die Beine.

Schmerz. Schock. Panik. Ich muss hier weg. Ich kämpfe. Winde mich. Aber ich bin festgebunden. Kann mich nicht bewegen. Kann nicht fortlaufen. Hilflos. Ich versuche zu schreien. Muss schreien. Schreien wegen des Schocks, des Schmerzes. Um Hilfe schreien. Damit er aufhört. »Stopp! Stopp!« Ich versuche zu schreien.

Aber ich bin geknebelt. Geknebelt und gefesselt. Zu hilflos, um fortzurennen oder zu schreien oder mich vor dem Schmerz zu schützen. Plötzlich flutet ein grässlicher Geschmack meinen Mund. Ich übergebe mich.

Instinktiv drehe ich meinen Kopf und versuche meinen Mund zu öffnen, um die ekelhafte Flüssigkeit loszuwerden. Aber mein Mund ist zugebunden. Meine Schreie ertrinken im Erbrochenen. Ich ersticke. Kriege keine Luft mehr. Kann nicht atmen.

Das Stoßen hört auf. Gary ist bei meinem Kopf. Er zieht an dem Halstuch. Fummelt daran herum, um es herauszuziehen. Tasten, zerren, er stopft seine fetten Finger in meinen Mund, zieht das verkrumpelte, nasse, stinkende Tuch heraus. Erbrochenes strömt aus meinem Mund, auf meine Lippen, mein Gesicht, meinen Hals. Ich würge immer noch, huste, schnappe nach Luft. Nach einer Weile kann ich wieder atmen. Ich bemerke ein Brennen in meinem Hals, den faulen Geschmack in meinem Mund, Schmerz zwischen meinen Beinen.

Gary sieht zu dem Schwarzhaarigen. Sein Gesicht ist ernst, aber normal. Er sieht wieder aus wie ein Mensch.

»Sie hätte ersticken können«, sagte er leise.

Dann hebt Gary meinen Körper hoch, während der andere Mann die Fesseln löst. Gary trägt mich zurück zum Käfig, legt mich auf den Boden und befiehlt mir, hineinzukriechen.

Automatisch gehorche ich ihm. Ich krabble hinein, krümme mich zusammen und schließe die Augen. Ich bin zu schwach, um zu kämpfen, zu schreien, zu denken. Ich will nur schlafen.

Noch mehr passiert an diesem Wochenende. Irgendwann kommen Gary und der Mann zurück, um den Käfig zu öffnen, und befehlen mir rauszukommen. Es sei Zeit, mit meinem Training zu beginnen. Ich krieche heraus, so erschöpft, dass es mir gar nicht in den Sinn kommt, nicht zu tun, was man von mir verlangt. Als ich auf dem Boden niederknie, bindet der schwarzhaarige Mann ein Lederhalsband um meinen Hals und befestigt eine

Leine daran. Er übergibt die Leine an Gary, der mich zwingt, auf Händen und Knien hin und her zu kriechen. Mir wird beigebracht, bei Fuß zu gehen, zu sitzen, zu bleiben. Bei alldem wird von mir erwartet, dass ich blind gehorche. Ich bin nun eine Sklavin, wird mir gesagt. Nicht besser als ein Hund. Ich muss lernen, dem Meister zu gehorchen.

Natürlich ist mir das alles zutiefst zuwider. Es tut weh, über den harten Boden zu kriechen. Und es ist noch schlimmer, lange Zeit still in der Bleib-Position zu sein. Was mich jedoch am meisten stört, ist nicht der Schmerz, die Kälte oder gar die Angst. Es ist der furchtbare Zwang, Dinge tun zu müssen, die ich nicht tun will. Dinge, die ich beschämend finde. Demütigend. Ich will nicht nackt sein. Ich will kein Hundehalsband tragen. Ich will nicht an einer Leine herumkriechen. Ich will nichts von alldem tun. Ich hasse es. Es macht mich so wütend. Aber ich kann nichts sagen. Was ich will, glaube, fühle, ist völlig egal. Ich kann nur noch tun, was sie sagen.

Endlich ist meine Dressur beendet. Mir wird gesagt, dass ich es gut gemacht habe, dass ich eine gute und gehorsame Sklavin sei. Dafür gibt es eine Belohnung. Es ist mir erlaubt, etwas zu essen. Das ist eine Erlösung. Ich bin völlig ausgehungert. Allein das Wort »Essen« bringt meinen Magen zum Knurren. Als der schwarzhaarige Mann mir jedoch mein Essen bringt, merke ich, dass das nur ein Trick war, eine weitere Art der Demütigung. Er platziert zwei Hundenäpfe vor mir. Einen mit Wasser, den anderen mit Nassfutter. Mir wird gesagt, dass ich mich über die Schalen knien solle, mit den Händen auf meinem Rücken. Einen langen Moment bleibe ich bewegungslos. Ich weiß, dass ich das Hundefutter essen *muss*, aber beim bloßen Gedanken daran und bei dem Geruch wird mir schlecht. Ich kann mich nicht dazu durchringen, mein Gesicht in dem stinkenden Napf zu versenken.

»Was ist los, Sklavin? Magst du dein Essen nicht? Du wirst

lernen müssen, ein bisschen dankbarer zu werden. Und du wirst lernen, es zu mögen. Iss!«

Der Ton von Garys Stimme macht klar, dass es sicherlich weniger schlimm sein wird, dieses widerliche Mahl zu essen, als das, was er mir antut, wenn ich es nicht esse.

Also beuge ich meinen Kopf über die Schale und esse das Hundefutter. Ich ignoriere den Geruch. Den Geschmack. Jede Anwandlung in meinem Körper, die mich drängt, davonzulaufen, es auszuspucken, mich zu übergeben. Ich schalte meine Gedanken ab, meine Gefühle, meine Sinne, meinen Körper. Ich verwandle mich in eine stumpfe, dumme Fressmaschine, immun gegen den Geruch, den Geschmack, die Zusammensetzung, alles. Das ist der einzige Weg, das Ganze durchzustehen. Der einzige Weg.

Ich bin wieder allein in meinem Käfig. Wie lange bin ich nun schon hier? Es müssen sicherlich bereits ein paar Tage sein. Irgendwie ist mir der Lauf der Zeit bewusst. Ich habe das Licht kommen und gehen sehen durch das hohe Fenster auf der anderen Seite des Kellers. Ich habe aber nicht mitgezählt. Weiß nicht, wie oft die Sonne rumkam. Aber es muss doch längst an der Zeit sein, dass Mama kommt. Nicht wahr? Wann kommt sie und holt mich ab?

Mir ist kalt, und es ist eng in der kleinen Zelle. Das Hundehalsband sitzt zu straff. Ich muss pinkeln. Trotzdem habe ich das Alleinsein im Käfig schätzen gelernt. Wenn sie mich rausholen, passieren die schlimmen Dinge. Deshalb mag ich es hier irgendwie. Ich mag es, wenn ich allein sein und meine Gedanken fliegen lassen kann. Ich denke an schöne Dinge wie Kätzchen, Spielsachen, Eis und das Pferd, das ich eines Tages haben werde. Ich denke nicht daran, dass ich nackt, hungrig, müde und verängstigt bin. Ich bilde mir einfach ein, irgendwo an einem guten Ort zu sein, wo ich glücklich und sicher bin.

Die Tür geht auf. Licht flutet die Treppe herunter. Gary und

Joe sind wieder da. Sie haben einen gemeinen Ausdruck in ihren Gesichtern. Und mit einem Mal verwandle ich mich wieder von einem glücklichen, Pferde reitenden Kind in ein stumpfes, körperloses Knäuel, angefüllt mit unsäglicher Angst. Ich bin wertlos. Meine Tagträume sind wertlos. Es geht nur noch um den Gesichtsausdruck von Gary.

»Ich bin enttäuscht von dir, Sklavin«, sagt er. »Ich versuche, dich abzurichten, aber du scheinst nicht lernen zu wollen. Ich glaube nicht, dass du schätzt, was ich alles für dich tue. Ich glaube nicht, dass du dankbar bist für all die Zeit und Aufmerksamkeit, die ich dir schenke. Ich glaube, du brauchst mehr Strenge. Ich glaube, Schmerz ist das Einzige, das dich lehrt zu gehorchen.« Er bückt sich, um den Käfig zu öffnen. »Raus«, sagt er.

Sofort krieche ich aus dem Käfig heraus. Ich habe bereits gelernt, dass es besser ist, ihm zu gehorchen, und zwar je schneller, desto besser.

»Steh auf«, sagt er und greift mein Halsband. Dann schubst er mich zu den Seilen.

O mein Gott! Nicht noch mal die Seile. Nicht der Stock. So viel Schmerz! Unfassbare Panik packt mich. Instinktiv falle ich zusammen, versuche auszuweichen. Aber er ist da, zieht mich wieder hoch, bindet mich an die Schlinge.

»Nein, bitte nicht«, bettele ich. »Ich bin brav! Ich verspreche es! Ich bin brav!«

»Still«, brummt er, als er den Stock drohend hochhält. Ich bin starr vor Angst. Wahnsinnige Furcht überkommt mich. Ich bereite mich auf den Schmerz vor, aber er kommt nicht. Stattdessen legt er seine Hand an die Stelle zwischen den Beinen und beginnt, sie sachte zu reiben.

»Na, fühlt sich das nicht gut an?«, fragt er.

Ich weiß nicht, was ich denken soll. Fühlt es sich gut an? Ja, ich denke schon. Es fühlt sich auf jeden Fall sehr viel besser an als der Stock und der Schmerz.

Er reibt weiter, aber es ist schwer zu verstehen. Schwer zu verstehen, was passiert. Ich dachte, sie würden mir wehtun. Dachte, ich würde gefoltert werden. Aber das hier ist nicht schlecht. Es tut gar nicht weh. Trotzdem bin ich verwirrt. Kann dem nicht trauen. Es muss ein Trick sein. Warum tut er mir nicht weh? Warum reibt er mich? Warum sieht sein Gesicht auf einmal so nett aus?

»Ist das nicht besser?«, sagt er. »Fühlt sich das nicht gut an? Gefällt dir das? Es gefällt dir, nicht wahr? Ja, entspann dich. Entspann dich einfach.«

Das Nächste, was ich weiß, ist, dass die Männer mich runterholen. Gary hält mich in seinen Armen und trägt mich nach oben. Zurück in das Haus, in dem alles angefangen hat. Durch die Küche und ins Esszimmer, den langen Flur entlang. Ich bin so verwirrt. Ich weiß nicht, was vor sich geht. Weiß nicht, ob ich Angst haben oder erleichtert sein soll. Ich weiß nicht, wie ich mich fühlen soll. Ich fühle einfach gar nichts.

Bevor ich das Ganze verstehen kann, sind wir in Garys Schlafzimmer. Er zieht die Decken zurück. Legt mich in sein riesiges grünes Bett. Er steigt nach mir rein. Zieht die Decken hoch. Wiegt mich in seiner Armbeuge. Fängt erneut an, die Stelle zwischen meinen Beinen zu reiben. Zärtlich. Rhythmisch. »Na, fühlt sich das nicht gut an?«

Es ist warm und weich. Das rhythmische Reiben, die sanfte Stimme beruhigen mich. Ich bin so müde, und es ist so friedlich, und trotz allem fange ich an, mich zu entspannen. Erleichterung überkommt mich. Der Keller ist vergessen. Mir ist jetzt warm. Endlich, endlich fühle ich mich sicher.

Ich schlafe ein über dem Einlullen des Reibens. Ich kann nicht anders. Mein Körper hat sich seit Tagen nicht entspannt. Es ist ein plötzlicher, tiefer, lebloser Schlaf. Einer von jenen, wie man ihn nur in seiner Kindheit erfährt.

Solange ich ihn kannte, war Gary ein begeisterter Hobbyhistoriker. Er liebte es, Leute mit Geschichten über Präsidenten und Politiker zu unterhalten. Aber seine allerliebste Geschichte war die von Stalins Huhn. Vom Kopfende seines Esstisches aus erzählte Gary von Stalin und seiner Suche nach Macht. Wie Stalin sich eines Tages vor das Kabinett stellte und sagte: »Wisst ihr, wie man Menschen beherrscht?« Dann wurde eine Tür geöffnet, und ein Huhn wurde hereingebracht. Stalin setzte es vor sich auf den Tisch und zupfte ihm eine Feder nach der anderen aus. Für das Huhn war der Schmerz unerträglich, und der Vogel kämpfte mit aller Kraft, um zu entfliehen. Aber als Stalin fertig war, weigerte sich das verängstigte, verletzliche Huhn, von seiner Seite zu weichen.

Es hat dreißig Jahre gedauert, bis ich verstanden habe, dass ich das Huhn war.

Der Rattenfänger

In den letzten vierzig Jahren ist das öffentliche Interesse an Kindesmissbrauch gestiegen. Folglich sind Pädophile wohl die am besten erforschte Gruppe unter »Personen mit sexuellen Abweichungen«. Aber trotz der Breite an Studien, Artikeln und Büchern herrscht wenig Konsens darüber, wie diese Typen ticken. Ein großer Teil des Problems liegt darin, die Täter ausfindig zu machen. Wie genau trifft man eine große Auswahl an sexuellen Kinderschändern, um sie zu studieren, wenn es in der Natur ihres Verhaltens liegt, sich verstecken zu wollen? Historisch bedingt sind die beliebtesten Orte zum Auffinden solcher Personen Gefängnisse, aber das bringt deutliche Vorurteile mit sich. Sind Kinderschänder dumm und zerrüttet, und funktionieren sie relativ einfach, wie manche Studien uns glauben machen wollen? Oder trifft das nur auf jene zu, die ungeschickt genug sind, sich erwischen zu lassen?

Eine weitere Komplikation ist die Tatsache, dass Kriminelle, nun ja, *lügen*. Eine Vielzahl an Information, die von kriminaltechnischen Fachkräften gewonnen wird, ist suspekt. Laut des Kriminologen Dr. Dennis Stevens sind Kinderschänder besonders schweigsam, weil sie bei Bekanntwerden ihrer Straftaten oft von Mithäftlingen angegriffen werden. Also reden sie nicht gern über ihre Taten, und wenn sie es doch tun, lassen sie oft wichtige Informationen aus oder erfinden Neues – außer, sie wissen, dass ihre Lügen aufgedeckt werden können. Ein typisches Beispiel:

Als pädophile Häftlinge zur Zahl ihrer Opfer befragt wurden, gaben sie eine vier bis sechs Mal so hohe Zahl an, wenn sie wussten, dass ihre Antwort per Polygraf-Test verifiziert werden würde.

Die Erkenntnis, dass Pädophile schamlos lügen, ist wichtig, weil diese Lügen die Grundlage einiger bedeutender Mythen sind. Zum Beispiel glauben die meisten Menschen, dass Kinderschänder in ihrer Kindheit selbst missbraucht wurden. Diese gängige Annahme stammt von Forschungsstudien, denen zufolge 28 bis 93 Prozent von Pädophilen in ihrer Kindheit sexuellen Missbrauch erlitten haben (im Vergleich zu 15 Prozent von zufälligen Kontrollgruppen). Aber diese Studien berufen sich ausschließlich auf die Aussagen der Kriminellen selbst. Im Rahmen eines Lügendetektortests behaupteten nur noch halb so viele Pädophile, dass sie selbst als Kind geschändet wurden.

Warum lügen Pädophile also sogar Forschern gegenüber, die ihre Identität geheim halten? Weil sie von ihrem eigenen Ruf besessen sind: Sie wollen eine sozial akzeptable Berechtigung für ihre Taten präsentieren. Indem sie sich selbst als missbrauchte Opfer darstellen, schaffen sie es, Mitleid zu erzeugen. Auf einmal verstehen andere, warum sie Sex mit Kindern haben wollen. Etwas, was sonst überhaupt nicht nachvollziehbar wäre.

Die Opferrolle hat für Pädophile sehr gut funktioniert. Viele Forscher haben sie als traurige, einsame, unreife Männer dargestellt, denen das Selbstvertrauen fehlt, Frauen zu umwerben, und die stattdessen Liebe und Zuneigung bei Kindern suchen. Aber Pädophile sind keine fehlgeleiteten Romantiker. – Wer sind sie also? Was wissen wir über sie? Zunächst einmal wissen wir, dass fast alle männlich sind. (Obwohl einigen Studien zufolge die Anzahl von weiblichen Tätern höher sein könnte, als bisher angenommen.) Zweitens wissen wir, dass der Großteil von ihnen heterosexuell ist; eine Studie gibt das Verhältnis von heterosexuellen zu homosexuellen Pädophilen mit 11:1 an. Drittens wissen wir, dass Kinderschänder aus allen Gesellschaftsgruppen kommen, mit keiner speziell überrepräsentierten Gruppe im Vergleich zur allgemeinen Bevölkerung.

Manche glauben, dass Kinderschänder ihren Opfern zumeist nicht bekannt sind. Eine der größten Sorgen von Eltern ist zum Beispiel, dass ihre Kinder von Fremden entführt werden. Diese Angst ist jedoch relativ unberechtigt. Es ist viel wahrscheinlicher, dass ein Kind vom Blitz getroffen wird. Wovor Eltern Angst haben sollten, sind Kinderschänder im Bekanntenkreis, weil Bekannte die höchste Zahl an Tätern von sexuellem Kindesmissbrauch stellen. Aber da genau liegt das Problem, denn diese Leute sind unsere Lehrer, Pfadfinderleiter, Freunde, Nachbarn. Sie sind Pfarrer und Sporttrainer. Sie sind überall dort, wo unsere Kinder sind. Und sie sehen so aus und handeln so wie wir.

Menschen aus dem Bekanntenkreis begehen 60 Prozent aller Kindesmisshandlungen. (Familienmitglieder steuern weitere 30 Prozent bei; Fremde 10 Prozent.) Der gewöhnliche Kinderschänder macht 50 bis 150 Kinder zu Opfern, bevor er gefasst wird (sofern er jemals gefasst wird). Sogar nach der Haft und/ oder Behandlung liegt bei Bekannten die Rückfallquote bei 52 bis 77 Prozent.

Die meisten Kinderschänder aus dem Bekanntenkreis sind präferenzielle Pädophile, was bedeutet, dass sie davon besessen sind, Sex mit Kindern zu haben. Seit der Pubertät haben sie dunkle Fantasien, sammeln Kinderpornografie und masturbieren zu diesen Bildern. Sie haben einen Drang zu schänden, wie Serienmörder einen Drang zu morden haben. Sie sind wie Raubtiere ständig auf der Suche nach dem nächsten Opfer. Folglich haben sie ihr Zuhause, die Wahl ihrer Ehepartner, ihren Beruf, Hobbys, einfach *ihr ganzes Leben* darauf ausgerichtet, Zugang zu Kindern zu gewinnen. Kurz: Für diese Kinderschänder ist der Drang, Sex mit Kindern zu haben, ein lebenslanges professionelles Streben.

Gary Lundquist war der klassische Kinderschänder von nebenan. Obwohl ich nicht seine ganze Geschichte kenne, weiß ich, dass er schon vor mir viele Jahre lang Sex mit Kindern hatte. Er hatte bereits seit elf Jahren unterrichtet, also tagtäglich mit Kindern zu tun gehabt. Während dieser Zeit hatte er sich viele Gelegenheiten erarbeitet, so viel Zugang wie möglich zu ihnen zu bekommen. Neben seiner normalen Lehrtätigkeit, die ihn sieben Stunden am Tag mit zwanzig Kindern zusammenbrachte, organisierte er auch ein Begabtenprogramm und eine Theater-AG. Diese außerschulischen Aktivitäten brachten ihm zehn bis fünfzehn Stunden zusätzlich zu seinen Lehrpflichten, und sie gaben ihm die Möglichkeit, weitere dreißig bis vierzig Kinder zu verfolgen.

Meistens entschied er sich für Mädchen. Sobald Gary sein neues Opfer ausgemacht hatte, bestand das nächste Ziel darin, mehr Zeit mit dem Kind zu verbringen. Oftmals nutzte er zusätzliche Stunden oder Proben als Vorwand.

Zunächst einmal versuchte er, das Kind besser kennenzulernen, um so herauszufinden, ob es ein leichtes Opfer war. Das bedeutete, dass es klug und aufgeschlossen sein musste. Nicht nur, weil Gary diese Fähigkeiten attraktiv fand, sondern weil diese Kinder eine natürliche Neugier zeigten und den Wunsch nach Aufmerksamkeit, was Gary ausnutzen konnte, um sie anzulocken und zu manipulieren. Ein leichtes Opfer zu sein bedeutete auch, dass das Kind einen »zerrütteten« Familienhintergrund haben musste. Dazu zählten zum Beispiel Scheidungskonflikte, verschwundene Väter, beruflich stark belastete Eltern oder auch Familienkonflikte. Es war äußerst wichtig, dass die Kinder in irgendeiner Form vernachlässigt wurden. Erstens verlangen Kinder aus einem unglücklichen Zuhause besonders viel Aufmerksamkeit und machen so ziemlich alles, um einen interessierten Erwachsenen in ihrem Leben zu halten. Zweitens sind gestresste Eltern oft verzweifelt hinsichtlich der Kinderversorgung und sehr viel gewillter, ihre Kinder an jemand anderen weiterzureichen.

Wenn eine Familie in Not war, sprang »Herr L.« mit Freude ein. Er war als hilfsbereiter, netter Typ bekannt, der Kinder über alles liebte. Wenn ein Kind eine Mitfahrgelegenheit brauchte oder sich das Schulmaterial nicht leisten konnte, war Herr L. der Mann, den man ansprach. Er gab dem Kind Geld, brachte es nach Hause und hielt sogar an der Kioskbude an, um dem armen Kind eine süße Belohnung zu kaufen. Mit ein bisschen Glück würde es Herrn L.s extraspezielles Kind werden – eines von jenen, die an Wochenenden an seinem Antiquitätenstand arbeiteten. Besonders Auserwählte durften sogar mit ihm in andere Städte reisen, um Trödelmärkte zu besuchen. Diese Märkte fanden den ganzen Sommer über statt. Sie wurden landesweit veranstaltet und dauerten meist fünf Tage am Stück, was wenigstens vier Übernachtungen in einem Motel mit sich brachte. Wenn Gary ein Mädchen besonders gern mochte, nahm er es als kleine Gehilfin mit. Das bedeutete, dass Neun- bis Zehnjährige die spezielle Belohnung erhielten, eine Woche mit ihm in einem Motelzimmer zu verbringen. Nur die beiden – Eltern waren nicht erlaubt.

Über die Jahre hinweg habe ich das gleiche Szenario mit einsamen Kindern aus zerrütteten Familien mehrmals beobachtet: Nina, das Pflegekind, verlassen von ihrer biologischen Mutter. Katie, das ignorierte mittlere Kind, dessen Eltern immerzu arbeiteten. Marcy, das schüchterne Mädchen, das alles getan hätte, um seinem autoritären Vater aus dem Weg zu gehen. Dick, dessen kleine Schwester vor Kurzem gestorben war.

Es war immer das gleiche Schema: Zuerst nahm Gary ein Kind aus einer krisengebeutelten Familie ins Visier. Als Nächstes wurde er der Freund des Kindes, bot Aufmerksamkeit, Bewunderung und eine starke Schulter an. Später wurde er ein Freund der Familie, bot zusätzlichen Unterricht, eine Mitfahrgelegenheit, Kinderbetreuung, manchmal auch finanzielle Unterstützung an. Für diese Familien war Garys zuverlässiger, billiger

»Babysitter-Dienst« unbezahlbar. Ein Geschenk des Himmels sozusagen. Ich meine, wer würde kostenlose Kinderbetreuung von einem beliebten Lehrer schon ablehnen?! Scheinbar wünschten sich viele Eltern einen Service dieser Art, denn Gary war immer von Kindern umgeben. In der Schule, zu Hause, in Geschäften, in Restaurants, wo immer er sich aufhielt, brachte er Kinder mit. Sie liefen ihm so treu hinterher, dass die anderen Bewohner der Stadt ihn scherzhaft den »Rattenfänger« tauften.

Sie ahnten nicht, dass dies kein Scherz war. Gary Lundquists Geschäft war es, Kindheiten zu stehlen.

Und die Menschen gaben ihm allzu gern die Gelegenheit dazu.

Kinderschänder, die in ihrem Privatumfeld agieren, entführen keine Kinder. Das haben sie nicht nötig. Eltern überlassen ihnen ihre Kinder ganz freiwillig, ohne auch nur zu ahnen, dass der nette Mann, dem sie ihre Kleinen anvertrauen, alles andere als nett ist. Kinder sagen ihren Eltern eher selten, was der hilfsbereite Trainer/Lehrer/Pfarrer/Onkel hinter verschlossenen Türen macht. Und in den eher seltenen Fällen, in denen ein Kind von dem Missbrauch erzählt, tun die Eltern die Anschuldigungen oftmals ab. Auf diese Weise können Kinderschänder ihre kriminellen Machenschaften oft jahrzehntelang wiederholen, ohne entdeckt zu werden. In den seltenen Fällen, in denen solche unauffälligen Pädophilen öffentlich des sexuellen Missbrauchs angeklagt werden, schenkt ihr soziales Umfeld – Familie, Freunde, Nachbarn, Kollegen – den Anschuldigungen in der Regel keinen Glauben. Sie verteidigen sie und behaupten, es handle sich um gute, aufrichtige Menschen. Das ließ sich beispielsweise auch bei dem Popstar Michael Jackson, dem Football-Coach Jerry Sandusky oder auch dem einen oder anderen katholischen Priester beobachten.

Wie können Eltern, Freunde, Kollegen oder sogar ganze Gemeinden so leicht hinters Licht geführt werden? Die Antwort ist einfach: Pädophile, die Opfer in ihrem direkten Umfeld suchen, sind meisterhafte Manipulatoren. Sie können Kinder, deren Eltern und auch sonst beinahe jeden, den sie treffen, gezielt beeinflussen. Da die meisten schon im Jugendalter übergriffig werden, perfektionieren sie ihre Fähigkeiten über lange Jahre. Viele führen ein Doppelleben, heiraten, werden in der Gemeinde aktiv und ergreifen Berufe und Ehrenämter, in denen sie regelmäßig Kontakt zu Kindern haben (Lehrer, Betreuer in Ferienlagern, Kinderärzte, Jugendpastoren, Trainer, Pflegeeltern).

Weil Kinderschänder so sehr zu helfenden Berufen und ehrenamtlichen Tätigkeiten neigen, werden sie in der Nachbarschaft oft als die netten Typen angesehen. Wenn einem dieser netten Typen vorgeworfen wird, Kinder zu missbrauchen, ist es dann ein Wunder, dass die Menschen, die ihn kennen, dies nur schwer glauben können? Er war doch immer so freundlich und hilfsbereit, wie kann es da möglich sein, dass er so etwas Schreckliches getan haben soll?

Eben diese Einsicht weisen viele von sich. Die Leute haben die Täter als hingebungsvolle Trainer/Lehrer/Priester/Onkel kennengelernt und glauben, dass sie höchstens einen einzelnen grauenvollen Fehler begangen haben. Tatsächlich dreht sich jedoch alles im Leben der Täter um diese Übergriffe. Die Rolle des Trainers/Lehrers/Priesters/Onkels ist nur eine Tarnung, um an Kinder heranzukommen.

Diese Art des Betrugs ist für die meisten Menschen nur sehr schwer zu akzeptieren. Denn es bedeutet, dass jemand, der ihnen nahesteht – jemand, den sie mögen, dem sie vertrauen und den sie vielleicht sogar lieben –, sie von Anfang an hintergangen hat. Viele sind überzeugt, eine gute Menschenkenntnis zu haben und Aufrichtigkeit und Lügen voneinander unterscheiden zu können. Doch sie irren sich. Studien haben wiederholt gezeigt, dass jemand einen Lügner lediglich mit einer Sicherheit von kaum mehr als 50 Prozent erkennen kann. Das gilt auch für Richter, Polizisten und Psychiater, was bedeutet, dass sogar professionell geschulte Experten ihr Gegenüber falsch einschätzen können. Dennoch glauben Laien, dass sie einen gewieften Betrüger ausfindig machen können.

Kinderschänder sind bekannt dafür, dass sie das Vertrauen von Eltern auszunutzen verstehen; die meisten ergötzen sich sogar daran. Sie sind so versiert darin, dass viele hintergangene Eltern bis zuletzt behaupten, ihr »Freund« sei vertrauenswürdig gewesen. Wenn ihre Kinder den Missbrauch offenbaren oder die Polizei sie kontaktiert, nachdem andere Opfer damit an die Öffentlichkeit getreten sind, werden manche Eltern deren Aussagen anzweifeln. Zudem zeigen Fallstudien, dass viele Eltern rechtliche Schritte ablehnen oder versuchen sonstige Wege zu finden, die schmerzhafte Wahrheit zu verdrängen.

Genau das ist mir passiert, als ich versuchte, meiner Mutter von Gary Lundquist zu erzählen. Nur wenige Tage nach dem Wochenende im Keller kündigte sie an, dass wir bei Gary einziehen würden. Und zwar sofort.

Selbstverständlich war ich außer mir. Ich geriet in Panik und brüllte: »Nein, ich gehe da nicht wieder hin!«

Ich bezweifle, dass ich ihr konkret geschildert habe, was Gary mit mir gemacht hat. Mit acht Jahren fehlten mir für derartige Erfahrungen schlichtweg die Worte. Aber ich machte sehr deutlich, dass ich Gary hasste, mich vor ihm fürchtete und ihn nie mehr wiedersehen wollte. Ich weinte. Ich zitterte. Ich schrie. Ich war hysterisch vor Terror und Grauen.

Als meine Mutter versuchte, das Zimmer zu verlassen, umklammerte ich fest ihre Beine. Verzweifelt versuchte ich, mich verständlich zu machen. Während sie mich in den Flur zog, rief ich aufgewühlt: »Nicht bei ihm einziehen! Bitte! Ich hasse ihn! Ich will da nicht hingehen! Zwing mich nicht, ich flehe dich an!«

Trotz meines leidenschaftlichen Protestes winkte meine Mutter die Szene als »Kinderei« ab. »Ich verstehe nicht, warum du dich so anstellst«, tadelte sie mich. »Gary hat gesagt, ihr habt euch prächtig verstanden.«

Meine Mutter kannte ihn weniger als zwei Monate. Sie kannte mich – ein in jeder Hinsicht gutmütiges und unbekümmertes Kind – seit meiner Geburt. Dennoch war ihre erste Reaktion auf meine unmissverständliche Abneigung diesem fast Fremden gegenüber, diese abzutun. »Er ist ein lieber Mann«, versicherte sie mir. »Ein Lehrer. Du solltest ihm eine Chance geben. Er mag dich wirklich sehr.«

Als alle Versuche, mich zu beruhigen, scheiterten, machte sie mir Vorwürfe. »Ach, du willst nur nicht, dass ich mit jemandem zusammen bin«, sagte sie. »Du bist nur eifersüchtig. Du willst mich ganz für dich allein.«

Im Nachhinein muss ich sagen, dass der Zeitpunkt ziemlich verdächtig war. Die erste Verabredung fand im Frühjahr statt. Schon Mitte Mai packte meine Mutter unsere Kisten. Durch den Umzug musste ich sechs Wochen vor Ende des Schuljahres die Schule wechseln. Noch seltsamer war, dass Garys Haus nicht in dem Schulbezirk lag, in dem er unterrichtete. Es war nicht einmal der gleiche Bundesstaat! Da er darauf bestand, dass ich seine Grundschule besuchte, bedeutete dies, dass er sein Haus in Pennsylvania verkaufen und ein neues (sehr viel teureres) in New Jersey erwerben musste. Solche Abwicklungen brauchen natürlich Zeit und gehen in der Regel während des Sommers über die Bühne. Aber anstatt zu warten und mich einfach zu Beginn des Schuljahres in seinen Schulbezirk umzumelden, bat Gary die Schulbehörde, mich sofort als ein außerstaatliches Kind aufzunehmen. Für diesen Gefallen erklärte er sich bereit, der staatlichen Schule eine hohe Summe an Schulgeld zu zahlen.

Was für ein Lehrer verlangt, dass eine Drittklässlerin wenige

Wochen vor Ende des Schuljahres die Schule wechselt? Was für ein Mann beschließt, ein neues Haus zu kaufen und Schulgeld für ein Kind zu bezahlen, das er gerade einmal zwei Monate kennt? Was war so wichtig, dass Gary sich keine weiteren sechs Wochen gedulden konnte? Wozu die große Eile?

Die große Eile war darin begründet, dass der versierte Pädophile Gary das schnelle Verführen von Kindern inzwischen langweilig fand. Er suchte eine neue sexuelle Anregung, hoffte tiefere, dunklere sexuelle Fantasien praktizieren zu können. Lange bevor wir uns trafen, hatte er schon einen finsteren Plan entworfen. Er hatte bereits das ganze Schema ausgearbeitet, das perfekte Szenario visualisiert. Er musste nur noch das richtige Opfer finden. Und nachdem ich auf der Bildfläche erschienen war, wollte er sogleich damit anfangen. Dazu musste er zunächst die physische Kontrolle über mich gewinnen. Das war der erste Schritt, um seinen schrecklichen Plan voranzutreiben.

Es ist nicht ungewöhnlich für Sexualstraftäter, immer extremere Begierden zu entwickeln. Exhibitionisten können nach einiger Zeit das Verlangen entwickeln, auch physischen Kontakt zu ihren Opfern aufzunehmen. Kinderschänder steigern sich oftmals vom Anfassen von Genitalien zur Penetration. Die Eskalation wird von sexuellen Fantasien vorangetrieben. Ein Straftäter kann jahrelang zu bestimmten Bildern oder Szenarios masturbieren, bevor er genügend Selbstsicherheit erlangt hat, seine Fantasien auch auszuleben. Sobald die Fantasie jedoch Realität wird, verliert sie ihren Reiz. Der Sexualstraftäter muss ein neues, noch grässlicheres Szenario entwerfen, um Erregung zu erfahren. So gesehen ist sexuelle Perversion einer Drogensucht nicht unähnlich. Man muss ständig eins draufsetzen, um das gleiche High zu erreichen.

Gary hatte sich schon jahrelang an Kindern vergriffen und dabei die Schrauben seiner Perversion immer fester angezogen.

Als wir uns trafen, hatte er ein Faible für Sadomasochismus entwickelt und mochte die wirklich knallharten Sachen. Ich weiß nicht, wie er sich dahin entwickelt hatte oder wie lange er schon darüber fantasierte, aber Gary war besessen von S/M. Er nährte seine Manie mit pornografischen Erzählungen und Bildern aus einschlägigen Zeitschriften. Außerdem sammelte er alles Mögliche an S/M-Kultrequisiten und geilte sich mit schmutzigen Filmen auf. Inspiriert von diesem Material hatte Gary seine persönliche S/M-Fantasie entwickelt, die er unbedingt in die Tat umsetzen wollte.

Gary wünschte sich eine Sexsklavin. Verrückt, ich weiß. Aber für einen S/M-Enthusiasten ist ein Sexsklave fast schon ein Muss. Das Sklave-Meister-Duo involviert normalerweise zwei bereitwillige Erwachsene. Einige Meister sind jedoch nicht zufrieden mit Internet-Sexdates und Sicherheitsworten. Einige Männer sind wahre Sadisten und wollen richtige Sklaven, die jeder ihrer perversen Neigungen dienen.

Gary Lundquist wollte eine *echte* Sklavin. Eine Sklavin, die er komplett unter seiner Kontrolle hatte. Dieses Verlangen zu dominieren ist der Inbegriff von Sadismus. In seiner einfachsten Form kann Dominanz durch Gewalt erreicht werden – Menschen fesseln, sie quälen, ihre Körper auf alle erdenkliche Weise degradieren. Das ist alles Spaß für den einfachen Sadisten, aber für einen Kerl wie Gary, der von sich glaubte, dass er einen höheren IQ besaß, wurde physische Nötigung langweilig. Er brauchte eine größere Herausforderung. Somit entschied er sich, dass er seine Sklavin nicht nur dominieren würde, sondern sie auch dazu bringen würde, sich willig zu unterwerfen.

Was ich hier anspreche, ist Gehirnwäsche. Jemanden seines freien Willens zu berauben, ist eine althergebrachte Methode der Unterwerfung und – so traurig es ist – nicht besonders kompliziert umzusetzen. Es ist jedoch viel Zeit und Privatsphäre nötig. Für einen unauffällig agierenden Kinderschänder ist der Wunsch nach einem Sexsklaven mit ein paar Schwierigkeiten verknüpft. Zum Beispiel die Frage, wie man die Kinder anderer quält und dabei unentdeckt bleibt. Oder was passiert, wenn die Peitsche Striemen hinterlässt … Gary fand eine ideale Lösung: Er entschied einfach, sich ein eigenes Kind ins Haus zu holen.

Meine Mutter war das perfekte Opfer. Jung, ungebildet, arm. Da sie Vollzeit arbeitete, ließ sie mich gezwungenermaßen oft allein. Sie konnte sich keine Kinderbetreuung leisten, und so musste ich auf mich selbst aufpassen. Gary war also ein sehr willkommener Retter. Er bot ihr ein Haus an, in dem sie leben konnte, so etwas wie eine kleine finanzielle Sicherheit und einen Babysitter vor Ort. Ist es da verwunderlich, dass sie die Gelegenheit, mit dem Kerl zusammenzuziehen, beim Schopf packte? Ist es überraschend, dass sie die wirren Warnungen ihrer achtjährigen Tochter ignorierte?

Von Anfang an verwirklichte Gary seine Pläne für mich. Dieses erste Wochenende im Keller war der Auftakt einer detailliert geplanten Gehirnwäsche. Für diejenigen, die mit dem Konzept der Gehirnwäsche nicht vertraut sind, klingt das vielleicht recht seltsam. Aber in der Welt der knallharten Sadisten werden Tipps und Ratschläge, wie man jemanden einer Gehirnwäsche unterzieht, mithilfe von Büchern, Zeitschriften, Internetartikeln und Chatrooms geteilt. Sogar ohne vorheriges Wissen ist jeder durchschnittlich brutale Kerl dazu fähig, zu verstehen, dass eine Mischung aus Gewalt, Terror, Erniedrigung und die gelegentliche kleine Gefälligkeit alles ist, was es braucht, um jemanden seines freien Willens zu berauben.

Gary kannte die Techniken nur zu gut.

Und er konnte es kaum erwarten, sie auszuprobieren.

An mir.

Die Geschichte der M

Klopf, klopf. Wer ist da? *Klopf, klopf.* Ein Geräusch. Ich höre ein Geräusch. Kann aber nicht genauer sagen, woher es kommt. *Klopf, klopf. Peng!* »Scheiße«, ein leises Flüstern. Ist es eine Männerstimme? O Gott, was geht hier vor? Ich habe geschlafen. War vollkommen entrückt. Aber jetzt katapultiert mich jedes weitere Geräusch aus dem tiefsten Schlaf in maximale Alarmbereitschaft.

Klopf, klopf. »Shell! Shell, wach auf!«

Ich lasse meine Augen durch den Raum schweifen, suche nach Hinweisen, suche nach Gefahr, aber ich sehe nichts. Das Zimmer ist stockdunkel. Ich weiß nicht einmal, wo ich bin. Ich brauche ein paar Sekunden, bis ich begreife, dass ich in Garys Haus bin. Wir sind heute eingezogen. Nun bin ich in meinem neuen Zimmer am Ende des Flurs. Dort, wo er vorher die Bilder von mir gemacht hat. Nur das Doppelbett ist jetzt weg. Es wurde durch das große Bett ersetzt, das ich vorher mit meiner Mutter teilte. Unser weißes Prinzessinnenmobiliar ist auch hier. Nun gehört mir alles allein. Meine Mutter teilt jetzt ihre Kommode, ihren Schrank und ihr Bett mit Gary Lundquist. Ich soll mich über all das freuen. Ich soll glauben, dass sich ein Traum erfüllt hat, weil ich nun in einem Haus lebe, mein eigenes Zimmer habe, in meinem eigenen Bett schlafe. Für meine Mutter hat sich bestimmt ein Traum erfüllt.

Klopf, klopf. »Shell! Shelley-Bell!«

Die Stimme wird lauter. Und sie ist mir bekannt. Eine Frau. Meine Tante Laura! Ich krabbele über das Bett zum Fenster und öffne meine Snoopy-Vorhänge. Da ist sie. Ihr Gesicht ist ganz nah am Glas.

»Mach die Haustür auf, Shell«, sie flüstert. »Beeil dich.«

Während ich aus meinem Zimmer in den Flur stolpere, denke ich, dass es spät sein muss, weil alles dunkel ist im Haus. Sehr leise öffne ich die Tür zu dem Zimmer, das meinem gegenüberliegt. Garys Zimmer. Er und meine Mutter liegen unter der großen grünen Bettdecke, ihre Körper sind kaum sichtbar in dem schummrigen Schein eines Neonbierschilds, das über dem Bett hängt. Ich wecke sacht meine Mutter und flüstere: »Laura ist hier.«

Meine Mutter kommt aus einer großen Familie. Sie ist eins von dreizehn Kindern. Vom Moment meiner Geburt an war ich umgeben von Tanten und Onkeln und einem niemals versiegenden Quell von Cousins. Sie alle trafen sich in dem Haus meiner Oma in Maryland – ein einfaches Zwei-Zimmer-Haus ohne fließendes Wasser und mit einem einfachen Plumpsklo im Hof. Ein Esszimmer gab es auch nicht. Alle aßen in einem nie fertiggestellten Kellerraum. Alle Kinder schliefen im Dachgeschoss. Als meine Mutter klein war, war es nicht ungewöhnlich, dass mehrere Kinder in einem Bett schliefen. Als ich jedoch dazustieß, waren die meisten von Omas Kindern schon außer Haus. Nur einige der Jüngsten waren noch übrig. Eine davon war Laura.

Für jemanden aus der Mittelschicht würde die Familie meiner Mutter wohl als *Gesindel* gelten. Aber in meinen Augen waren die Brechbills einfach toll. Eine eng verbundene, liebevolle Familie. Mit Ausnahme von meiner Mutter und mir lebten alle nur wenige Kilometer von Omas Haus entfernt. Einige von ihnen wohnten sogar in der gleichen Straße. Das Haus meiner Großeltern war ein Ort regen Treibens. Verwandte kamen und gingen, aßen dort oder brachten ihre Kinder vorbei. Die meisten meiner Cousins waren einen Nachmittag oder ein Wochenende lang da, aber meine Mutter setzte mich oft für mehrere Monate dort ab.

Das machte mir nichts aus. Ich liebte es, bei Oma zu wohnen. Sie war eine sanftmütige, leise sprechende Frau, die mich mit großmütterlicher Aufmerksamkeit und bedingungsloser Liebe überhäufte. Jeden Morgen machte sie mir frische Pfannkuchen. Danach dackelte ich hinter ihr her, während sie ihre üppigen Blumenbeete ausputzte und pflegte. Am Nachmittag, wenn meine Teenager-Tanten aus der Schule kamen, ging der Spaß dann richtig los. Sie erzählten mir Geschichten, spielten mit mir oder nahmen mich zu langen Spaziergängen mit. Laura war für mich wie eine Schwester. Sie war auch die beste Freundin meiner Mutter.

Kurz bevor sie an mein Fenster klopfte, hatte Laura eine neue Wohnung gemietet. Der Zeitpunkt von Mutters Umzug war günstig. Wir hatten ein altes Sofa abzugeben, das an Laura gehen sollte. Laura hatte also einen Van gemietet und war fast fünfhundert Kilometer gefahren, um das Möbelstück abzuholen. Es war Nacht, als sie endlich ankam, und das war an sich kein Problem: Laura wurde ja erwartet. Außerdem war sie Familie. Für Mama war das selbstverständlich.

Aber Gary sah das anders. In dem Moment, als Mama Laura die Tür öffnete, kam er mit einer Pistole ins Zimmer gerannt und richtete den Lauf auf ihr Gesicht. »Was zum Teufel machst du hier?«, brüllte er. »Was glaubst du, wer du bist, dass du hier einfach so aufkreuzen kannst? Uns einfach mitten in der Nacht aufwecken? Was für eine Art Abschaum bist du? Wie kannst du es wagen, in mein Haus zu kommen?!«

Meine Tante war entsetzt und sehr aufgewühlt. Hilflos sah sie meine Mutter an, die genauso hilflos zurückschaute. Laura versuchte sich zu verteidigen, aber Gary wollte nichts davon hören. Er überhäufte sie mit Beleidigungen – »dumm … zurückgeblieben … Nichtsnutz … Bauerntrampel …« Meine Tante verließ schnell das Haus, war zutiefst beleidigt und schwor, niemals wieder zurückzukommen.

Zum damaligen Zeitpunkt verstand ich die Konsequenzen dieser Auseinandersetzung nicht. Erst als Erwachsene begriff ich, dass Garys scheinbar impulsives Schimpfen wahrscheinlich gut geplant war. Er wusste, dass Laura kommen würde; er wusste auch, dass sie meine engste Vertraute war und auch meiner Mutter sehr nah stand. Gary konnte mit mir nicht machen, was er machen wollte, wenn Laura herumschnüffelte. Und so hat er die potenzielle Gefahr mit ein paar gut platzierten Beleidigungen und einer Schusswaffe aus dem Weg geräumt.

Damit konnte Gary den ersten Schritt aus dem Gehirnwäschehandbuch abhaken: Um misshandeln zu können, muss der Täter zuerst das Opfer isolieren. Bei einer Vergewaltigung greift der Täter sein Opfer an einem einsamen Ort an – im Auto, Motelzimmer oder verlassenen Park. Opfer von Entführungen und politische Gefangene werden in geheime Zellen gesperrt, weit weg von möglichen Rettern. Auch wenn Täter bei häuslicher Gewalt ihre Frauen und Kinder selten verstecken, müssen sie doch Wege finden, sie von potenziellen Helfern – Kolleginnen, Lehrer, Verwandte, Freundinnen – fernzuhalten. Deswegen sorgte Gary dafür, dass Tante Laura von der Bildfläche verschwand.

Isolation dient dem Sexualstraftäter dazu, sein Bedürfnis nach Privatsphäre und Geheimhaltung zu erfüllen. Sie hilft ihm außerdem, die Wahrnehmung seiner Opfer zu manipulieren. Einzuschränken, was sie hören, sehen und letztendlich wissen, das ist der zweite Schritt der Gehirnwäsche. Sobald der Täter den Fluss von Informationen kontrolliert, kann er eine falsche Realität kreieren, basierend auf eigennützigen Lügen. Diktatoren nutzen dazu Propaganda, Sektenführer Dogmen und misshandelnde Ehemänner frauenfeindliche Beschimpfungen.

Kinder sind naturgemäß von ihren Bezugspersonen abhängig. Somit hatte Gary einen Vorsprung in seinem Versuch, mich zu isolieren und zu monopolisieren. Trotzdem setzte er dafür alle Hebel in Bewegung. Nur zwei Tage nachdem er meine Lieblingstante weggeschickt hatte, packte er mich in sein Auto und fuhr zu der Schule, in der er arbeitete. Diese Schule sollte ich von nun an besuchen. Als wir ankamen, waren schon gelbe Busse und Kinder auf dem Parkplatz versammelt. Der Unterricht sollte gerade anfangen, aber ich war noch nicht einmal registriert. Also hastete Gary mit mir ins Schulbüro.

Im Raum herrschte geschäftiges Treiben. Lehrer holten ihre Post ab, Eltern reichten Formulare ein – es ging zu wie im Taubenschlag. Gary stand ungeduldig am Schalter, tappte mit einem Fuß und blickte immer wieder auf die Uhr.

»Ja, Herr Lundquist, was kann ich für Sie tun?«, fragte die Schulsekretärin schließlich.

»Ich muss meine Tochter registrieren.«

»Oh …«, sagte sie überrascht und ließ ihren Blick zu mir wandern. »Oh …«

Sie huschte hinüber zum Aktenschrank und kam mit Papieren zurück.

»Vorname?«, fragte sie.

»Michelle.« Er buchstabierte es.

»Nachname?«, fragte sie.

»Lundquist.«

Lundquist? Hatte ich richtig gehört? Lundquist war doch nicht mein Name! Mein Nachname war Brechbill. Wie der meiner Tanten und meiner Oma. Wann hatten sie meinen Namen geändert?

Die Wahrheit ist: Sie hatten es nicht getan. Meine Mutter und Gary waren nicht verheiratet. Er hatte mich nicht adoptiert oder einen gerichtlichen Beschluss erwirkt. Niemand hatte mit mir über eine Namensänderung gesprochen. Ich bezweifle, dass meine Mutter überhaupt wusste, dass Gary das vorhatte. Sie benutzte ja selbst auch nicht seinen Namen. Wie konnte sie das auch? Sie war gesetzmäßig nicht dazu berechtigt. Ich auch nicht – was es für mich sehr schwierig machte, später eine Sozialversicherungsnummer und alle weiteren rechtlich nötigen Dokumente zu bekommen.

Warum hat er das also getan? Warum hat Gary mir auf einmal seinen Nachnamen verpasst? Ich glaube, er wollte mir sein Brandzeichen aufstempeln. Seine Marke. Er musste seine Allmacht demonstrieren – ein weiterer wichtiger Schritt der Gehirnwäsche. Der neue Name war ein starker Beweis seiner Macht. Sklavenhalter haben das von jeher gewusst, und auch in anderen patriarchalischen Gesellschaften wurde diese Methode angewandt. Es ist eine symbolische Strategie, um jemanden seiner Identität zu berauben.

Die S/M-Kultur schwelgt in dieser Art von autoritärer Protzerei. Es ist somit keine Überraschung, dass S/M-Meister ihren Sklaven fast immer neue Namen geben. In manchen Fällen sind es kindliche Kosenamen wie *Baby*, *Kätzchen* und *Häschen*. Am anderen Ende des Spektrums sind es degradierende Namen wie *Kuh*, *Hure*, *Schlampe* oder einfach ein Anfangsbuchstabe – eine Praxis, die hervorragend in dem Buch *Die Geschichte der O* porträtiert wird. Irgendwo in der Mitte gibt es leicht abwertende Sklavennamen, die liebevoll klingen, aber trotzdem geringschätzig sind, wie *Kinkerlitzchen* und *Mausi*.

Gary gab mir, etwa zwei Wochen nachdem wir eingezogen waren, einen solchen Sklavennamen. Schon beim ersten Besuch bezeichnete er mich spaßeshalber als »Schnorrer«, da ich – wie jedes Kind – finanziell von ihm abhängig war. Der Name schien ihm zu gefallen, und so nannte er mich schnell nur noch *Schnorrer.* Er benutzte den Namen so häufig, dass mich innerhalb weniger Wochen Familie, Mitschüler, Lehrer und sogar meine eigene Mutter damit riefen. Bald gab es niemanden mehr in meinem Leben, der mich Michelle nannte. Die meisten Leute kannten meinen Namen nicht einmal.

Von Geburt an war ich Michelle Brechbill gewesen, die Tochter von Judy, Enkelkind von Evelyn und Glenn. Binnen kürzester Zeit war ich zu Schnorrer Lundquist, Tochter von Gary, neue Schülerin an einer Schule in einem anderen Bundesstaat geworden. 1976 schien das niemand zu hinterfragen. Niemand schien sich darum zu scheren, dass in meinen Schuldateien ein anderer Name aufgeführt war oder dass Gary nicht mein legaler Vormund war. Wir waren ja nicht einmal verwandt. Waren Garys Kollegen sich der Ungereimtheiten nicht bewusst? Akzeptierten sie seine plötzliche und verwirrende Behauptung, er hätte eine Tochter? Oder bemerkten sie, dass hier etwas nicht stimmte, beschlossen aber wegzusehen? Ich glaube, dass sie es bemerkt haben. Aber die sozialen Normen diktieren, dass wir uns nicht in persönliche Belange anderer Leute einmischen, insbesondere die von Kollegen oder anderen entfernten Bekannten. Die Höflichkeit verlangt, dass man taktvoll schweigt.

Und so wurde ich, die neu erfundene *Schnorrer Lundquist,* zu einer Drittklässlerin in der Delaware Township School. Mein Klassenzimmer lag auf der ersten Etage im Grundschulblock – nur eine Treppenflucht von Gary entfernt. Es wurde von mir erwartet, dass ich unmittelbar nach dem Läuten der Schulglocke die Treppe hinaufstieg und mich an Garys Pult meldete. Dort saß er mit einigen seiner zehnjährigen Lieblingsschüler – sie lachten über seine Scherze, saßen auf seinem Schoß und versteckten sich unter dem Schreibtisch, um seinen kitzelnden Händen zu entkommen.

An einigen Tagen kam Gary zusätzlichen schulischen Verpflichtungen nach. Dem Begabtenprogramm durfte man nur nach Einladung beitreten – Garys Einladung natürlich. Gary hielt sich für ein Genie, also glaubte er, das Recht und die Pflicht zu haben, andere Genies ausfindig zu machen und gezielt zu fördern. Das Problem war nur: Gary hatte nicht das geringste Training, um einen IQ-Test durchzuführen. Er benutzte nicht die validierten Tests, die ich oder andere Psychologen benutzen würden. Stattdessen gab er den Kindern Multiple-Choice-Tests, die Mickey-Mouse-Varianten, wie sie in Buchläden gehandelt werden. Je nach Ergebnis stufte er bestimmte Kinder – die Kinder, die er mochte und mit denen er mehr Zeit verbringen wollte – als »begabt« ein.

Nach Garys Ermessen war auch ich begabt. Das war für ihn von großem Nutzen, da er von mir verlangte, dass ich seiner *und nur seiner* Nachmittagsbetreuung beitreten sollte. Er schrieb mich auch für die Theater-AG ein und spornte mich an, im Schulwettbewerb zu singen. Am Abend der Vorstellung führten mehrere Kinder ihre Beiträge vor, und der Gewinner wurde gemäß der Publikumsreaktion gewählt. Gary war einer der Preisrichter und verlieh mir den ersten Preis. Danach bekam ich die Hauptrolle in allen Schulstücken, die er produzierte. – Habe ich erwähnt, dass Gary absolut schamlos sein konnte? In den Augen der anderen Eltern wirkte es sicherlich so, als ob Gary auf ganz harmlose Weise seine Tochter ins Rampenlicht rückte. In gewisser Weise hat er das auch durchaus getan. Aber nicht, weil er tatsächlich glaubte, dass ich begabt und talentiert war. Ich bezweifle, dass er große Stücke auf mich hielt. Gary war schlichtweg narzisstisch, und Narzissten verstehen ihre Familie als Erweiterung ihrer eigenen Person, als Trophäen. Gary glaubte, dass er überlegen war, also war es äußerst wichtig, dass die Welt seine Tochter genauso sah.

Hinter verschlossenen Türen war die Sache anders. Gary behandelte mich mit einer verwirrenden Mischung aus übermäßiger Einbindung, Vernachlässigung, maßloser Sinnenfreude und Grausamkeit. Mit großem Können drang er schnell in jeden Bereich meines Lebens ein. Diktierte, was ich anzuziehen hatte, mit wem ich sprach und sogar, was für Spielsachen ich haben durfte. Die Verstärkung belangloser Verordnungen ist eine weitere klassische Technik der Gehirnwäsche.

Das war die Methode, mit der er danach strebte, meine Zeit zu monopolisieren – dies war leicht, da meine Mutter morgens zur Arbeit ging, bevor ich aufwachte, und erst spät abends zurückkam. Während des Schuljahres hatte Gary mich somit jeden Vormittag für eine Stunde ganz für sich allein. Hinzu kamen fast drei Stunden am Nachmittag. In den Sommerferien hatte er mich dann den ganzen Tag für sich.

Der Sommer war die Zeit, in der Gary seine S/M-Fantasien komplett ausleben und mich wie eine Vollzeit-Sexsklavin behandeln konnte. Das bedeutete, dass ich täglichen »Trainingsstunden« unterzogen wurde. Ich sollte mich wie eine Sklavin verhalten und auch wie eine denken. So wie ein Hund trainiert werden muss, zu sitzen, zu bleiben, bei Fuß zu gehen, glauben Praktiker des Sadomasochismus, ihre Sklavin darin trainieren zu müssen, wie man als Sexsklavin zu reden, sitzen oder zu dienen hat. Kurz gesagt, ähnlich wie ein Hund soll auch die Sklavin zu bedingungslosem Gehorsam erzogen werden.

Einen Sklaven zu trainieren ist eine recht formelle Aktivität. Die auserkorene Person wird zunächst in einen speziellen Raum namens »Kerker« geführt. Dort wird sie abwechselnd unterwiesen, gedemütigt, erniedrigt, gelobt und bestraft. Oft beinhalten diese Trainingsstunden auch Fesseln, Stresspositionen, sexuelle Vergewaltigung (durch Menschen und mit Objekten) und Folter. Garys Kerker befand sich im Keller. Weil er den neugierigen Augen meiner Mutter ausweichen musste, konnte er ihn nicht permanent aufgebaut lassen, wie andere S/M-Fanatiker das taten. Stattdessen hinterließ er eine Reihe von Nägeln und Haken in der Kellerdecke, die schnell und leicht ein Gurtgeschirr, ein Seil oder andere Arten von Fesseln halten konnten. Während die meisten Utensilien versteckt waren, machte es Gary Spaß, einige Gegenstände offen stehen zu lassen. Der Hundekäfig zum Beispiel war durchgängig zur Schau gestellt – zusammengefaltet in einer vollgestopften Ecke, als würde er nur darauf warten, beim nächsten Garagenverkauf versilbert zu werden. Er ließ auch ein hölzernes Paddel an der Wand seines Büros hängen. Gästen sagte er augenzwinkernd, es sei »für ungezogene Kinder«. Sie hatten keine Ahnung, dass dies kein Witz war. Die meisten Leute wussten auch nicht, dass er ein paar Metallhandschellen in der Schublade seines Schreibtisches versteckt hatte, gleich neben dem Elektroschocker und seiner Pistole.

Ich kann mich nicht erinnern, jemals mit der Pistole bedroht worden zu sein – obwohl es durchaus so gewesen sein kann. (Aufgrund meiner Amnesie und auch normaler Vergesslichkeit gibt es viele Details meines Missbrauchs, die ich nicht mehr abrufen kann. Ich weiß das, weil Augenzeugen mir später Geschichten über meinen Missbrauch erzählt haben, die mir selbst völlig entfallen waren.) Woran ich mich jedoch erinnern kann, ist, dass Gary mich öfter mit dem Elektroschocker bedroht hat. Einmal hat er ihn sogar benutzt. Ein einziges Mal, mehr brauchte es nicht. Nachdem ich den unbeschreiblich grässlichen Schmerz erlebt hatte, wollte ich ihn nie wieder spüren. Was diese kleine schwarze Box auslöste, war so schrecklich, dass danach der pure Anblick von dem Ding eine Panikattacke auslöste. Es war Garys effektivstes Mittel, um mein Benehmen zu kontrollieren, da ich alles – und ich meine wirklich *alles* – getan hätte, um diese Pein zu vermeiden.

Beim Sklaventraining geht es jedoch nicht nur darum, Verhaltensweisen durch Drohungen, Schmerz und Angst zu kontrollieren. Es ist sehr viel gewiefter. Es geht auch darum, die Psyche und den Geist eines Menschen zu kontrollieren, indem man Gedanken, Gefühle und Selbstbild manipuliert. Er muss dazu gebracht werden, zu glauben, dass er gehorchen *will*. Er muss so eng mit der Psyche seines Herrn verbunden werden, bis er lernt, dessen Bedürfnisse vorauszuahnen.

Bevor ein Sklave sich den Bedürfnissen seines Herrn vollkommen hingeben kann, muss er es erst schaffen, seine eigenen völlig zu ignorieren. Ich glaube, das ist ein fundamentaler Zweck des Sklaventrainings: die Sklaven daran zu gewöhnen, ihre eigenen physischen und emotionalen Bedürfnisse zu ignorieren. Ein Weg, um dies zu erreichen, sind Stresspositionen. Wenn jemand an Stresspositionen denkt, erinnert er oder sie sich wahrscheinlich an die Bilder aus dem irakischen Foltergefängnis Abu Ghraib. Sie zeigten Männer, die dazu gezwungen wurden, stundenlang in verkrümmter Position mit ihren Unterhosen auf dem Kopf zu verharren. Diese Köperhaltungen können so entspannt wirken wie eine Sitzhocke, aber auch so kompliziert wie beim Spiel Twister. Ob vermeintlich entspannt oder kompliziert: Es handelt sich schlichtweg um Foltermethoden, die durch die Genfer Konvention verboten sind. Sie können große Schmerzen verursachen, indem zum Beispiel kleine Körperteile mit großem Gewicht belastet werden. Neuerdings als »Sklavenpositionen« bezeichnet, sind sie auch integraler Teil von S/M und werden dazu benutzt, Unterdrückung, Geduld und Wehrlosigkeit zu lehren.

Während des Trainings wurde mir befohlen, unterschiedliche Positionen einzunehmen. Die meisten waren sexueller Natur. Die Sklavenposition, die mir am lebhaftesten im Gedächtnis haften geblieben ist, wurde jedoch nicht für Sex benutzt. Stattdessen war es die Position, die ich einnehmen musste, wenn ich auf einen weiteren Befehl wartete – ein Warten, das manchmal Stunden dauern konnte. In dieser Position hatte ich mit meinen Knien etwas außerhalb meiner Schulterbreite gespreizt auf dem Boden zu hocken, während mein Körper kerzengrade bleiben musste. Auf den ersten Blick scheint dies nicht weiter schwer zu sein. Meine Knie begannen jedoch auf dem harten Boden sehr schnell zu schmerzen und drohten in einen Spagat wegzurutschen. Um ein Fallen zu verhindern, musste ich also ständig die Schenkel anspannen. Auch die Rücken- und Schultermuskulatur wurden in dieser Haltung stark belastet … Das Ergebnis dieser Überanstrengung war, dass meine Muskeln ständig angespannt waren und es keine Hoffnung auf Erleichterung gab. Zwei, vielleicht auch fünf Minuten hielt man das relativ gut aus. Aber danach gewannen die Schmerzen die Oberhand.

Zuerst taten meine Knie vom Gewicht meines Körpers weh. Ein unangenehmes Gefühl breitete sich aus und schoss durch meine Beine. Dann fingen Schenkel und Rückenmuskeln an zu zittern. Es kostete mich meine letzte Kraft, aufrecht zu bleiben. Ich wollte nur noch dem Zittern nachgeben und mich entspannen. Meine Muskeln schrien danach. Sie *verlangten* Entspannung. Ich konnte sie ihnen jedoch nicht gönnen. Denn ich wusste, dass mir eine sehr viel schlimmere Strafe drohte, wenn ich es nicht schaffen sollte, meine Haltung beizubehalten.

Das ist der Sinn von Sklavenpositionen: den Sklaven zu lehren, das Unerträgliche zu ertragen. Denn wenn die Muskeln das Unerträgliche ertragen und der Körper das Unerträgliche erdulden muss, dann beginnt der Verstand sich selbst auszutricksen, um einen Ausweg zu finden. Ich persönlich versuchte, den Schmerz zu ignorieren, mir vorzumachen, er sei nicht vorhanden. In meinem Geist versuchte ich, mich über meine drückenden Knie, brennenden Schenkel, den Krampf in meinem Rücken zu erheben. Und glücklicherweise ist eine derartige Flucht möglich. Mit der Zeit glitt mein Geist ab an einen Ort der Fantasie, so wundervoll, dass ich mir des Kellers, der verkrampften Muskeln in meinen Schultern, der verstreichenden Zeit nicht mehr bewusst war. Ich habe mittlerweile gelernt, dass ich mich damit in ein verändertes Bewusstsein zwang – eine bewährte Bewältigungsstrategie, wenn man wiederholter Folter ausgesetzt ist.

Nur mithilfe dieser Selbsttäuschung konnte ich Garys brutale Methoden ertragen. Neben Stresspositionen zählten auch Fesseln, Penetration mit Fremdobjekten und unglaubliche Schmerzen durch den Einsatz von Nadeln und Elektroschocks zu seinen Unterrichtsmethoden.

Warum tat Gary mir das an? Die Antwort ist ganz einfach: Er war ein Sadist, und solche Quälereien zählten zu seiner Vorstellung von Spaß. Außerdem wollte er über ein Lebewesen herrschen, und wie jeder gute Tyrann wusste er, dass die Furcht ein mächtiges Werkzeug zur Unterdrückung anderer ist.

Täter dieser Art nutzen unvorstellbare Gewalt, um ihre Opfer in lähmende Angst zu versetzen. So verlieren die Opfer die Fähigkeit, klar zu denken und zum Zweck ihrer eigenen Verteidigung zu handeln, ganz wie das sprichwörtliche Reh, das im Lichtkegel der Autoscheinwerfer gefangen ist. Wenn die anfänglichen Schockmethoden Wirkung zeigen, müssen die Missbrauchstäter nicht mehr so methodisch vorgehen. Gelegentliche willkürliche Gewalttaten reichen in der Regel aus, um das Opfer in permanenter Angst und dementsprechend geschwächt zu halten. Unter dem Eindruck ständiger Bedrohung bleibt das Opfer passiv und versucht, weitere Bestrafungen zu vermeiden.

Angst fördert die Folgebereitschaft. Aber Folter allein kreiert keine Loyalität, sondern Verachtung. Es ist ein Paradox, aber um jemanden einer Gehirnwäsche zu unterziehen, muss man Schmerz mit Trost und Belohnung mischen. Nachdem Gary mich also gefoltert und mich zu einem Bündel größter Verzweiflung gemacht hatte, bot er mir Umarmungen und Trost an – so, wie er es auch nach dem ersten Wochenende im Keller getan hatte. Ich war so dankbar für das Ende der Misshandlung, dass ich Garys Wärme und Belohnungen willig akzeptierte. Und ich lernte sehr schnell, dass es zu meinem Vorteil war, mich zu fügen und alles zu tun, um Gary bei Laune zu halten.

Denn so seltsam das klingt: Garys gute Laune konnte sich wundervoll anfühlen. Immerhin überhäufte er mich mit elterlicher Fürsorge, wenn er mir nicht wehtat. Während der langen Fahrten zur und von der Schule zum Beispiel unterhielt er sich mit mir über Geschichte, Politik und Kunst. Wir aßen zusammen, und jedes Mal erklärte er mir Dinge wie Tischmanieren und fremdländische Kochkunst. In diesen frühen Tagen machte er mich mit vielen meiner lebenslangen Leidenschaften bekannt, inklusive Musik, Theater und New York. Er schenkte mir meine erste Schreibmaschine und hatte einen großen Einfluss darauf, dass ich Schriftstellerin und Psychologin wurde. Er nahm sich Zeit, mir die Welt zu öffnen. Er war mein erster und bedeutendster Mentor.

Unter dem Einfluss meiner Mutter war ich vernachlässigt und sozial benachteiligt. Sie war ständig bei der Arbeit und ließ mich allein und einsam zurück. Gary nutzte diese Einsamkeit aus. Wie jeder geschulte Pädophile bemerkte er, was ich brauchte, und gab es mir. Aufgrund seiner Förderung fühlte ich mich speziell, talentiert, klug.

Auf Garys guter Seite zu bleiben hatte selbst noch weitere Vorteile. Denn sobald er meinte, dass ich ausreichend trainiert und unterwürfig war, verringerte sich ein Großteil der Folter nach und nach. Die Nachmittage im Keller wurden durch das Schlafzimmer ersetzt. Und sein Eifer, mir Schmerzen zuzufügen, wurde durch seine Leidenschaft ersetzt, mir Lust zu verschaffen. Ich bin mir nicht ganz sicher, warum Gary so versessen darauf war, mir Lust zu verschaffen, aber ich glaube, dass es ihm mehr Macht gab – ihn sich männlicher fühlen ließ.

Obwohl ich seine Motivation nur erraten kann, sind Garys Taten doch für immer in meinen Geist eingebrannt. Fast jeden Tag bestellte er mich über Jahre hinweg um vier Uhr in sein Bett, für etwas, das man nur als Liebesstelldichein beschreiben kann. Der verschrobene Teil war natürlich, dass die »Geliebte« nicht einmal einen Meter zwanzig groß war und weniger als dreißig Kilo wog. Hinzu kam die unbequeme Tatsache, dass seine offizielle Partnerin, meine Mutter, sich weigerte, das Feld zu räumen. Da er physisch nicht mit ihr brechen konnte, tat er dies emotional. Jeden Abend sperrte er sich in seinem Büro ein. Jedes Wochenende ging er zu seinem Laden. Da von mir erwartet wurde, dass ich für ihn arbeitete, folgte ich ihm, wo immer er hinging. Schon früh bemerkte meine Mutter ein Handlungsmuster, und es gefiel ihr nicht. Nicht im Geringsten. Da sie unreif war, konnte sie mit der Situation nicht gut umgehen. Sie fühlte sich ausgegrenzt – zu Recht. Und so fing sie an, andere anzuschreien, zumeist mich.

An einen Samstagvormittag kann ich mich besonders gut erinnern. Wir lebten vielleicht seit sechs Wochen bei Gary. Es war früh am Morgen, und ich war im Bad und machte mich für den Flohmarkt fertig – so wie jedes Wochenende. Aber meine Mutter war nicht glücklich darüber, sondern stand in der Tür und maulte. »Warum ziehst du dich an, um auszugehen? Hm? Du solltest zu Hause bleiben bei mir.«

Gerade da trat Gary in den Flur. Meine Mutter stellte ihn zur Rede. »Ich will, dass Shell zu Hause bleibt«, verlangte sie. »Sie ist viel zu oft auf dem Flohmarkt mit dir!«

Gary blieb ruhig, wie immer, wenn meine Mutter die Nerven verlor. Ungezwungen bemerkte er: »Warum lässt du nicht Schnorrer entscheiden, was sie heute machen will? Sie kann sehr gut für sich selbst entscheiden.«

Das war eine fantastische Antwort. Einfach und frei nach Machiavelli. Mit einer schnellen Antwort befreite er sich von jeglicher Verantwortung für die Situation. Stattdessen wurde die Verantwortung ganz auf mich abgewälzt. Mit acht Jahren sollte ich zwischen meiner Mutter und Gary wählen. Es war natürlich keine echte Wahl. Gary wusste das. Wenn ich mich für Gary entscheiden würde, würde er mich sofort von Mutters Gemecker wegzaubern – und mir wahrscheinlich eine Belohnung anbieten. Aber wenn ich mich für meine Mutter entscheiden würde, dann gäbe es niemand, der mich vor Gary schützen würde. Ihn zu verärgern würde bedeuten, dass ich später für meinen Fehler bezahlen müsste.

Also erklärte ich, dass ich auf den Flohmarkt gehen wollte. Ich wählte Gary, und meine Mutter war außer sich vor Eifersucht. »Der Flohmarkt!«, schrie sie. »Du kannst nicht auf den Flohmarkt gehen! Ich bin deine Mutter! Du bleibst hier bei mir!«

Aber Gary schob mich schon aus der Tür raus. »Du hast sie gebeten zu wählen, und sie hat gewählt, Judy«, sagte er. »Das musst du akzeptieren.«

Mit dieser Art Szenario, das wiederholt ausgespielt wurde, trieb Gary einen Keil zwischen meine Mutter und mich. Er ließ sie spüren, dass sie nicht willkommen war, und manipulierte sie so weit, dass sie glaubte, das sei meine Schuld. In einer idealen Welt wäre meine Mutter stark genug gewesen zu verstehen, dass ich als Kind machtlos und unschuldig war. Aber wie so viele junge Frauen mit niedrigem Selbstvertrauen und geringem Einkommen glaubte sie, dass sie einen Mann brauchte, um zu überleben. Gary benutzte die Unsicherheit meiner Mutter und manipulierte sie, sodass sie mich weniger als Tochter und mehr als Konkurrenz sah. Irregeführt bis hin zu der Vorstellung, dass ich die »andere Frau« war, traf sie ein paar sehr fragwürdige Entscheidungen.

Ich bin mir sicher, dass Gary, hätte er meine Mutter loswerden können, dies getan hätte. Er versuchte mit aller Macht, mich zu adoptieren, aber meine Mutter widersetzte sich seinen Plänen. Sie war zwar in vielen Dingen naiv, ihr war dennoch klar, dass Gary sie verlassen und das volle Sorgerecht beantragen würde, sobald er mein rechtlicher Vater wäre. Glücklicherweise ist sie nie in diese Falle getappt. Trotzdem bin ich überrascht, dass sie bei dem Mann blieb, dessen tiefster Wunsch es war, ihre junge Tochter zu stehlen und sie in die Gosse zu treten.

Meinerseits weiß ich mit Sicherheit, dass Gary *mich* als seine eigentliche Geliebte verstand. Ich weiß das, weil er es mir gesagt hat. Immer und immer wieder. »Du bist meine wahre Frau«, sagte er jeden Morgen, wenn wir zusammen im Auto fuhren. »Du bist meine wahre Frau«, sagte er zu mir, wenn wir Seite an Seite zusammen auf dem Flohmarkt arbeiteten. »Du bist meine wahre Frau«, sagte er mir jeden Nachmittag, wenn wir nackt in seinem großen Bett lagen, dass er später des Nachts mit meiner Mutter teilte.

Ehrlich gesagt wusste ich nicht so recht, was ich denken sollte, wenn er das sagte. Ich wusste, dass er es als Kompliment meinte, weil er es so oft und mit so viel bestimmter Intensität sagte. Es war etwas, von dem er meinte, dass ich es verstehen müsste. Aber ich habe es nicht verstanden. Es ergab einfach keinen Sinn. Mein acht Jahre altes Gehirn konnte einfach nicht aufnehmen, dass dieser dreiunddreißig Jahre alte Mann mich als seine Partnerin ansah. Ich war doch nur ein kleines Mädchen! Er war mit meiner Mutter verheiratet. (Als Kind habe ich diese Lüge einfach akzeptiert.) Das machte uns zu einer Familie. Er war mein Vater und ich sein Kind. Nicht wahr?

So habe ich das gesehen. So wollte ich das sehen. Ich wollte einfach nur normal sein, wie die anderen Kinder. Ich wollte ein normales Leben führen.

Wenn Gary also sagte: »Ich bin nur deinetwegen mit ihr zusammen. Du bist es, die ich wirklich will«, verwirrte mich das. Es beunruhigte mich und erfüllte mich wohl auch mit Schuldgefühlen. In gewisser Weise wusste ich, dass es falsch war. Der Kerl sagte mir, dass ich meine eigene Mutter ersetzen sollte. Das fand ich schrecklich, denn trotz ihrer Fehler liebte ich meine Mutter und fühlte mich ihr zutiefst und intuitiv verbunden. Im Gegensatz dazu machte Gary mir Angst, und ich fand ihn abstoßend. Das Letzte, was ich tun wollte, war, mit jemandem in einen Wettbewerb um seine Liebe zu treten – schon gar nicht mit meiner eigenen Mutter.

Es ist jedoch bemerkenswert, wie schnell die Gedanken und Gefühle einer Person verzerrt werden können, wenn ein Soziopath sie manipuliert und einer Gehirnwäsche unterzieht. Nur einige Monate nach dem Vorfall im Bad ging ich ins Wohnzimmer und sah meine Mutter nackt vor Gary stehen. Sie stand Modell für Bilder – »Davor«-Aufnahmen für eine neue Diät. Mit seiner Polaroidkamera machte Gary ein paar schnelle Bilder von meiner Mutter von vorne, von hinten und von der Seite. Dann gab er ihr die Bilder und ging zurück in sein Büro, mit der Kamera.

Die ganze Angelegenheit dauerte nur ein paar Minuten. Dennoch, als ich die Szene zwischen ihnen beobachtete, war mir nicht ganz wohl dabei, als ob dabei etwas nicht ganz stimmte. Gary und meine Mutter hatten einen intimen Moment geteilt, einen, an dem ich keinen Anteil hatte. Ich war aufgebracht, eifersüchtig und voller Konkurrenzdenken. Also marschierte ich in Garys Büro und verlangte, dass er mehr Bilder machen sollte. Bilder von mir natürlich. Er stimmte mit Begeisterung zu und sagte mir, dass ich mich ausziehen solle.

Ich zog mich schnell aus – ohne zu zögern, und die Befangenheit, die ich sonst an den Tag legte, wenn Gary mir gebot, mich auszuziehen, war verschwunden. Im Gegenteil, ich triumphierte, als ich nackt vor ihm stand. Ich fühlte mich so triumphierend, dass ich mich willig dazu bereit erklärte, über die Vorder-, Rück- und Seitenansicht meiner Mutter hinaus Modell zu stehen. So triumphierend, dass ich willig auf Garys Vorschlag hin meine Beine spreizte, damit er noch sehr viel mehr pornografische Fotos knipsen konnte. Er knipste und knipste. Es war ein Coup, um mich dazu zu bringen, für seine Fotos Modell zu stehen. Ich hatte meine Position als Favoritin wiedergewonnen. Ich hatte auf die Bedrohung seitens meiner Mutter, die eine Degradierung hätte bedeuten können, reagiert. Und ich hatte gewonnen.

Es war völlig egal, dass ich Gary nicht liebte – ihn nicht mal mochte. Es war gleichgültig, dass ich kein Verlangen danach hatte, seine Sexualpartnerin zu sein. Was ich dachte, fühlte, wollte, zählte plötzlich nicht mehr. Ich war so in Garys Version der Realität gefangen – in der er mich als seine Seelengefährtin sah, seine gehorsame Sklavin –, dass ich mich unerklärlicherweise um die Rolle kämpfen sah, die er für mich auserkoren hatte. Eine Rolle, die ich nie und nimmer selbst begehrte. Ohne es zu merken, hatte ich damit begonnen, die Welt mit Garys Augen zu betrachten. Schlimmer noch, ich hatte damit begonnen, mich durch seine gebrochene Linse zu betrachten.

In den letzten Jahrzehnten sind einige Geschichten von entführten Kindern bekannt geworden, die mit ihren Entführern lebten, als sie gefunden wurden, obwohl es ihnen physisch möglich gewesen wäre zu fliehen. In den Siebzigerjahren beging die Erbin Patty Hearst bekanntlich einen Raubüberfall mit ihren Entführern. Jeden Tag bleiben unzählige Frauen, Männer und Kinder in Häusern, in denen sie misshandelt werden, und schweigen über ihr Leid. Warum bleiben diese Opfer in ihrer Situation gefangen? Die kurze Antwort ist: Gehirnwäsche.

Der Begriff *Gehirnwäsche* ist momentan nicht offiziell als psychologischer Akt anerkannt. Dennoch erklärt er effektiv und auf den Punkt gebracht, warum Menschen ihren Missbrauchstätern nicht weglaufen und keine Hilfe suchen. Dies ist so, weil der Täter normalerweise vom ersten Moment ihrer Bekanntschaft an einen gewaltsamen Kampf geführt hat, um die Kontrolle über den Körper und den Verstand des Opfers zu gewinnen.

In Schrecken versetzt, verletzt, geschwächt und abgeschottet von jenen Menschen, die helfen könnten, muss sich das Opfer paradoxerweise an die einzig verfügbare Person für alle physischen und emotionalen Nöte wenden – nämlich die Person, die es missbraucht. Jedes Opfer, das am Leben bleiben möchte, versteht, dass es am besten ist, auf der guten Seite des ihn beherrschenden Soziopathen zu stehen. Ironischerweise wirkt der Entschluss des Opfers, den Täter zu besänftigen, wie ein Mittel, das es stärker an ihn bindet, als Ketten dies jemals vermocht hätten. Das ist deshalb so, weil das Opfer, um eine Verbindung herzustellen, die seine Sicherheit garantiert, die zugänglichen und menschlichen Seiten des Täters finden muss. Gleichzeitig wird das, was schlecht und monströs ist, ignoriert. Diese enorme Täuschung verlangt, dass das Opfer sein eigenes Urteilsvermögen, seine Intuition, Gedanken und Gefühle unterdrückt.

Das ist der Kern der Gehirnwäsche. Sobald ein Opfer den

geistigen Schritt getan hat, dass das Monster, das es missbraucht, in Wirklichkeit ein guter Kerl ist, ist es bereit, alles zu glauben, was das Monster sagt. Kriegsgefangene sind bereit, die Propaganda des Gegners zu akzeptieren. Verprügelte Frauen sind bereit zu glauben, dass ihre Männer sie aus Liebe schlagen. Entführte Kinder werden akzeptieren, dass ihre Eltern sie nicht mehr haben wollen.

Letztendlich ist dies das Ziel jeder Gehirnwäsche. Ob sie explizit so ausgeführt wird oder nicht, ist hierbei unwesentlich: Es geht nur darum, ein Opfer davon zu überzeugen, dass es machtlos ist und dass seine eigene Hoffnung auf Rettung eben jener Kerl ist, der es missbraucht. Im Geist des Opfers wird der Täter zu einem allmächtigen Wesen, das fähig ist, alle und alles zu kontrollieren. Das Opfer hat keine andere Wahl, als sich zu unterwerfen.

Wie ich es getan habe.

Gary hatte es geschafft. Er hatte Besitz ergriffen von meinem Verstand, meinem Körper und meiner Seele. Jetzt konnte er jeden perversen, unglaublichen Akt, den sich sein verdrehter Verstand ausdachte, ausführen, ohne den geringsten Widerstand meinerseits.

Prostitution ist Kindersache

Pädophile sind in der Welt der Perversen die Philatelisten und Numismatiker, denn so wie ihre Briefmarken und Münzen sammelnden Cousins gehen auch sie ihren Hobbys mit Leidenschaft nach. Ja, die Pädophilie und der Sadismus *sind* die geliebten Hobbys dieser Männer. Es beginnt normalerweise mit einem Interesse an Pornografie, die sexuell abartig Veranlagte mit Begeisterung sammeln. Aber weil Kinderpornografie teuer und schwer zu bekommen ist, knüpfen viele Pädophile Bekanntschaften unter ihresgleichen, um Bilder auszutauschen. Mit der Zeit können diese Bekanntschaften von großem Vorteil sein. Neben Fotos und Filmen fangen diese Leute damit an, Geschichten, Praktiken und sogar Kinder auszutauschen. Ein Gefühl von Kameradschaft entwickelt sich, da all diese Kerle mit ihrem gemeinsamen Hobby ihren eigenen kleinen Club bilden. In den Medien werden diese Clubs »Kindersexring« oder »Pädophilenring« genannt. Gary war Mitglied in einem solchen Ring.

Einige Pädophilenringe sind reines Hobby. Andere werden wie ein Geschäft geführt. Mit Kinderpornografie kann man viel Geld machen. Deutlich mehr Geld ist jedoch mit dem Verkauf von lebenden Kindern zu machen. Gary mochte Geld, und er hatte eine neue Ware. Nicht lange, nachdem wir uns getroffen hatten, begann er damit, mich an andere Männer zu verkaufen.

Um nachvollziehen zu können, wie das funktioniert, ist es nötig, auf Garys Geschäfte etwas detaillierter einzugehen. Ich habe schon erwähnt, dass Gary einen Antiquitätenladen besaß, der an den Wochenenden geöffnet war. Er unterhielt auch einen Versand, den er von zu Hause aus organisierte. Zusätzlich fuhr Gary im Sommer, wenn er nicht unterrichtete, die Ostküste entlang, um seine Waren in den Einkaufszentren von Kleinstädten zu verkaufen. Diese »Einkaufszentren-Shows«, wie er sie nannte, fanden jede Woche an einem anderen Ort statt. Da die meisten Einkaufszentren weit weg von zu Hause lagen, bedeutete dies, in jeder Sommerwoche vier Nächte in einem Motel zu verbringen.

Ich bin mir sicher, es war kein Zufall, dass meine Mutter, die einen Vollzeitjob hatte, ihn selten begleiten konnte.

Das Leben der Einkaufszentren-Shows war wie das Leben von Schaustellern, eigenartig und hart. Jeden Mittwochvormittag fuhren wir mit einem Auto vor, das vollgestopft mit Waren war. Wir luden die Ware auf eine Sackkarre und fuhren alles in die Mitte der Halle. Wir mussten dann die ganze Ware auf Klapptischen ausbreiten, um einen provisorischen Stand in dem Gang des Einkaufszentrums aufzubauen. Um Diebstahl zu vermeiden, musste der Stand elf Stunden am Tag besetzt sein. Die meisten Einkaufszentren-Reisenden brachten ihre Ehepartner mit, um Essens- und Toilettenpausen zu ermöglichen. Auch Gary brauchte Hilfe. Aber anstatt seine Partnerin mitzubringen, hatte er Kinder dabei.

Die Einkaufszentren-Shows, die ja an sich durchaus legitim waren, stellten wie auch die anderen Aktivitäten von Gary nur einen gewieften Plan dar, um Kinder zu missbrauchen. Aber anders als in der Schule oder in seinem Laden gab ihm diese List genügend Zeit und Freiraum, um seine größeren sexuellen Fantasien auszuleben. Diese Fantasien entpuppten sich oft als beschissene All-inklusive-Clubhotel-Werbung: die Billigunterkunft wurde zum romantischen Ausflug für Gary und seine aktuelle

»Kindergeliebte«. Nach einem langen Tag in dem Einkaufszentrum belohnte Herr L. seinen Liebling mit nächtlichem Schwimmen bei Mondschein im verlassenen Motelpool. Sie alberten herum und planschten, während Gary ganz »harmlos« ihre Beine, ihren Bauch, ihren Hintern und ihre noch ungeformten Brüste berührte.

Was er jedoch wirklich machte, war, die Hemmungen des Mädchens abzubauen. Er gewöhnte sie daran, von ihm berührt zu werden, sodass sie weniger aufpasste, wenn sie in das Zimmer zurückkehrten. Mit dem Kind in das Zimmer zu gehen, war natürlich Garys wahres Ziel des Tages. Denn hier war er allein mit seiner Eroberung, konnte ihr in aller Ruhe aus dem nassen Badeanzug und in ihren Raggedy-Ann-Pyjama helfen. Danach konnte er sie ins Bett beordern. (Da war, in der Regel, nur eines.) Sobald das Licht aus war, konnte er eine Umarmung anbieten oder spielerisch mit ihr ringen oder eine andere hinterhältige Methode finden, wie er seine Hände an sie ranbekam.

Es mag seltsam klingen, dass ich über Garys Motel-Eroberungen in der dritten Person spreche. Es gibt einen Grund dafür: In den meisten Fällen war nicht ich die Eroberung. Bei einigen kleineren Einkaufszentrum-Shows war ich allein mit ihm, aber sonst nahm er oft zwei Kinder mit – eines für sich und eines zum Verkaufen.

Während Gary also in dem einen Motelzimmer blieb und eine Schülerin umarmte, war ich oft in einem anderen Motelzimmer und wurde von fremden Männern vergewaltigt, an die er mich verhökert hatte. Gary hatte einige Motive dafür, glaube ich. Zum Teil war es, so glaube ich, eine S/M-Sache. In der S/M-Kultur wird der Sklave als Besitz betrachtet, vergleichbar mit einer Lampe oder einer Kuh. So gesehen ist es das Recht des Herrn, mit der Sklavin zu verfahren, wie ihm beliebt, was auch einschließt, dass er sie verkauft, tauscht oder vermietet. Eine Sklavin anderen Männern für Sex zur Verfügung zu stellen wird in der S/M-Kultur als notwendiges Training betrachtet. Es demütigt die Sklavin, macht ihr deutlich, welchen Platz sie einnimmt, und erinnert sie an ihre absolute Wertlosigkeit.

In Garys Fall war, wie ich glaube, aber auch Geld im Spiel, denn das erste Mal, als Gary mich einem anderen Mann übergab, sah ich, wie Bargeld den Besitzer wechselte. Es war in einem Motelzimmer im ersten Sommer; Gary und ich waren gerade von einem Elf-Stunden-Tag in dem Einkaufszentrum zurückgekommen. Es war spät, besonders für eine Achtjährige, und ich war sehr müde. Ich konnte es kaum erwarten, in mein Zimmer zu gehen und den großen Teddybären zu knuddeln, den ich mitgebracht hatte. Aber als wir aus dem Auto stiegen, erfuhr ich zu meiner Überraschung, dass wir, statt in unser Zimmer zu gehen, einen Mann treffen würden. Gary sagte, der Mann sei ein Freund von ihm und ich täte gut daran, mich zu benehmen. Da ich schon einige Lektionen von Garys Sklaventraining hinter mir hatte, wusste ich, was das bedeutet. Ich sollte tun, was man mir befahl.

Gary führte mich zu einem fremden Zimmer, warf mir einen strengen Blick zu – eine Warnung – und klopfte. Die Tür wurde sofort geöffnet; Gary trat ein, und ich folgte ihm brav. Das Motelzimmer sah genauso aus wie unseres. Das gleiche große Bett. Die gleichen Nachtschränke. Die gleiche Klimaanlage an der Wand. Der Mann in dem Zimmer wirkte ganz normal: mittleres Alter, mittlere Größe und mittleres Gewicht, ein Schnurrbart, beginnende Glatze. Die Stimmung in dem Zimmer war jedoch alles andere als normal. Beide Männer gaben sich sehr ernst und streng. Ich hatte schon gelernt, Schroffheit dieser Art als Verstellung zu erkennen. Das war der Anfang einer S/M-Szene.

»Hier ist sie«, sagte Gary. »Genauso wie ich es versprochen habe. Entspricht sie deinen Vorstellungen? Was meinst du?«

Der Mann starrte mich lange an. Er betrachtete mich von oben bis unten und ging sogar um mich herum, um einen guten Eindruck zu erhalten. Da ich schon trainiert war, verstand ich sofort, was meine Rolle in dieser scheinbar spontanen, in Wirklichkeit aber gut geprobten Szene war: still stehen bleiben, Kopf nach unten, Augen auf den Boden gerichtet. Nicht reden. Keinen Blickkontakt aufnehmen. Keine Gefühle zeigen. Sich einfach nur fügen.

»Ist sie rein?«, fragte der Mann, mich immer noch genau studierend. (Das war der Code für Jungfräulichkeit, obwohl ich das damals noch nicht verstand.)

»Aber klar doch! Natürlich! Schau sie dir an«, log Gary. »Ich habe sie gerade erst bekommen. Sie ist brandneu.«

»Ich will sie sehen«, sagte der Mann.

Gary nickte, dann bedeutete er mir, dass ich meine Kleider ausziehen sollte. Ich verstand das Signal, eine schnelle Handbewegung. Wie gesagt, ich war trainiert; ich wusste, was von mir erwartet wurde. Dennoch zögerte ich. Ich genierte mich.

Aber meine Gefühle waren Gary egal, er war deutlich verärgert. Ungeduldig zog er mein Hemd hoch. Ich zog es aus und legte meinen Kinderkörper frei. Dann ließ ich schnell meinen Rock fallen und stieg aus ihm heraus.

Und so stand ich da, völlig bewegungslos. Bloßgestellt. Gedemütigt. Ich starrte auf den Boden, tat so, als wäre ich gar nicht da. Und betete, dass ihnen das reichte.

Dem war nicht so.

»Ich will alles von ihr sehen«, sagte der Mann.

Gary schickte einen drohenden Blick in meine Richtung. Ich wusste, was ich zu tun hatte, konnte mich aber nicht dazu überwinden, es zu tun. Mir war schlecht. Ich fühlte Panik in mir aufsteigen. Ich wollte weglaufen, mich verstecken, weg aus dem Zimmer und von diesen Männern und der Art, wie sie mich ansahen. Aber als gut trainierte Sklavin, stand ich da, bewegungslos.

Ich schob meine Gefühle beiseite, meine Angst, meine Scham, meine Wut, meine Erniedrigung und zog meine Unterhose aus.

Der Mann studierte mich, dann ließ er seine Hände über meinen Körper gleiten. Schockiert und flehend suchten meine Augen Gary. Aber er starrte mich mit den kalten Augen, dem gefühllosen Ausdruck an, den er während dieser S/M-Szenen immer aufsetzte. Es war, als wäre er ein anderer Mensch, ein völlig fremder Mann, nicht mein Stiefvater, mit dem ich meine Tage verbrachte, oder der Liebhaber, der mich mit in sein Bett nahm.

»Wie viel?«, fragte der Mann.

»Genau das, was wir besprochen haben«, sagte Gary.

Der Mann nickte, zog einen Umschlag heraus und überreichte ihn Gary.

»Ich hol sie morgen früh ab«, sage Gary und öffnete die Tür.

Erst in dem Moment, als mein »Vater« den Raum verließ, verstand ich, dass er mich hierlassen würde. Krank vor Angst fiel ich aus der Rolle und ging auf Gary zu. »Nein!«, bettelte ich, mich an ihn klammernd. Er schubste mich weg, als wäre ich ein lästiger Hund. Sein Gesicht war eiskalt. Kein Anzeichen von Sympathie.

»Nein, Papa, bitte, bitte nicht!«, weinte ich. Ich wäre wieder zu ihm gerannt, hätte seine Beine umklammert und nicht losgelassen, aber der fremde Mann hielt mich zurück. Ich kämpfte immer noch verzweifelt, als ich meinen Vater weggehen sah.

An das, was danach geschah, kann ich mich kaum erinnern. Der Mann hatte natürlich Sex mit mir. Aber ich weiß nicht, ob es besonders abartig war oder ob er besonders gemein war. Er war wohl so sanft, wie ein erwachsener Mann sein kann, der Sex mit einer Achtjährigen hat. Die folgende Nacht mit einem anderen Mann war dann schon weniger beängstigend. Und nach dem zwanzigsten Mann war es fast zu einer Gewohnheit geworden.

Die Routine lief ungefähr so ab: Ich verbrachte elf Stunden mit Gary in dem Einkaufszentrum. Manchmal war ein anderes

Kind mit dabei, manchmal nicht. Um neun Uhr abends, wenn das Einkaufszentrum schloss, fuhren wir zum Motel zurück, wo Gary mich sofort zu dem Zimmer eines Fremden brachte. Manchmal spielten wir eine S/M-Inspektionsszene durch, aber normalerweise nicht. Gary klopfte einfach an die Tür, wartete darauf, dass sie geöffnet wurde, und schob mich hinein mit dem Versprechen, mich am nächsten Morgen wieder abzuholen. Oft hatte ich den Mann schon mal gesehen, da er tagsüber im Einkaufszentrum gewesen war. Die Männer taten das häufig; sie besuchten den Stand, um die Ware zu prüfen, bevor sie Gary einen Batzen Geld überreichten. Ich war mir der Transaktionen bewusst und auch der Tatsache, dass ich für potenzielle Kunden ausgestellt wurde. Alle vorgeschalteten Verhandlungen wurden von Gary organisiert. Meine einzige Aufgabe war es, zu erscheinen.

War ich erst in dem Motelzimmer, war die Situation zumeist unbehaglich. Ich stand verlegen bei der Tür, während der Kerl mich von oben bis unten mit einem lustvollen Grinsen betrachtete. Klein und jung, wie ich war, stand ich vor einem erwachsenen Mann, den ich nicht kannte. Zum Glück waren die meisten nett.

Wenn das für Sie seltsam klingt, sollten Sie eines über Pädophile wissen: Sie geben vor, Kinder zu lieben, und sie glauben wirklich an diese Vorstellung. Für einen Pädophilen, der kein Sadist ist, ist der Gedanke, ein Kind zu verängstigen oder ihm wehzutun, ein Gräuel. Pädophile suchen Romantik und Liebe. Sie verstehen Sex mit einem Kind als den äußersten Liebesbeweis. Wer kann schon vergessen, was Michael Jackson sagte: »Die größte Liebesbezeugung, die man ausdrücken kann, ist mit jemanden sein Bett zu teilen.« Somit sprachen die meisten Freier, die mich kauften, sanft und fassten mich geradezu mit Samthandschuhen an. Wenn sie mich baten, mich auszuziehen, dann waren sie extrem höflich. Sie waren genauso höflich, wenn sie mich baten, an ihrem Penis zu saugen. Und sie drückten größte Besorgnis aus, wenn sie ihren ausgewachsenen Schwanz in meine kleine Vagina stopften. Es ist der narzisstische Irrglaube eines typischen Pädophilen, zu glauben, dass er sich der physischen Behaglichkeit von Kindern versichert, wenn er ihre Öffnungen zustöpselt und sie benutzt wie eine aufblasbare Puppe.

Diese Männer bezahlten viel Geld für mich, und sie erwarteten eine ganze Nacht. Unnötig zu betonen, dass ich nicht viel Schlaf bekam. Vielleicht einige Stunden am frühen Morgen, aber kaum genug Erholung für ein Kind im Wachstum. Der fehlende Schlaf bewirkte oft, dass mir schlecht wurde. Und wenn die Sonne aufging, fühlte es sich unbehaglich an, mit einem fremden nackten Mann im Bett zu liegen. Ich war mir morgens nie so ganz sicher, was ich mit mir anfangen sollte. Mich anzuziehen bedeutete, aus dem Bett steigen zu müssen und meine Nacktheit zur Schau zu stellen. Das klingt sicherlich dumm, wenn man bedenkt, was in der Nacht vonstattengegangen war. Dennoch habe ich meine Scham bezüglich der Nacktheit nie völlig überwunden.

Aber ich musste aufstehen. Wenn ich nicht fertig war, sobald Gary kam, reagierte er verärgert. Es gab auch praktische Probleme. Oft musste ich ins Bad, aber ich wusste nicht immer, wie ich das anstellen sollte. Wie dem auch sei, ich wollte nicht nackt durch den Raum tapsen, und ich habe mich immer geschämt, wenn ein fremder Mann mir dabei zuhörte, wie ich aufs Klo ging. Dann war da das Problem mit dem Waschen. Wie bei jedem Menschen führte eine Nacht voller Sex dazu, dass es mich nach einer Dusche verlangte. Ich wagte aber nie, danach zu fragen. Der Gedanke, nackt unter der Dusche zu stehen, mit geschlossenen Augen, bedeutete, dass ich mich zu entblößt fühlte, während ich nichts mehr ersehnte, als zu verschwinden.

Normalerweise rutschte ich morgens einfach leise aus dem Bett, kroch über den Boden und versuchte, mir meine Kleider überzuziehen, bevor der Mann mich sehen konnte. Dann setzte ich mich hin oder blieb in der Ecke des Zimmers stehen und versuchte, mich unsichtbar zu machen, bis Gary an die Tür klopfte. Wenn ich das Klopfen hörte, kam ich sofort raus. Gary nahm mich dann mit zurück in sein Motelzimmer, wo ich schnell pinkeln, duschen und meine Kleidung wechseln konnte. Gegen neun Uhr früh gingen wir wieder zu dem Einkaufszentrum. Ein weiterer langer Arbeitstag begann.

Als ein Zugeständnis zu meinen schlaflosen Nächten erlaubte Gary mir immer, eine Schlafstatt mit Decken und einem Kissen unter den Tischen in seinem Stand aufzubauen. Dort schlief ich mitten am Tag in der durch die Tischdecken geschaffenen Dunkelheit auf dem Betonboden. Um neun Uhr abends verließen wir das Einkaufszentrum wieder und fuhren zurück ins Motel, zu dem Zimmer eines weiteren Fremden, um das ganze Spiel von vorne zu beginnen.

Diese Motel-Routine hielt ungefähr fünf Sommer lang an. Es gab natürlich Variationen. Ab und an behielt Gary mich für sich selbst. In einigen Nächten behielt er auch mich und ein anderes Kind bei sich und verlangte, dass wir gegenseitig an uns eine Art Sexualakt ausübten, während er dabei zusah. Zum Großteil war meine Sommerarbeit aber der Sex mit fremden Männern in Motelzimmern. Es wurde mir zur Gewohnheit.

Ich weiß, das ist schwer zu verstehen. Wie kann sich ein Kind daran gewöhnen, jede Nacht mit einem anderen Mann zu schlafen? Alles, was ich sagen kann, ist: Wenn etwas zur Routine wird – selbst Vergewaltigung –, dann verliert es seinen Schrecken oder seine Bedeutung. Was ich anfangs noch an Angst, Ekel, Schamgefühl empfand, verschwand mit der Zeit. Sobald ich wusste, was ich zu erwarten hatte, machte ich einfach, was ich tun musste. Ich stellte um auf Autopilot und schaltete meine Gefühle, meine Sinne, sogar meine Erinnerung ab. Deshalb bin ich nicht in der

Lage, jeden einzelnen Mann zu beschreiben, wiederzugeben, wie er aussah, was er zu mir sagte oder mir antat, wenn mich jemand danach fragt. Prostitution wurde für mich so gewöhnlich wie essen. Mit der Zeit vermischten sich die einzelnen Episoden in meiner Erinnerung.

Einige Vorfälle sind mir jedoch sehr deutlich in Erinnerung geblieben. Das sind jene, bei denen Gary von seinem gewöhnlichen Muster abwich. Die meisten dieser Vorfälle traten ein, als ich schon älter war. Zwölf. Dreizehn. Der Definition zufolge sind Pädophile an vorpubertären Kindern interessiert. Als ich also in die Pubertät kam, verlor Gary sein Interesse an mir. Nicht, weil ich Brüste entwickelte oder meine Periode bekam. Viele Pädophile finden den Körper einer Frau durchaus attraktiv, und Gary war definitiv einer von ihnen. Was Gary nicht mochte, war die Einstellung, die mit den Brüsten einherging.

Gary war ständig darauf bedacht, seinen Narzissmus zu befriedigen. Er musste sich immer als der klügste, der witzigste, großartigste Kerl fühlen. Er hatte das Bedürfnis, ständig bewundert – gar angebetet – zu werden. Erwachsene Frauen würden sich auf so was nicht einlassen.

Einsame kleine Mädchen fallen jedoch darauf herein. Sie suchen mit einer derart starken Verzweiflung nach Aufmerksamkeit, dass sie alles akzeptieren, sogar die wandernden Hände ihres Lehrers. Wenn die Mädchen in die Pubertät kamen und anfingen, ein Auge auf Jungs zu werfen, wurden sie rebellisch. Sie wollten aufmucken, aber Gary, der Kontrollfreak, konnte Widerspruch nicht dulden. Und warum sollte er auch? Wenn ein Mädchen »zickig« wurde, konnte er sich einfach ein neues suchen.

Eine Kind-Geliebte fallen zu lassen, ist jedoch nicht immer leicht. Dem ehemaligen FBI-Agenten Kenneth Lanning zufolge ist das größte Problem für einen Kinderschänder nicht, ein Opfer zu ködern, sondern ein Kind wieder loszuwerden, wenn es älter wird. Kinder tendieren dazu, eine große Anhänglichkeit zu ihren Schändern zu entwickeln. Wenn ein Mann plötzlich mit einem Kind bricht, dann riskiert er, dass es auf die Idee kommt, sich zu rächen. Nicht für den Missbrauch, sondern fürs Verlassenwerden. Hierbei ist der Kinderpornografie-Ring von Nutzen. Der Pädophile kann ein Kind ohne Weiteres einem anderen Mitglied ausleihen, das auf ältere Kinder steht. Wenn das geschickt gemacht wird, versteht das kindliche Opfer nie wirklich, dass es im Grunde abgewiesen wird.

Für Gary bedeutete meine Existenz eine noch größere Gefahr, da er meine Mutter und mich eingeladen hatte, zu ihm zu ziehen. Zu dem Zeitpunkt glaubte er wohl – so meine ich zumindest –, dass er in mir eine Sexsklavin erschaffen könnte, die nie erwachsen werden würde, eine Partnerin, die ihn nie verlassen würde. Aber trotz all seiner Bemühungen kam auch ich in die Pubertät und fing an, eigene Vorstellungen zu entwickeln. Ich fing an, mich mehr zu behaupten, und verlangte, über mein Leben selbst bestimmen zu dürfen. Ich wollte meine Kleidung selbst aussuchen, meine Aktivitäten selbst bestimmen, Zeit mit Freunden verbringen. Während dies für andere Heranwachsende völlig normal ist, verstand Gary den kleinsten Versuch, Unabhängigkeit zu erlangen, als eine große Rebellion. Er versuchte weiterhin, mich auf jede erdenkliche Weise zu kontrollieren – das war leichter als bei anderen Kindern, da ich immer noch in seiner K-8-Schule steckte. Als ich in einer Schulband die Flöte spielen wollte, bestand er darauf, dass ich Trompete spielte. Als ich Französisch als meine Fremdsprache wählen wollte, bestand er darauf, dass ich Russisch lernte. Als ich die neuesten Jeansmodelle tragen wollte, verbot er mir gar, auch nur ein Paar mein Eigen zu nennen.

Aber trotz seiner endlosen Versuche konnte Gary nicht verhindern, dass die achtjährige Version von mir verschwand.

Und seine Kontrolltaktiken bewirkten nur, dass ich mich umso mehr auflehnte. Der entscheidende Moment kam in der siebten Klasse, als Gary ankündigte, er würde für eine Produktion von *Peter Pan* die Regie übernehmen. In früheren Jahren war ich immer der Star seiner Shows gewesen, und somit nahm er an, dass ich die Wendy spielen würde. Das wollte ich aber nicht. Für jemanden in der siebten Klasse war es nicht angesagt, in einem Grundschulstück aufzutreten. Mit einer Entschiedenheit, die an vehemente Rebellion grenzte, weigerte ich mich, in dem Stück mitzuwirken. In Garys Welt kam das einem Verrat gleich, der mit einem kompletten und ausdrücklichen Ausstoß bestraft werden musste.

Fast nahtlos trat ein neues kleines Mädchen auf die Szene. Madeline war hübsch und gescheit und eine ehemalige Schülerin von Gary. Während andere Kinder über die Jahre hinweg wechselten, war niemand so allgegenwärtig wie Madeline. Plötzlich war sie überall – im Laden, in den Einkaufszentren-Shows und zu Besuch bei uns zu Hause. Gary schenkte ihr einen goldenen Ring. Er war dem, den er mir Jahre zuvor gegeben hatte, um unsere »Heirat« zu besiegeln, nicht unähnlich.

Ich war ausgetauscht worden.

Einfach so.

Über die Jahre hinweg war mir gesagt worden, ich sei Garys Geliebte, seine rechtmäßige Partnerin und seine wahre Ehefrau. Ich hatte alles gemacht, was er von mir verlangte – in seinem Bett und mit anderen Männern. Jetzt auf einmal war ich für ihn unsichtbar. Die ganze Sache war schmerzhaft und sehr verwirrend. So naiv das auch klingen mag, ich hatte die Fassade, dass Gary ein hingebungsvoller Vater war, wirklich geglaubt. Ich glaubte, dass er mich liebte und sich um mich sorgte. Aber als er Madeline bekam, wurde ich verstoßen und mit äußerster Verachtung behandelt.

Ein sehr gutes Beispiel dafür war das Musical *Cats*. Es war ein großer Hit auf dem Broadway, und ich wollte es unbedingt sehen, wie jedes andere kleine Mädchen an der Ostküste. Bevor ich zur Persona non grata wurde, sprach Gary oft von der Show und kaufte mir sogar ein Album mit Fotos aller Darsteller. Er war der erste Mensch, der mir die Tür zur Welt des Musiktheaters öffnete, und ich entwickelte eine wahre Leidenschaft für Broadway-Shows – eine Leidenschaft, von der ich glaubte, dass ich sie mit meinem Vater teilte. Als er dann verkündete, dass er Karten für *Cats* gekauft hatte, war ich überglücklich. Bis er ankündigte, dass er mit Madeline hingehen würde und nicht mit mir.

Am Tag der Show verließ Gary das Haus in aller Früh, um mit Madeline in die Stadt zu fahren. Ich bin mir sicher, dass sie sich Sachen ansahen und er sie zu einem netten Essen ausführte: Gary konnte sehr romantisch sein, wenn er ein neues Mädchen umwarb. Was mich betraf, ich blieb zu Hause und quälte mich mit Verzweiflung und Wut, die mein zwölf Jahre altes Hirn nicht artikulieren konnte. Nicht, dass es jemanden gab, dem ich mich hätte anvertrauen können. Wer könnte wirklich fähig sein, mein verqueres Gefühl von Betrug zu verstehen? Ich konnte es jedenfalls nicht! Am Ende ging ich ins Bett. Mitten in der Nacht hörte ich einen Knall. Dann flutete grelles Licht mein Zimmer. Als ich schlaftrunken die Augen öffnete, stand ein höchst verärgerter Gary an meinem Bett.

»Warum hast du die Küche nicht saubergemacht?«, schrie er.

»W-w-was?«, stammelte ich verblüfft. Ich war wirklich sehr schlaftrunken.

»Du hast die Küche nicht saubergemacht, steh auf!«, befahl er mir. Dann packte er mich und riss mich aus dem Bett.

Ich folgte ihm durch das dunkle Wohnzimmer in die hell erleuchtete Küche. In der Tat, das Spülbecken war angefüllt mit schmutzigem Geschirr – sein Geschirr vom Vortag.

»Mach dich an die Arbeit«, befahl er und deutete auf die Spüle.

»Hä?«, fragte ich dumm. Ich verstand die Sache nicht. Dies war nicht eines der *Schöner-Wohnen*-Häuser. Wir ließen Geschirr tagelang in der Spüle stehen. »Ich mach es morgen«, sagte ich unleidlich. »Ich bin müde. Es ist mitten in der Nacht.«

Damit drehte ich mich um und ging zurück in mein Zimmer.

»Du machst es jetzt«, knurrte er.

Ich machte kehrt und sagte mit der Frechheit einer typischen Zwölfjährigen: »Warum fragst du nicht Madeline?«

Ich bezweifle, dass ich die letzten Worte ganz herausbekam, bevor auch schon seine riesige Hand mit der ganzen Wucht eines Supermenschen auf meinen Kopf niederschmetterte. Sie traf mich so hart, dass mein Körper durch die Küche flog. Ich war benommen. Trotz Garys sadistischer Natur hatte er sich unter Kontrolle. Diese Art von stumpfsinniger häuslicher Gewalt kam selten vor.

Warum war er so böse auf mich? Was hatte ich getan?

Ganz einfach. Ich hatte angefangen, erwachsen zu werden, und damit wurde er nicht fertig.

Gary wollte eine Kindersexsklavin. Nun saß er da mit einer Jugendlichen, die ein freches Mundwerk hatte, und ihrer schlecht gelaunten Mutter. Er musste uns ein Dach über dem Kopf geben, uns mit Essen und Kleidung versorgen, während er die lachhafte Fassade einer richtigen Familie aufrechterhielt. Gary hat nie ein Geheimnis daraus gemacht, dass er meine Mutter verachtete. Er erniedrigte sie ständig, sogar vor anderen Leuten, und sie stritten sich andauernd. Jetzt verachtete er auch mich. Warum warf er uns also nicht einfach raus?

Ich kann hier nur spekulieren, aber es gab wohl zwei Gründe dafür, warum Gary uns bei sich behielt. Erstens bot meine Mutter einen hervorragenden Deckmantel für ihn, was sein Interesse an Kindern weniger verdächtig erscheinen ließ. Zweitens glaube ich, dass Gary meine Mutter nicht rauswerfen konnte, weil sie zur Unberechenbarkeit neigte und einfach zu viel wusste.

Bei Inzest ist die Spekulation darüber, was die Mutter weiß oder nicht, schwierig. In der Vergangenheit wurden Mütter von Sozialarbeitern, die der Ansicht waren, dass sie am sexuellen Missbrauch ihrer Kinder teilhatten, diffamiert. Es wurde angenommen, dass sie den Missbrauch entweder aktiv unterstützten oder ihn nicht verhinderten. Die Forschung ist jedoch zu dem Schluss gekommen, dass diese Anschuldigungen gegen die Mütter nicht richtig sind. In Wahrheit wissen viele Mütter nichts von dem sexuellen Missbrauch ihrer Kinder, bis es ihnen gesagt wird. Und wenn sie davon erfahren, versuchen sie, ihre Kinder zu schützen und zu unterstützen.

Leider war es bei meiner Mutter anders.

Sie wusste von dem Missbrauch und unternahm nichts, um ihn zu unterbinden. Ich kann das mit absoluter Sicherheit sagen, denn als ich zwölf war, fand sie Nacktfotos von mir. Die meisten waren sehr eindeutig. Ich weiß nicht, wo meine Mutter sie fand. Aber als sie sie sah, wurde sie hysterisch und fragte mich aus, um herauszufinden, worum es dabei ging. Da ich nicht wusste, was ich sagen sollte, schickte ich sie zu Gary, der ihr erklärte, dass er die Bilder auf meine Bitte hin gemacht hätte.

Genau genommen stimmte das sogar. Ich *hatte* ihn gebeten, die Bilder zu machen. Es war kurz, nachdem ich gesehen hatte, wie er Nacktbilder von meiner Mutter machte, die Vorher-Bilder für ihre Diät. Wie schon erwähnt, hatte ich ihn gebeten, die gleichen Bilder von mir zu machen. Allerdings war ich zu dem Zeitpunkt neun Jahre alt, und mir war die perverse Natur dieser Bitte nicht bewusst. Außerdem hatte ich nicht um Bilder der speziellen Art gebeten – jenen, in denen ich meine Beine weit spreizte.

Diese Details entgingen meiner Mutter. Sie war wütend. Auf mich. Heute verstehe ich, wie verrückt das klingt. Wie konnte eine Mutter Pornobilder von ihrer neunjährigen Tochter finden und dafür ihr Kind statt des erwachsenen Fotografen verantwortlich machen? Es scheint unentschuldbar, und in mancherlei Hinsicht ist es das auch. Dennoch muss man bedenken, dass meine Mutter mit einem Meister der Manipulation zusammenlebte, der ihr an Gerissenheit und Intelligenz weit überlegen war. Von Anfang an erschuf Gary eine Realität, in der ich die Rolle der Rivalin meiner Mutter spielte statt der ihres Kindes. Da sie dazu gebracht wurde, mir mit Misstrauen zu begegnen, glaubte sie jede Lüge, die Gary ihr zuspielte.

In der Vorstellung meiner Mutter trug ich die Schuld an den schmutzigen Bildern. Und da auch ich auf Garys Version von Realität hereinfiel, gab ich ihr recht. Immerhin hatte ich diese spezielle Fotoserie initiiert. Zusätzlich hatte ich für unzählige andere Bilder Modell gestanden, hatte Sex gehabt mit unzähligen fremden Männern und hatte Gary erlaubt, unzählige sexuelle Akte an mir zu verüben. So wie ich das sah, hatte ich somit meine Mutter genauso betrogen wie Gary. Ich war Garys Mitschuldige, seine Komplizin, was mich dazu veranlasste, mich unsagbar schuldig zu fühlen.

Es war schwer, die siebte Klasse zu überstehen, während ich darüber nachgrübelte, dass ich die abscheulichste, perverseste Zwölfjährige auf der ganzen Welt war. Es war nicht minder schwierig, Thanksgiving zu genießen mit einem Vater, der als mein Zuhälter agierte. Psychologisch wehrte ich mich gegen dieses Wissen mit all meiner Kraft. In meinem Bewusstsein verdrängte ich jede hässliche Wahrheit und beschloss, mich stattdessen in dem Glauben zu wähnen, ein ganz normales Mädchen in einer ganz normalen Familie zu sein. Ich verbot mir selbst, daran zu denken, was in den Motelzimmern vor sich ging. Stattdessen machte ich mir selbst vor, dass ich unschuldig und naiv war. Ich sagte mir selbst, dass ich noch Jungfrau war, genau wie all die anderen Mädchen in der Mittelschule. Dieses Doppeldenk frei nach Orwell ist ein typischer Bewältigungsmechanismus, den Opfer von wiederholten Misshandlungen anwenden. Wenn jemand gezwungen wird, unerträgliche Schmerzen zu ertragen, dann ist es oft die einzige Option, vorzugeben, dass die Wahrheit anders ist.

Als es im Jahr 1982 Frühling wurde, war ich dreizehn und brauchte meine sämtlichen Fähigkeiten zur Verleugnung. Meine geliebte Oma war schwer krank, und meine Mutter entschloss sich, für unbestimmte Zeit nach Maryland zu ziehen, um sie zu pflegen. Leider ließ sie mich zurück. Mit Gary. Aber jetzt, da Gary in Madeline vernarrt war, wollte er mich nicht um sich haben. Seine Lösung war, dass er mich so oft wie möglich an andere Männer verkaufte, um sich so viel Zeit wie möglich mit seiner »Neuen« zu sichern. Eine Teenager-Prostituierte ist jedoch nicht so viel wert wie ein Kind. Außer, sie übt abartigere Tricks aus. Somit fing Gary an, mich zu mehr Hardcore-Treffen zu schicken. Eine gefährliche Sache.

Woran ich mich erinnere, ist eine Sexparty. Sie fand in einem großen Haus in Long Island statt – höchstwahrscheinlich das Haus eines Gangsters im Management-Bereich. Gary führte mich in eines der Schlafzimmer, wo ich in ein einfaches weißes Nachthemd wechselte. Sehr jungfräulich. Ich wartete lange Zeit allein im Zimmer, in banger Erwartung dessen, was man von mir erwartete. Schließlich kamen zwei fremde Männer, um mich abzuholen. Sie führten mich zu einer Reihe von verschlossenen Türen. Einer der Männer klopfte, und die Tür öffnete sich. Die Männer schoben mich nach vorne. Sie mussten das tun; ich war gelähmt vor Angst. Ich starrte auf eine Höhle, angefüllt mit Männern.

Es war so etwas wie eine Party – ein Geburtstag oder eine Junggesellenparty –, und der Gefeierte bekam die erste Runde zugesprochen. Von seinen Freunden angetrieben, zog er mir das Nachthemd aus, vor allen anderen, und führte mich zu einem Kartentisch, wo ein halbes Dutzend Männer saßen. Der Geburtstagsjunge legte mich auf den Tisch, zog seine Hose runter und vögelte mich. Selbst nach jahrelanger Erfahrung als Sexsklavin war das unwirklich. Ich konnte einfach nicht begreifen, dass ein Mann mich hier fickte, während alle seine Freunde zusahen. Sie sahen nicht lange zu. Sobald der erste fertig war, übernahm ein anderer. Dann ein weiterer. Dann noch einer. Ich wurde herumgereicht wie ein Joint in einem College-Schlafzimmer. So ging es mehrere Stunden, während die Männer tranken, lachten, Karten spielten und Zigarren rauchten. Mit der Zeit schienen sie dann entweder zu gehen oder das Bewusstsein zu verlieren oder einzuschlafen. Sobald ich konnte, kroch ich über den Boden zu dem riesigen Fenster, schlang den Saum des Vorhangs um mich und rollte mich zu einer Kugel zusammen. Irgendwann in der Nacht kam Gary endlich zurück. Er gab mir das Nachthemd und sagte, dass ich es anziehen sollte. Ich muss in einem Schockzustand gewesen sein, denn ich konnte mich nicht dazu bewegen, aufzustehen. Gary schien zu verstehen. Er hob mich hoch, legte das Hemd um mich und trug mich aus dem Zimmer.

Ein anderes Mal ging ich zu einer Sexparty in einer Hotelsuite. Da war eine Art Bühne aufgebaut mit fünfzehn Männern, die ungeduldig auf die Show warteten. In Reizwäsche gekleidet, wurde von mir erwartet, dass ich einen Striptease hinlegte, wie es andere Mädchen auf der Party gemacht hatten. Gary schubste mich zur Bühne, aber trotz des Befehls zu gehorchen konnte ich es nicht tun. Der Gedanke, in meiner Unterwäsche zu tanzen, beschämte mich zu sehr. Wie bereits zuvor schien es, als würde Gary verstehen. Er führte mich ins Bad, gab mir eine Tablette und sagte mir, ich sollte sie schlucken. Ehrlich gesagt, erinnere ich mich kaum an das, was danach geschah. Ich weiß, dass ich den Striptease gemacht habe, ohne mich befangen zu fühlen, und ich nehme an, dass ich mit einigen Männern Sex hatte, obwohl ich mich an nichts erinnere. Wenn man bedenkt, wie schnell die Tablette wirkte und an wie wenig ich mich erinnere, nehme ich an, dass er mir Rohypnol gegeben hat, auch als »K.-o.-Tropfen« bekannt. Zu der Zeit wurden sie gerade populär.

Während Gary und seine Freunde mit Sicherheit Drogen nahmen, kam es eher selten vor, dass man mir so etwas gab, damit ich meine Hemmungen verlor. Die traurige Wahrheit ist: Ich war von klein auf dazu trainiert worden, zu gehorchen. Gary musste nicht auf Drogen oder Alkohol oder irgendeine Art von Gewalt zurückgreifen, um sicherzustellen, dass ich folgte. Nach so vielen Jahren der Misshandlung und Prostitution hatte ich gelernt, die Rolle der Zügellosen zu spielen, wenn es darum ging, zu überleben. Diese Rolle war das genaue Gegenteil von dem Bild des guten Mädchens, das ich für mich selbst und die restliche Zeit bewahrte. Es war auch völlig unfreiwillig, meine Persönlichkeit wechselte von einem guten Mädchen zu einem bösen Mädchen, ohne dass ich dies bewusst wählte – oder mir dessen bewusst war. Aufgrund des Doppeldenks war sich meine Gute-Mädchen-Persönlichkeit der Existenz des bösen Mädchens gar nicht bewusst. Das war ein fantastischer Bewältigungsmechanismus, denn er erlaubte mir, montagsmorgens im Mathematikunterricht zu sitzen, ohne darüber nachzudenken, wie viele Kerle mich Samstagnacht gefickt hatten.

Meine Böses-Mädchen-Maske erlaubte es mir auch, Dinge zu tun, die mein gutes Mädchen vor Scham hätten sterben lassen. Als ich dreizehn war, begleitete ich Gary zum Beispiel zu einer Baseballkarten-Messe in einem Hotel. Während Gary an seinem

Stand in der Etage arbeitete, in der die Messe stattfand, wurde von mir erwartet, dass ich in dem Hotelzimmer auf Männer wartete, die er zu mir schickte. Es war ein nicht endender Strom von Kerlen, die Tag und Nacht an die Tür klopften. Und als brave Sexarbeiterin gab ich jedem Mann, was er verlangte. Wenn ich mich in meinem normalen Seelenzustand befunden hätte, wäre all dies unerträglich gewesen. Ich hätte mich gefühlt, als ob ich achtundvierzig Stunden am Stück vergewaltigt worden wäre. Was ja auch der Fall war. Glücklicherweise gewann meine Böses-Mädchen-Maske die Oberhand, und ich konnte mich somit davon überzeugen, dass ich gerne mit zahllosen fremden Männern Geschlechtsverkehr hatte. Und als das böse Mädchen gefiel mir das sogar – wenigstens bei einigen von ihnen. Dankbar zu sein für die Fähigkeit meines Verstandes, Vergnügen zu empfinden an Vergewaltigung, mag seltsam, gar verrückt klingen. Aber wenn man gezwungen wird, in der Hölle zu leben, ist es dann nicht ein gesegneter Irrglaube, sich im Himmel zu wähnen?

Leider gab es Zeiten, in denen es so schlimm war, dass es hoffnungslos war, sich irgendetwas anderes einzubilden. Hier sticht ein Vorfall stark hervor, der sich ergab, als ich dreizehn war und zu einem Haus gebracht wurde, in dem eine Party stattfand. Gary führte mich in ein leeres Schlafzimmer und öffnete dann eine Tasche, die er mitgebracht hatte. Er zog ein Hochzeitskleid und einen Schleier heraus. Mir wurde befohlen, es anzuziehen und auf meinen Auftritt zu warten. Meiner Erfahrung nach war ich angeheuert worden, um bei einem Rollenspiel-Szenario mitzuwirken. Diesmal war es eine Hochzeitsnachtszene, und ich sollte die jungfräuliche Braut spielen. (So wie ich Gary kenne, hat er dem Kunden sicherlich weisgemacht, dass ich *tatsächlich* noch Jungfrau war, um mehr Geld zu bekommen.) Ich wartete stundenlang, und irgendwann schlief ich sogar auf dem Fenstersitz ein. Als der Kunde endlich kam, war er erkennbar betrunken. Er torkelte in die Mitte des Zimmers und starrte mich lange mit kalten Augen an. Ich konnte bereits an seiner Körperhaltung sehen, dass das nichts Gutes bedeuten würde.

»Zieh dein Kleid aus«, sagte er mit lallender Stimme.

Ich gehorchte sofort.

»Aber hoppla!«, sagte er, und musterte mich von oben bis unten. »Was machst du denn hier, hä? Wie kommst du dazu, das zu machen?«

Ich war wie gelähmt, als er mich für einen Kuss an sich zog.

Kurz bevor unsere Lippen sich trafen, schmetterte er jedoch seine Faust an meinen Kopf. Der Schlag warf mich zu Boden. Ich war so entsetzt und verängstigt, dass ich langsam zurückwich, um einen sicheren Ort zu finden. Aber es gab keinen sicheren Ort.

Er war sofort über mir und drückte mich auf den Boden, während er mir ins Gesicht schlug. »Was glaubst du denn, das du da machst, hä? Hä? Willst du vor mir weglaufen? Du kommst hier nicht weg. Das ist unsere Hochzeitsnacht, schon vergessen?« Und bevor ich begriff, was passierte, vergewaltigte er mich brutal und schlug meinen Kopf dabei auf den harten Boden. Hilflos bat ich, dass er aufhören sollte. Das ist alles, woran ich mich erinnere. Ich muss wohl das Bewusstsein verloren haben. Das Nächste, woran ich mich erinnere, war, dass es Morgen war. Gary war da, um mich zu holen, aber ich glaube nicht, dass er erwartete, mich nackt und mit Verletzungen auf dem Boden liegend vorzufinden. Er brachte mich dann in ein Motelzimmer, damit ich mich erholen konnte.

Sie mögen sich fragen: Wenn ich grün und blau geschlagen war und mit einer möglichen Gehirnerschütterung auf dem Boden lag, wie konnte Gary das verbergen? Zu der Zeit war es Sommer, und meine Mutter war in Maryland. Somit musste Gary mich nur außer Sichtweite bringen, bis die Verletzungen verheilt waren. Das war meiner Erinnerung nach das einzige Mal, bei dem ich so schwer zusammengeschlagen wurde, dass meine Verletzungen deutlich auf den Missbrauch hätten hinweisen können. Meistens waren Gary und die anderen Männer sehr bedacht darauf, keine sichtbaren Male zu hinterlassen. Es waren die Genitalien, die die meiste Tortur erfuhren, was natürlich vor anderen verborgen wurde. (Da ich noch zu jung war, um mit jemandem auszugehen – und es wäre so und so nicht erlaubt worden –, stellte ein möglicher Freund kein Problem dar.) Da ich wegen der Fesseln unzählige Zerrungen an den Hand- und Fußgelenken erlitt, wurden die elastischen Bandagen, die ich ständig trug, damit erklärt, dass ich Verletzungen beim Turnen erlitten hatte. Ich hatte außerdem ständig kleine Verletzungen an meinen Oberschenkeln – resultierend daraus, dass unzählige Männer mit ihren Fingern fest in mein Fleisch griffen. Die Flecken waren jedoch klein, kaum größer als Fingerspitzen. Meine Mutter sagte, sie seien auf Vitamin-C-Mangel zurückzuführen.

Ehrlich gesagt, war ich sehr selten beim Arzt, als ich jung war. Ich hatte nicht die jährlichen Untersuchungen, die normale Kinder bekamen. Selbst wenn meine Eltern vermuteten, dass ich einen verstauchten Knöchel oder eine Halsentzündung hatte, verschwendeten sie keine Zeit damit, mich zum Arzt zu bringen. Ich nehme an, meine Eltern wollten nicht zu viele Fragen vom medizinischen Personal beantworten. Ich habe auch mit großer Nüchternheit begriffen, dass es Gary egal war, was mit mir passierte. Ich meine, warum sollte man viel Geld für einen Arzt bezahlen, wenn es einem egal ist, ob der Patient stirbt oder lebt?

Im Nachhinein würde ich es als ein Wunder bezeichnen, dass ich meine Kindheit überlebt habe. Gary hat mich so vielen gefährlichen Situationen ausgesetzt, dass ich mich manchmal wirklich frage, wie ich das überleben konnte. Nehmen wir nur mal meine Erfahrung im Motel Revolution. Gary und ich waren zwei Sommer lang im Revolution. Die Bleibe war mies, und das war nicht ungewöhnlich. Jede Unterkunft, in der wir übernachteten, war eine Absteige. Das ungewöhnliche am Motel Revolution war sein Grundriss. Statt einfach nur die normalen Zimmer anzubieten, vermieteten sie dort auch Hütten – separate Gebäude ohne geteilte Wände. Das bot eine einmalige Art von Privatsphäre, die Gary zu seinem Vorteil nutzte.

Unsere Hütte, die in Wirklichkeit bloß ein heruntergekommener Caravan war, hatte zwei Schlafzimmer. Sonst teilten Gary und ich uns ein Zimmer (und normalerweise auch ein Bett), sodass ich glaubte, dieses neue Arrangement war ein Sieg – ein Beweis dafür, dass Gary meine Unabhängigkeit akzeptierte. Wie dumm ich doch war! Garys wahre Absicht war es, mich an Männer zu vermieten, die ihre Entführungsfantasien ausleben wollten. Ich wurde tagelang an das Kopfende des Bettes gefesselt, mir wurden die Augen verbunden, und ich wurde geknebelt, während unterschiedliche Männer mit mir »Kidnapper« spielten.

Ich weiß, dass das, wie auch anderes, total krank klingt. Ich meine, wer ist wirklich so daneben, dass er für ein vorgespieltes Entführungsopfer zahlt? Ob Sie es glauben oder nicht, Entführungsfantasien kommen recht häufig vor, und Leute suchen regelmäßig Möchtegern-Entführer oder -Entführte im Internet. Diese Fantasien sind so häufig, dass es tatsächlich professionelle Sexarbeiterinnen gibt, die sich auf diese Praktiken spezialisieren. Goddess Lady D von Wisconsin bietet zum Beispiel eine »Entführungsfantasie« über das Internet an, in der sie »24 Stunden Schmerz, Unbehagen, Desorientierung und nackte Erniedrigung« verspricht, alles für den günstigen Preis von »nur 600 Dollar!« Fairerweise muss man im Fall von Goddess Lady D von Wisconsin sagen, dass die Freier hier daran interessiert sind, ihre Entführungsfantasien mit Erwachsenen auszuleben, die sich zu diesem Rollenspiel bereit erklären. Aber für Pädophile reicht ein Erwachsener nicht, und eine echte Entführung eines Kindes kann sehr viele Unannehmlichkeiten mit sich bringen. Da Gary mich als ein pseudoentführtes Kind anbieten konnte, tat sich hier eine lukrative Nische für ihn auf.

Für mich war das Erlebnis traumatisch. An ein Bett gebunden, ohne die Möglichkeit, mich bewegen, sehen oder schreien zu können, musste ich hilflos auf fremde Männer warten. Einige Kerle gingen die Sache an, als handelte es sich um routinemäßige Prostitution: »Nur das Übliche, Madame.« Andere nahmen das ganze Entführungsszenario ausgesprochen ernst – sie behandelten mich brutal, beschimpften mich und drohten gar damit, mir wehzutun oder mich zu ermorden. Ein Trio von gut gestellten Männern, die stundenlang bei mir blieben, waren die Schlimmsten – trinkend, mit Waffen fuchtelnd und mich als Gruppe vergewaltigend, spielten sie an mir ihre eigene kleine Version von *Uhrwerk Orange* aus. Sie haben wohl etwas zu laut gefeiert, denn auf einmal klopfte jemand an die Tür, und dem Klopfen folgten die Rufe einer Frau. Da waren sie ganz plötzlich alle ruhig. Einer von ihnen hielt mir die Hand vor den Mund und zog mich in den Schrank. Er hielt mich dort fest, während die anderen beiden die Tür öffneten. Ich konnte nicht hören, was gesprochen wurde, aber ich erinnere mich, dass ich ungeheure Angst hatte. Das Komische ist, dass ich Angst vor der Frau an der Tür hatte. Wenn sie mich gefunden hätte, dann hätte ich Schwierigkeiten bekommen, fürchtete ich. Ich glaubte, dass ich es war, die etwas falsch gemacht hatte.

Was auch immer der Mann zu der Frau sagte, sie muss zufrieden gewesen sein, denn sie ging. Die Männer gingen auch. Aber nicht, ohne mich zuvor zu fesseln und zu knebeln und im Schrank zurückzulassen. Gary kam etwas später. Er löste die Fesseln und erlaubte mir, ins Bad zu gehen; dann gab er mir was zu essen. Das war das Ritual im Motel Revolution. Jeden Morgen und jede Nacht befreite Gary mich gerade lang genug, damit ich mich um meine nötigsten Bedürfnisse kümmern konnte. Das Verrückte ist: Jede Nacht, wenn er zurückkam und die Fesseln, den Knebel und die Augenbinde löste und mir dann einen Hamburger gab, war ich ihm unendlich dankbar. Selbst wenn Gary derjenige war, der mich in die Höhle des Löwen sperrte, war seine Gegenwart doch das Einzige, was mir ein Gefühl von Sicherheit gab und mir Erleichterung versprach.

Mit dem Sklaventraining, den Sexpartys und den fremden Männern in den Motelzimmern fertigzuwerden war alles sehr schwierig. Aber diese Erinnerungen sind nichts, absolut *nichts* im Vergleich zu meinen Erinnerungen an Frank. Frank war ein professioneller Pornograf, der in Manhattan lebte. Er arbeitete von seinem Apartment aus, in einem Hochhaus in einem vornehmeren Viertel. Franks Wohnung war groß für New Yorker Verhältnisse, mit einem Arbeitszimmer, einem tiefer liegenden Wohnzimmer, drei Schlafzimmern und einer Wendeltreppe, die in die Dachkammer führte. Da sie an zwei Straßenecken angrenzte, hätte die Wohnung mit Licht durchflutet sein müssen. Es war jedoch immer dunkel. Als ich erwachsen wurde, habe ich verstanden, dass ständig die Vorhänge zugezogen waren. Sie verdeckten die Fenster, und das war ganz praktisch. Frank machte nämlich schmutzige Filme. Er wollte kein natürliches Licht. Und schon gar keine neugierigen Blicke.

Das erste Mal, als ich zu Frank ging, war ich neun oder zehn. Gary brachte mich an einem Wochenende dorthin, ohne irgendeine Erklärung. Ich hatte genügend Sklaventraining erhalten, um das Spiel zu verstehen. Frank würde den Herrn spielen; ich war seine gehorsame Dienerin. Von dem Moment an, da ich ihn traf, verstand ich jedoch, dass Frank keine Spielchen spielte. Er war anders als alle, die ich vorher getroffen hatte – oder bis heute getroffen habe. Frank war die Art Mensch, die man hofft, nie zu treffen.

Frank war wahrscheinlich mit der Mafia assoziiert. Es ist nicht die Art, wie er sprach, aussah oder agierte, die mich zu dem Schluss bringt – obwohl er wirklich Protagonisten aus Martin-Scorsese-Filmen ähnelte. Stattdessen beruht meine Vermutung auf dem Wissen von dem Pornografie-Geschäft der Zeit um 1977.

Vor der Ära der freien Liebe war Pornografie durch Zensurgesetze verboten. Deshalb konnte Pornografie nur auf dem Schwarzmarkt gehandelt werden, einem Markt, der von der organisierten kriminellen Szene beherrscht wurde. In den 1960er-Jahren beschloss der Oberste Gerichtshof der USA, dass Pornografie vom First Amendment geschützt war, also jenem Zusatzartikel der US-Verfassung, der unter anderem die Pressefreiheit und die Freiheit der Kunst garantiert. Von nun an legal, explodierte das Geschäft mit der Pornografie mit Buchläden für Erwachsene, Kinos und Peepshows, von denen jede auf ihre Art unerschöpfliche Varianten für aufgegeilte Kunden bot. In den frühen 1970ern war Pornografie für die Mafia so lukrativ geworden, dass sie ein Einkommen von ungefähr 250 Millionen Dollar pro Jahr verbuchen konnte – eine Summe, die heute inflationsbereinigt bedeutend höher wäre. Als Pornografie sozial mehr Anerkennung fand, wurde es sehr viel einfacher, das Hardcore-Zeug zu beziehen. Das Zeigen von Fesseln, Folter und eine große Auswahl an Abartigkeiten war keine Rarität mehr.

Und eine der beliebtesten Abartigkeiten war die Pädophilie.

Die Pädophilie wurde in den 1970ern so beliebt und war so akzeptiert, dass sie in den aktuellen Zeitgeist integriert wurde. Kinderprostituierte tauchten in Filmen wie *Taxi Driver* und *Pretty Baby* auf. Woody Allens Obsession mit jungen Mädchen, versinnbildlicht in *Manhattan*, zeigte ebenfalls ihre hässliche

Fratze. In der Welt der Pornografie boten Zeitschriften wie *Lollitots, Naughty Horny Imps* und *Child Discipline* sowie eine Reihe von Filmen Bilder mit Kindern, die Fellatio ausübten, Geschlechtsverkehr hatten oder von einer ganzen Gruppe von Männern vergewaltigt wurden. Erstaunlicherweise wurde diese Art von Ware am Times Square und in vielen Städten über dem Tisch verkauft. In San Francisco lief fünf Wochen lang ein Hardcore-Kinderpornografie-Festival, sogar in einem öffentlichen Kino.

Der Grund, warum Kinderpornografie in den 1970er-Jahren blühte, war ebenso einfach wie schockierend: Es gab kein Bundesgesetz, das dies verbot. Folglich wuchs Kinderpornografie schnell zu einem florierenden, millionenschweren Geschäft heran. 1977 (in dem Jahr, in dem ich Gary traf) gab es mindestens 264 unterschiedliche Monatszeitschriften, die Kinderpornografie enthielten. Die Kosten für diese Art von Unterhaltung waren hoch. Eine typische Zeitschrift kostete 25 Dollar, während ein kurzer 8-mm-Film auf 50 Dollar kam. Nach heutigem Stand wären das 89 beziehungsweise 178 Dollar. Insofern ist es müßig zu betonen, dass Kinderpornografie ein sehr lukratives Geschäft war.

Weil Franks Wohnung auch als Filmstudio genutzt wurde, war immer viel los. Unterschiedliche Männer kamen und gingen, um das Licht und die Kameras zu bedienen, und ständig waren Leute in S/M-Ausstattung anwesend. Und in den Schlafzimmern befanden sich immer ein paar hübsche (wahrscheinlich minderjährige) Mädchen. Aber da waren keine anderen Kinder, und niemand schien sich daran zu stören, dass ich nur einen Meter zwanzig groß war.

Das Leben mit Frank bedeutete absolute Entwürdigung und autoritäre Kontrolle. Tagsüber arbeitete ich als Schauspielerin und machte, was sich Frank auch immer an perversen Sexszenen ausgedacht hatte. Das beinhaltete normalerweise Sex mit einem oder mehreren erwachsenen Männern in unterschiedlichen Positionen. Ich war das gewohnt. Aber es vor der gesamten Mannschaft und in einem Raum voller Pornografie-Schauspieler zu machen war eine andere Sache und tausend Mal demütigender.

Meistens schloss ich einfach die Augen und tat, was Frank befahl. Ich wusste, es war sinnlos, sich zu widersetzen, also schaltete ich meine Gedanken und Gefühle ab und tat, was man von mir verlangte.

Einmal war die Angst jedoch zu groß. Es wurde von mir erwartet, dass ich eine Szene spielte, in der ein männlicher Meister mich an einer Leine führte. Dann kam eine Domina herein, und die beiden redeten über mich, als ob ich eine Hündin wäre, die gedeckt werden sollte. Ich wartete auf allen vieren, immer noch an der Leine meines Herrn, während die Domina hinter die Bühne ging, um ihren Sklaven zu holen. Sie kam mit einem Mann an der Leine zurück. So wie ich, ging auch er auf allen vieren, aber dieser andere Hund trug eine schwarze Ledermaske. Ich weiß nicht, warum, aber das Ding versetzte mich in panische Angst. Ich sprang auf und wich zurück, womit ich die Aufnahme unwillkürlich ruinierte. Es war die Zeit der teuren Filme; hier wurden keine billigen Digitalvideos gedreht.

Frank war fuchsig. Er verlangte, dass ich weitermachte. Mit einem zornigen Ausbruch einer Zehnjährigen weigerte ich mich jedoch, die Szene wieder zu betreten. Ich bezweifle, dass ich fähig war auszudrücken, dass die Maske mir Angst machte. Es hätte so und so keinen Unterschied gemacht. Frank befahl mir, in sein Schlafzimmer zu gehen. Ich tat es und war erleichtert.

Die Erleichterung dauerte aber nicht lange. Als Frank ins Zimmer kam, war sein Gesichtsausdruck sehr ernst. Ohne ein Wort zu sagen, band er mich in einen Hogtie und hängte mich an einen Haken an seiner Zimmerdecke auf. Für den Großteil der Menschen, die nie an ihren Extremitäten aufgehängt wurden, ist es schwer zu beschreiben, wie sich das anfühlt. Der

Bauch will nach unten fallen, während die Arme und Beine gerade hinter dem Körper aus den Schultern und Hüften gezogen werden. Sehr schnell fangen die Muskeln in den Schenkeln und dem Po an, sich zu verkrampfen, während sich in den Schultern ein stechender Schmerz ausbildet.

In all meinen Jahren des Sklaventrainings hatte ich diese Art von Tortur noch nie erlebt. In Panik versetzt, suchte ich nach Erlösung, aber es war umsonst. Ich schrie, und Frank kam sehr schnell zurück. Ohne ein Wort zu sagen, holte er mich vom Haken herunter, löste die Fesseln und verließ den Raum. Ich folgte ihm demütig und spielte die Szene, in der der Maskenmann mich von hinten fickte, als ob wir Hunde wären. Ich biss die Zähne zusammen und tat es einfach.

Teil II

Konsequenzen

Denn der, der alles verliert, verliert sich oft sehr leicht selbst.

— Primo Levi, *Ist das ein Mensch?* — *Die Atempause*

Außer mir vor Angst

Was einige Menschen erdulden können, ist wahrhaft erstaunlich. Jedes Jahr werden in den Vereinigten Staaten über eine Million Kinder wiederholt vernachlässigt, physisch misshandelt und/oder sexuell missbraucht, und dennoch stehen sie jeden Morgen auf und führen ihr Leben fort. Opfer von häuslicher Gewalt tun das Gleiche wie Frontkämpfer, Flüchtlinge und Zivilisten in Kriegszonen. Sie gehen zur Arbeit; sie kaufen Brot; sie laufen durch das Viertel in dem Wissen, dass sie jeden Moment Schmerzen, Verstümmelung, Tod erfahren könnten.

Der Psychiaterin Judith Herman zufolge ist »die schlimmste Angst einer jeden traumatisierten Person, dass der Moment des Horrors wiederkehrt«. Für Opfer von wiederholter Gewalt wird diese Angst wieder und wieder realisiert. Wie werden die Opfer fertig mit dem Wissen, dass ihr schlimmster Albtraum sich wiederholen wird? Einfach gesagt, sie grenzen die Realität aus. Sie geben vor, dass die Wahrheit eine andere ist. Es gibt viele Begriffe, die diese Vortäuschung beschreiben: *Unterdrückung, Dissoziation, Doppeldenk.* Während jedes Wort einen etwas anderen mentalen Prozess beschreibt, dienen diese Prozesse doch alle demselben Zweck: Sie ermöglichen uns, weiterzugehen und zu funktionieren, trotz unserer Ängste.

Angst ist ein unerträgliches Gefühl. Niemand schafft es, sie zu ertragen, jedenfalls nicht für lange. Während wir die Angst überwinden, wirken ihr unsere Körper instinktiv durch Kampf oder Flucht entgegen. Aber wenn die Umstände nicht erlauben, dass wir Fausthiebe austeilen oder weglaufen können, werden wir vom Terror überwältigt und geraten in einen Zustand des Stillstands, in dem wir physisch und emotional gelähmt sind vor Angst. Physiologisch im Angesicht von Angst still zu stehen ist uns angeboren und so normal, dass es die Grundlage von universellen Albträumen ist – das Monster kommt, um uns zu töten, aber wir sind zu sehr verängstigt, um wegzulaufen oder zu schreien.

Lähmung lässt auch den Verstand erstarren. Deshalb erinnern wir uns an desaströse Vorfälle wie Unfälle, Katastrophen und Angriffe in Zeitlupe. Während eines Traumas setzt die Fähigkeit unseres Gehirns aus, Informationen zu verarbeiten. Unsere Gefühle treten in einen Zustand des Scheintodes. Unzählige Menschen, die Unfälle, Operationen und Vergewaltigungen überlebt haben, beschreiben das Erlebnis als eine Erfahrung, in der sie aus ihren Körpern herausgehoben wurden und so ihr erlittenes Trauma mit einer losgelösten Ruhe beobachteten. Das Gefühl des Überlebens, das Menschen während eines Traumas erfahren, ist das Ergebnis einer Dissoziation – ein psychologischer Ausdruck, der einen veränderten Zustand von Bewusstsein beschreibt, in dem Gedanken und Empfindungen von den zugehörigen Gefühlen getrennt werden. In einem dissoziativen Zustand kann man schreckliche Dinge erleben und *wissen*, dass sie schrecklich sind, das *Gefühl* von Horror wird aber nicht wahrgenommen. Dissoziation dieser Art ist ein genialer Verteidigungsmechanismus. Wenn wir weder kämpfen noch fliehen können, findet unsere Psyche doch einen Weg, auf dem sie uns vor der vollen Wucht des Schmerzes abschottet. Man ist wortwörtlich außer sich vor Angst.

Lähmung und Dissoziation sind unfreiwillige Reaktionen auf Terror. Aber auch außerhalb von lebensgefährlichen Situationen haben Menschen den unwiderstehlichen Drang, dem Gefühl der Angst mental zu entfliehen. Wer einmal im Stuhl eines Zahnarztes gesessen und auf eine Wurzelkanalbehandlung gewartet hat, weiß, wie hart das Gehirn arbeiten kann, um Panik zu vermeiden. Wir hören den Bohrer; unser Herz fängt an zu rasen; aber wir zwingen unser Hirn dazu, »an etwas Schönes zu denken«. Auf einmal sind wir in unseren Gedanken im Urlaub an einem Strand. Einfach so haben wir uns dem Status eines veränderten Bewusstseinszustandes verschrieben.

In einem weit größeren Ausmaß passiert dies bei Opfern, die einem anhaltenden Trauma ausgesetzt sind. Sie benutzen ihren Verstand, um eine andere Realität zu erschaffen, eine, die weniger beängstigend und schmerzlich ist, eine, die es ihnen erlaubt, den Tag zu überstehen. Politische Gefangene und Kriegsgefangene haben oft beschrieben, dass sie Selbsthypnose praktizieren und sich in Trance versetzen, um Hunger und Folter zu ertragen. Genauso sind Opfer von Kindesmisshandlung und häuslicher Gewalt dafür bekannt, Wege zu finden, mit denen sie die Misshandlung unterdrücken, sie verneinen oder verringern. Manchmal werden diese Anstrengungen bewusst eingesetzt, manchmal nicht. Wie auch immer, es ist die Fähigkeit des Verstandes, etwas vorzutäuschen, das es den Opfern erlaubt, ein langanhaltendes Trauma zu erdulden.

Obgleich diese Art von mentaler Akrobatik effektiv ist, was die Unterdrückung von Terror betrifft, und einem ein falsches Gefühl von Sicherheit vermittelt, hat sie ihren Preis. Mit der Zeit kann es zur Gewohnheit werden, sich selbst zu belügen. Wenn das passiert, kann das Opfer den Sinn für die Realität verlieren. In Fällen, in denen andere Opfer zugegen sind, beispielsweise bei Soldaten, Gefangenen, Flüchtlingen und Gruppen von Geiseln, verlassen sich die Opfer oft auf andere, um im Auge zu behalten, was real und wahr ist. In Fällen, in denen das Opfer keine soziale Unterstützung erhält, wie z. B. bei geschlagenen Frauen, misshandelten Kindern und Entführungsopfern, gewinnt die Version des Täters stets die Oberhand.

Diese falsche Realität involviert fast immer den Glauben, dass der Täter gut ist und Sicherheit vermittelt. Der Psychiater Keith Ablow sagt, dass Opfer diesen Standpunkt annehmen müssen, weil es dem menschlichen Geist zu sehr schaden würde, »ihre Verzweiflung und Trauer und Wut über Jahre hinweg aufrechtzuerhalten. Somit erzählt der menschliche Verstand sich eine Geschichte über Sicherheit und Zufriedenheit, um sich selbst zu schützen«.

Als ich ein Kind war, erzählte ich mir eine solche Geschichte. Ich sagte mir, dass meine Mutter und mein Vater glücklich verheiratet wären und dass ich ihr geliebtes Kind wäre. In dieser Geschichte war ich ein normales kleines Mädchen und lebte in einer normalen Familie mit netten, fürsorglichen Eltern – die Art Eltern, die ihrer Tochter niemals wehtun würden. Ich glaubte so fest an dieses Märchen, dass ich mir bald vorstellte, Gary sei mein biologischer Vater und Lundquist mein wahrer Familienname. Wenn man mich über meinen Stammbaum befragt hätte, dann hätte ich gesagt, dass ich schwedischer Abstammung sei wie Gary, im Gegensatz zu dem schweizerischen Hintergrund der Brechbills. Ich war dieser Wahnidee so sehr verfallen, dass ich laut und vehement jedem, der bereit war zuzuhören, von meiner glücklichen Familie erzählte. Es war mir wichtig, meinen Lehrern und Klassenkameraden vorzuspielen, dass ich ein normales Kind war. Damit auch ich mich so verstehen konnte.

Um diesen Selbstbetrug aufrechtzuerhalten, musste ich jedoch vorsätzlich und wiederholt Wege finden, mit denen ich die Realität, die sich zu Hause abspielte, blockieren konnte. Ich tat dies, indem ich mich dissoziativ absetzte – mental verreiste, wann immer etwas passierte, was nicht in mein Bild von einem perfekten

Leben passte. Wenn Gary oder die anderen Männer mich misshandelten, veränderte ich automatisch meinen Bewusstseinszu-
stand. Die »normale« Michelle glitt davon an einen glücklichen
Ort, ohne noch zu spüren, dass ihr Körper von erwachsenen
Männern für Sex benutzt wurde.

Wenn es Ihnen schwerfällt, sich das vorzustellen, dann denken Sie an lange Autoreisen, speziell nachts. Fast jeder hat schon
mal die Erfahrung gemacht, gedanklich abzuschalten und eine
Abfahrt zu verpassen. Dann wacht man auf einmal sozusagen
auf und bemerkt, dass man ganz vergessen hat, gefahren zu sein.
So vertieft war man in seine Gedanken. Diese »Fernstraßenhypnose« ist eine Form von Dissoziation. Sie zeigt, wie leicht es ist,
sich gänzlich in einem Tagtraum zu verlieren, während man weiterhin physische Handlungen vollführt. Der Verstand hat eine
bewundernswerte Fähigkeit, sein Bewusstsein zu teilen, um der
Psyche zu erlauben, ihre Aufmerksamkeit gleichzeitig auf multiple Handlungen zu fokussieren.

Durch Dissoziation während des Missbrauchs konnte ich die
Illusion aufrechterhalten, ich sei ein normales Kind mit einem
normalen Leben. Ich konnte in die Schule gehen, mich mit Klassenkameraden treffen, meinen Lehrern zuhören, ohne darüber in
Gedanken zu verfallen, was für schreckliche Dinge mir später in
der Nacht widerfahren würden. Wenn ich mit Gary in der Öffentlichkeit war, konnte ich die Rolle der braven Tochter spielen,
unbelastet von dem Wissen, dass ich zu Hause in Wirklichkeit
seine Sexsklavin war.

Ein Doppelleben zu führen hat jedoch Konsequenzen – insbesondere, wenn man sich des Geschehens nicht wirklich bewusst
ist. Mit der Zeit begann diese Duplizität sich in meiner Persönlichkeit zu manifestieren.

Nun ja … ich muss wohl eher von Persönlichkeiten sprechen. Denn vergessen Sie nicht, ich entwickelte mehr als eine.

Es ist schwer zu begreifen, was es bedeutet, multiple Persönlichkeiten zu haben – ein Zustand, der fachsprachlich als Dissoziative Identitätsstörung bezeichnet wird. Das Erste, woran Menschen bei diesem Begriff denken, ist *Sybil* oder *Eva mit den drei Gesichtern*. In Büchern und auf dem Bildschirm werden alternative Persönlichkeiten oft als eindeutig und dramatisch präsentiert. Der milde Norman Bates wird zum Frauenkleider tragenden Killer. Der gute Dr. Jekyll verwandelt sich in den grausamen Mr. Hyde. Die biedere Hausfrau Tara Gregson verwandelt sich in so ziemlich alles, von einem Teenager mit einem starken Geschlechtstrieb bis zu einem Bier trinkenden guten alten Kerl. Wenn man den Medien Glauben schenken möchte, dann sind Leute mit multiplen Persönlichkeiten eine Gruppe von geschlechtsverwirrten, modisch herausgeforderten, mörderischen Spinnern!

Vor circa zehn Jahren habe ich zum ersten Mal bemerkt, dass wir Multiplen ein PR-Problem haben. Ich war gerade in eine psychiatrische Klinik eingewiesen worden, weil ein paar meiner alternativen Persönlichkeiten etwas zu wild geworden waren. Auf der Station war ich von einigen Methadonabhängigen umgeben, die sich einem Entzugsprogramm unterzogen, von suizidgefährdeten manisch-depressiven Menschen und ein paar Schizophrenen, die entweder in den Flur pissten oder Alufolie auf dem Kopf trugen, damit die Regierung ihre Gedanken nicht hören konnte.

Während des Frühstücks teilten alle Patienten ihre Geschichten mit den anderen. Die Methadonsüchtige sprach offen über ihre Überdosis. Die Manisch-Depressive erzählte stolz davon, wie sie ihr Auto durch das Schaufenster von Cartier gefahren hatte. Aber als ich erwähnte, dass ich multiple Persönlichkeiten habe, wurde es still am Tisch. Sie starrten mich alle an, als wäre ich ein Marsmensch. Dann sagte die schizophrene Patientin, die *wirklich* glaubte, sie sei ein Marsmensch: »Echt, multiple Persönlichkeiten? Der Mist macht mich irre.«

Dieser Mist hat mich auch immer irregemacht, was wahrscheinlich der Grund dafür ist, dass mir bis zu einem Alter von Anfang dreißig zu keiner Zeit bewusst war, dass ich multiple Persönlichkeiten habe. Ich bin mir sicher, das klingt seltsam. Ich meine, wie konnte ich *nicht* wissen, ob ich ständig in verrückter Kleidung herumlief und mit verstellten Stimmen redete? Die Sache ist die: Multiple Persönlichkeiten sind nicht so extravagant, wie sie in Filmen immer dargestellt werden. Zumindest nicht immer. In der Wirklichkeit treten multiple Persönlichkeiten nicht so einfach hervor und kündigen sich im Supermarkt an. Das ist so, weil die Alternativen sich während der Kindheit entwickeln, um die Hauptpersönlichkeit vor Schaden zu bewahren. Wie viel Schutz könnten diese Persönlichkeiten bieten, wenn sie ständig auf sich aufmerksam machen würden? Deshalb machen sich, im Gegensatz zu Hollywood-Porträts, die meisten Multiplen nicht bemerkbar. Viele sind verheiratet und haben Kinder und feste Anstellungen, wie die Fußballlegende Herschel Walker und die Komikerin Roseanne Barr. Sollten ihre unterschiedlichen Persönlichkeiten tagsüber auftreten, ist der Wechsel so subtil, dass die anderen es nicht mal wahrnehmen.

Beängstigend ist dabei, dass die Person mit den multiplen Persönlichkeiten ihren Zustand wahrscheinlich selbst nicht bemerkt. Das ist so, weil die alternativen Persönlichkeiten sich ohne die Bewusstseinsauffassung der Haupt- (oder »Gastgeber-«) Persönlichkeit entwickeln. Man kann mehrere Jahre ohne das Wissen existieren, dass andere Personen in einem leben. Trotzdem ergreifen die anderen Personen gelegentlich von dem Körper Besitz und laufen regelrecht Amok. Noch schlimmer: Einige Alternativen sind moralisch das Gegenstück zu dem superbraven »Gastgeber«. Eine gottesfürchtige, unscheinbare Ehefrau kann plötzlich anfangen, zu trinken und zu rauchen und jeden Mann zu ficken, der ihr unterkommt. Wenn Lieschen Müller in ihren eigenen Körper zurückfindet, mag sie sich nicht mal an all die unerhörten Dinge erinnern, die sie gemacht hat. Bestenfalls findet sie eine unerklärliche Packung Zigaretten in ihrer Handtasche und fühlt sich, als hätte sie eine Grauzone betreten. Im schlimmsten Fall zieht sie sich eine Geschlechtskrankheit zu, ohne zu wissen, woher, und ist absolut panisch.

Multiple Persönlichkeiten zu haben, *ist* furchterregend. Ich kann aus erster Hand bestätigen, dass es schrecklich ist, nach einer dissoziativen Episode »aufzuwachen« und zu entdecken, dass einige Zeit vergangen ist und dass man einen Filmriss hat bezüglich der Dinge, die man gemacht hat. Wenn sich kleine Hinweise auftun – ein Streichholzbriefchen von einer unbekannten Bar oder eine Busfahrkarte in eine weit entfernte Stadt –, dann zerbricht man sich den Kopf darüber, was man zum Teufel noch mal gemacht hat. War es gefährlich? War es illegal? Die Ungewissheit erzeugt Panik, die sich niemals auflöst, da man ständig in der Angst lebt, wieder die Kontrolle zu verlieren. Die ganze Sache macht einen geradezu verrückt. Und das ist man technisch gesehen ja auch. Das ist der Stoff, aus dem Albträume gemacht werden.

Um verstehen zu können, wie all das möglich ist, muss man zuerst verstehen, wie multiple Persönlichkeiten entstehen. Die allgemein akzeptierte Theorie ist, dass sie das Resultat von Missbrauch in der Kindheit sind. Und nicht etwa einfach nur Missbrauch. Wir sprechen hier vielmehr von brutaler, anhaltender, vernichtender Zerstörung. Gestützt auf seiner Arbeit mit Multiplen sagt der Psychiater Frank Putnam:

Ich fühle mich betroffen von der Beschaffenheit des extremen Sadismus, der von den meisten MPD-Opfern berichtet wird. Fesselspielszenarien; die Einführung von diversen Gegenständen in die Vagina,

den Mund und den After; und unterschiedliche Formen von physi-
scher und sexueller Folter werden häufig berichtet. Viele Multiple
haben mir von sexuellem Missbrauch durch Gruppen berichtet, da-
von, dass sie von Familienmitgliedern in die Prostitution gezwun-
gen wurden, oder dass sie den Freunden der Mutter zum sexuellen
Anreiz angeboten wurden. Wenn man mit einer Reihe von MPD-
Patienten gearbeitet hat, wird einem klar, dass der schwere, kontinu-
ierliche und wiederholte Kindesmissbrauch einen großen Anteil hat
an der Entwicklung von MPD.

Das bedeutet nicht zwangsläufig, dass die Misshandlung sexueller Art ist. DID kann sich auch als ein Ergebnis von physischer Misshandlung, schwerer Vernachlässigung, emotionaler
Misshandlung oder aufgrund des Lebens in einer unberechenbaren, angstauslösenden Familie entwickeln. Worauf es dabei
ankommt, ist, dass die Situation »schwer, kontinuierlich und
wiederholt« sein muss, was bewirkt, dass das Kind wiederholt
damit fertigwird, indem es sich der Dissoziation bedient. Der
Verstand des Opfers »nimmt wiederholt Urlaub«, während der
Körper in der Gegenwart und funktionsfähig bleibt – genau wie
bei der Fernstraßenhypnose.

In diesem Prozess teilt sich das Bewusstsein, indem es die Aufmerksamkeit aufspaltet zwischen dem tagträumenden »normalen« Kind und dem Körper, der in Schrecken versetzt und dem
Leid zugefügt wird. Wenn das zu oft geschieht, beginnt jener
Teil des Bewusstseins, der lange genug misshandelt wird, eine
tragische persönliche Geschichte zu entwickeln – eine, die sich
sehr unterscheidet von dem angeblichen Leben eines »normalen«
Kindes.

Identität ist nicht mehr als die Summe unserer Erinnerungen. Mit der Zeit beginnt der Teil des Bewusstseins (oder
Teile, da das Bewusstsein sich gewöhnlich mehrmals teilt, um

mit den multiplen Arten von Misshandlung und Misshandelnden fertigzuwerden), der die Erinnerungen an den Missbrauch verbirgt, eine eigene Identität zu entwickeln. Dazu gehören Gedanken und Glaubenssätze sowie Intentionen hinsichtlich seiner traumatischen Existenz. Währenddessen »entfernt« sich das »normale« Kind von der Misshandlung und hat keine Wahrnehmung davon, dass es misshandelt wird oder dass es eine dissoziative Identität erschafft. Verloren in Tagträumen, sobald etwas Schlimmes geschieht, hält es die Illusion eines weißen Lattenzauns aufrecht.

Dissoziation erklärt, warum misshandelte Kinder multiple Persönlichkeiten entwickeln. Was sie nicht erklären kann, ist, warum diese Persönlichkeiten unterschiedliche Namen haben, in unterschiedlichen Dialekten sprechen, ein unterschiedliches Alter annehmen und vielleicht sogar vorgeben, unterschiedlichen Geschlechts zu sein. Warum sie sich also unter Umständen so sehr von dem Körper unterscheiden, in dem sie zu Hause sind. Um dies zu verstehen, muss man bedenken, dass DID immer in der Kindheit entwickelt wird und dass Kinder eine wundervolle Fantasie haben!

Rita Carter zufolge, der Autorin von *Multiplicity*, nutzen mehr als zwei Drittel aller Kinder diese Fantasie, um imaginäre Begleiter (»imaginary companions« oder auch: ICs) zu schaffen. Diese ICs nehmen variantenreiche Formen an (Mädchen, Jungen, Erwachsene, Tiere) und weisen eine schwindelerregende Auswahl an Eigenschaften auf (böse, traurig, hyperaktiv, wählerisch). Es handelt sich hier wahrscheinlich um den gleichen Mechanismus, der es Kindern auf so fantastische Weise erlaubt, imaginäre Freunde zu erschaffen, die so ganz anders sind als sie selbst. Und der es Kindern auch ermöglicht, bunte alternative Persönlichkeiten zu kreieren.

Archetypische Figuren rücken ebenfalls stark ins Bewusstsein von Kindern. Denn trotz der Tatsache, dass jedes Kind multiple Persönlichkeiten für sich selbst entwickelt, ähneln sich die Typen von Persönlichkeiten, die alle Menschen mit DID entwickeln, bis zu einem erstaunlichen Grad. Fast jedem Multiplen ist zum Beispiel etwas eigen, was als eine »Gastgeber«persönlichkeit bekannt ist. Das ist die Persönlichkeit, die am stärksten »präsent« ist und sich mit der Information auf der Geburtsurkunde der Person identifiziert – Name, Geburtsdatum, Geburtsort usw. In der Regel weiß diese Gastgeberpersönlichkeit nichts von dem Missbrauch oder den anderen Alternativen, die ihr eigen sind. Sie verschreibt sich unbewusst der Illusion, ihr Leben sei normal. Dabei ist sie zumeist ein traditionelles, zurückhaltendes, eher unterwürfiges »gutes« Mädchen (oder Junge, denn DID tritt bei beiden Geschlechtern in etwa zu gleichen Teilen auf).

Auf der anderen Seite hat fast jede Person mit DID wenigstens eine »verlotterte« Alternative. Diese verlotterte Alternative (manchmal sind es auch mehrere Alternativen) ist gewöhnlich der Teil des Bewusstseins, der bei dem Missbrauch zugegen war; somit weiß sie alles über die verkommene Vergangenheit der Person. Da sie den Missbrauch selbst erlebt hat, zeigt diese verlotterte Alternative alle typischen Narben auf. Er (oder sie) ist oft erbost, zynisch, misstrauisch, hart und promiskuitiv. Kurz gesagt, sie ist das absolute Gegenteil der Gastgeberpersönlichkeit, die sie gewöhnlich verachtet.

Zusätzlich zu diesen Schwarz-Weiß-Persönlichkeitstypen beinhalten die meisten Persönlichkeitssysteme auch Kinderalternativen unterschiedlichen Alters und Geschlechts. Da gibt es die Verfolgertypen, die oft wütend gegen die anderen vorgehen und nicht selten Selbstmordversuche zu verantworten haben. Da sind die Typen, die helfen wollen, die alles in ihrer Macht Stehende tun, um dem gesamten Persönlichkeitssystem bei der Genesung zu helfen. Da sind auch die administrativen Typen – gefühllose Drohnen, die die Schulhausaufgaben machen, einer Arbeit nachgehen und all die langweiligen Dinge im Leben erledigen.

Meine Kindheit, angefüllt mit grässlichem Missbrauch, habe ich überlebt, indem ich all diese Typen von Alternativen entwickelt habe. Indem ich meine Besetzung von Darstellern, die mit dem Missbrauch fertigwerden konnten, schrieb, war ich fähig, mich vorwärtszubewegen. Ich konnte in die Schule gehen und Freunde gewinnen, ungehindert von dem Wissen, dass ich noch in der gleichen Nacht vergewaltigt und gefoltert werden würde.

Diese Art von Verdrängung hat jedoch ihren Preis. Ich habe sehr schnell ernste körperliche Symptome entwickelt. Das erste bemerkbare Symptom waren Kopfschmerzen – Kopfschmerzen, die so stark waren, dass ich manchmal glaubte, mein Schädel müsste explodieren. Sie setzten mit der Pubertät ein, ungefähr zu dem Zeitpunkt, als Gary mich abwies. Ich konnte einen schrecklichen Druck spüren, der sich in meinem Kopf aufbaute. Der Druck ließ meinen Kopf sich voller und voller anfühlen, bis er sich zu einem übervollen Luftballon ausgedehnt hatte. Schließlich war der Ballon so groß, dass er platzte. Dann verschwand der Druck zwar, aber Teile meines Gesichts blieben gefühllos. Da die Kopfschmerzen sich mit der Zeit verschlimmerten, war oft eine ganze Gesichtshälfte über Stunden hinweg gelähmt. Meine Eltern wussten von den Kopfschmerzen; sie waren Zeugen meines gelähmten Gesichts. Aber trotz der ernstzunehmenden Symptome haben sie nie ärztliche Hilfe zu Rate gezogen.

Ein anderes Symptom war Nasenbluten. Ich rede hier nicht von dem geringen, gut zu bewältigenden Nasenbluten, das bei Kindern immer wieder mal auftritt. Ich rede von Strömen – Strömen von Blut, sodass ich mich leicht durch eine ganze Schachtel

Kleenex arbeitete. Dieses Nasenbluten, das fast jeden Tag und oft mehrmals am Tag auftrat, begleitete mich bis weit in meine Teenagerzeit. In der Grund- und Mittelschule wurde ich oft zur Schulkrankenschwester geschickt, die dann versuchte, die Blutung mit kalten Kompressen zu stoppen. In der höheren Schule habe ich mich aufgrund des unberechenbaren und schweren Nasenblutens so geniert, dass ich oft öffentliche Veranstaltungen mied.

Andere Symptome, die sich oft zeigten, waren Benommenheit und Schwindel. Obwohl ich nicht mit Sicherheit sagen kann, was die Zustände ausgelöst hat, ist meine eheste Vermutung Stress. In einem Haus mit grausamen Eltern zu leben, generierte letztlich genügend Stress, um diese Symptome zu bewirken. Aber ich denke, dass der wahre Stress davon herrührte, die sexuelle Misshandlung und die alternativen Persönlichkeiten verbergen zu müssen – sogar vor mir selbst.

Es ist eine seltsame Ironie, dass mein Verstand zu der gleichen Zeit, da er mich vor der Wahrheit zu schützen versuchte, sie mir auch offenbarte. Einer der Wege, über die das geschah, waren Tagträume. Tagträume sind natürlich eine normale Erscheinung; jedes Kind hat Freude daran. Aber meine Tagträume hielten ungestört über Stunden, oft über Tage an. Sie waren so fesselnd, dass ich oft die Zeit vergaß. Ich vergaß, wo ich war, konnte mich nicht daran erinnern, was mit mir passierte, während ich mich ihnen hingab. Zum Beispiel fand ich mich auf einmal im Schulbus auf dem Weg nach Hause und konnte mich nicht erinnern, wie ich dorthin gekommen war. Manchmal konnte ich mich nicht mal mehr daran erinnern, an dem Tag in der Schule gewesen zu sein.

Alles, woran ich mich erinnern konnte, war der Inhalt meiner Tagträume – epische Fantasien, in denen ich die Prinzessin war, die in eine arrangierte Heirat mit einem grausamen Prinzen gezwungen wurde, oder ein entführter Gefangener, der dazu gezwungen wird, in einem Käfig zu leben, während ein verrückter Wissenschaftler schreckliche Experimente an ihm ausführt. Es gab mehrere Handlungsverläufe, aber das Thema war immer das Gleiche: Ich war physisch von einem bösen Mann versklavt worden, der mich für seine unersättlichen sadistischen Launen benutzte.

Inzwischen habe ich verstanden, dass diese Fantasien meine Version von »*posttraumatischem Spiel*« waren, eine morbide, unveränderliche Art von Vorspiegelung, in der Kinder wiederholt traumatische Geschehnisse durchspielen. Im Gegensatz zum normalen Spiel hält das posttraumatische Spiel jahrelang an – auf jeden Fall bis nach dem erklärten Ende des chronologischen Kindesalters.

Während ein gewöhnliches, nicht traumatisiertes Kind wahrscheinlich bis zum Alter von zwölf Illusionen ausspielt, hält ein traumatisiertes Kind sehr viel länger an diesen »Vortäuschungen« fest. Bei mir dominierten die Fantasien von Versklavung, Vergewaltigung und Folter mein geistiges Leben bis in die Zwanziger hinein. Selbst jetzt, da ich über vierzig bin, kann ich mich noch von Zeit zu Zeit in diesen mentalen Szenarien verlieren.

Ich habe auch einen Großteil meines Lebens damit verbracht, mich an die schrecklichen Dinge, die mir widerfahren sind, mithilfe von »posttraumatischer Nachstellung« zu erinnern, ein Phänomen, das Ärzten, die mit Trauma-Überlebenden arbeiten, nur allzu bekannt ist. Eine posttraumatische Nachstellung enthält den Drang, Teile des Horrors physisch nachzubilden – so wie ein Kriegsveteran wiederholt durch die Straßen einer gewaltbereiten Nachbarschaft zieht oder ein Mädchen nach körperlicher Misshandlung durch den Vater einen Mann heiratet, der ebenfalls gewalttätig ist. In diesen Fällen ist die Wiederbelebung schlichtweg unfreiwillig; sie findet außerhalb der bewussten Kontrolle oder des Verständnisses des Überlebenden statt.

Im Alter von ungefähr zwölf Jahren fing ich an, seltsame Dinge zu tun. Dinge, die ich nicht verstand. Ich ging zum Beispiel zum Kühlschrank und suchte großes, phallisch geformtes Gemüse, das ich dann in meine Vagina steckte, auch wenn das schmerzhaft war. Ich band Tücher vor meinen Mund und knebelte mich somit selbst für mehrere Stunden. Ich suchte mir Seile und Halstücher und band, so gut ich es konnte, meine Fuß- und Handgelenke zusammen. Dann setzte ich mich in einen dunklen Schrank. Ich zog mich aus, legte mich auf mein Bett, hielt die Hände an das Kopfende und stellte mir vor, sie seien dort festgebunden.

Keine dieser Handlungen brachte mir auch nur das geringste Vergnügen – sexuell oder anderweitig. Ich spielte Vergewaltigungen nach. Aber infolge der Dissoziativen Amnesie wusste ich nicht, was ich tat oder warum ich es tat. Mein böses Mädchen versuchte, mir eine unmissverständliche Botschaft zu schicken, versuchte auf den Missbrauch anzuspielen. Das war die übliche Vorgehensweise bis über meinen zwanzigsten Geburtstag hinaus. Meine Alternativen oder mein Unterbewusstsein hinterließen wiederholt Hinweise auf den Missbrauch und die Dissoziation: in Form von Wiederholungen, Flashbacks, Träumen, Zeichnungen und dem, was ich schrieb. Es war, als fütterte mich mein Verstand langsam und wiederholt mit Informationen, tröpfchenweise, bis ich dazu fähig war, die ganze Wahrheit über mein Leben zu akzeptieren.

Auch weniger auffällige Persönlichkeitsveränderungen sind aufgetreten. Irgendwann in der siebten Klasse, als ich sozial aufmerksamer wurde, bemerkte ich die erschütternde Tatsache, dass ich nicht sehr beliebt war. Als die Gastgeberpersönlichkeit, Michelle, war ich ein schüchternes, ruhiges, unterwürfiges Mädchen. Ich hielt mich im Hintergrund und wollte auf keinen Fall bemerkt werden. Dann, wie es schien über Nacht, änderte sich das alles. Eine völlig andere Persönlichkeit kam zum Vorschein. Auf einmal war ich laut, ging aus mir heraus und war bestimmend. Ich nahm jede Chance wahr, mich der Welt zu präsentieren. Das Mädchen, das sich früher in Ecken versteckt hatte, sang auf einmal auf den Tischen in der Cafeteria. Kurz gesagt, die Persönlichkeit, die ich *Schnorrer* nenne, zeigte ihre exhibitionistischen Eigenschaften und Merkmale: sie war das genaue Gegenteil der Person, die ich als Michelle kannte.

Später in meinem Leben, als ich mehr über mein Persönlichkeitssystem gelernt hatte, begann ich zu verstehen, dass Michelle und Schnorrer meine beiden Hauptpersönlichkeiten sind. Sie sind wie Zwillinge – von der Art wie Arnold Schwarzenegger und Danny DeVito! Ich sage das, weil die beiden in so ziemlich jeder Art und Weise Gegensätze sind. Michelle ist ein introvertiertes, unterwürfiges Heimchen, das sich nach häuslichem Glück sehnt, während Schnorrer eine extrovertierte, dominante Künstlerin ist, die sich nach hellen Lichtern und großen Städten sehnt. Wie haben sich diese beiden sehr unterschiedlichen Identitäten in mir entwickelt? Meiner Einschätzung nach hat Gary, als ich ein Kind war, von mir verlangt, dass ich zu unterschiedlichen Zeiten unterschiedliche Rollen einnahm. Zu Hause erwartete er von mir, dass ich still und unterwürfig war, damit er mich dominieren konnte. Draußen in der Welt jedoch bestand er darauf, dass ich mich in eine extrovertierte, kluge Schauspielerin verwandelte, in den Star seiner Theater-AG. Mit der Zeit zementierten sich diese Verhaltensweisen als zwei unterschiedliche Identitäten, die sich gegensätzlich verhielten.

Der drastische Wandel im Verhalten, der die Einnahme dieser Persönlichkeiten begleitete, blieb unbemerkt von meinen Lehrern, aber nicht von mir. In mir wuchs die Erkenntnis, dass etwas sehr falsch war mit meiner Persönlichkeit. Ich fing an zu begreifen, dass ich mehr als nur eine hatte. Zu bedenken ist jedoch, dass dies alles nicht explizit ablief. Ich war damals immerhin erst zwölf und nicht alt genug, um auch nur eine Ahnung über Dissoziation oder multiple Persönlichkeiten zu haben. Ich hatte allerdings eine reale Vorstellung davon, dass zwei Menschen in mir lebten – eine introvertierte und eine extrovertierte Person. Und um nichts in der Welt konnte ich herausfinden, welche das richtige Ich war. Diese Identitätskrise beunruhigte mich sehr, und ich schrieb lange Gedichte, in denen ich über meine fehlende Authentizität nachdachte. Eine Zeile ging so:

Ich wünschte, ich könnte mich zusammenfügen, aber die
beiden zerteilen mich.

In einem anderen Abschnitt heißt es:

Ich habe mich geirrt; es war nur der Anfang
eines Tauziehens, das ich nie gewinnen kann.
Die eine Seite will den Schnorrer, fröhlich und beglückt,
die andere will die Sklavin, die nichts zu sagen hat …
Ich kann mich nicht finden und werde es wohl nie tun.

Und weiter:

Ich habe meine wahre Identität verloren.
Ich weiß jetzt um den hohen Preis.
Ich würde so gern mein wahres Ich wiederfinden, aber wie
mache ich das?
Wie?
»Das bin nicht ich!«
Ich rief so oft vergeblich.
Es gibt Zeiten – so oft schon –, in denen ich mich frage, ob
ich … verrückt bin.

Abgesehen davon, dass ich hier offenlege, was für eine schreckliche Dichterin ich war (und bin), deuten die persönlichen Schriften meines zwölfjährigen Ichs stark darauf hin, dass ich schon damals unter den Folgen von DID litt. Das ist ein bedeutender Beleg, denn es widerlegt die Skeptiker, die nicht glauben, dass Dissoziative Identitätsstörung überhaupt existiert.

Denn diese Skeptiker gibt es. Trotz fast zweihundert Jahren von anekdotischen und empirischen Beweisen für die Tatsache, dass einige Menschen multiple Identitäten entwickeln, gibt es eine Bewegung, die behauptet, dass die Dissoziative Identitätsstörung frei erfunden ist. Die Grundlage von dieser Annahme ist die Tatsache, dass während der 80er-Jahre – einer Zeit als Geschichten von sexuellem Kindsmissbrauch die Nachrichten dominierten – die Anzahl von DID-Fällen, über die berichtet wurde, stark in die Höhe schoss. Was einmal als ein äußerst seltenes Phänomen akzeptiert wurde, sollte auf einmal Zehntausende von Leuten befallen haben. (Das war bei den berichteten Fällen von sexuellem Kindsmissbrauch in den 70ern und 80ern sehr ähnlich, die ja ebenfalls in die Höhe schossen. Anstatt die einfache Tatsache zu akzeptieren, dass stärkere Medienaufmerksamkeit für *jegliche* Störung das Bewusstsein unter den Fachkräften und Patienten erhöht und dadurch die Anzahl dieser Diagnosen steigert, schreien die Skeptiker: »Absoluter Mist!« Sie glauben, der Anstieg von Fällen mit der Diagnose DID sei das Ergebnis von übereifrigen Therapeuten, die ihren Patienten die Idee von alternativen Persönlichkeiten in den Kopf setzten. (Kommt Ihnen das bekannt vor, Dr. Freud?) Wir Patienten haben es dann angeblich einfach aufgesaugt, weil wir uns der Fantasie hingeben und sehr leicht beeinflussbar sind (und unglaublich dumm).

Ich habe keinen Zweifel daran, dass die Geschichten in den Medien über multiple Persönlichkeiten zu einem Anstieg der Diagnose von DID beitrugen. Es ist auch nicht falsch, anzunehmen, dass der Zustand zu einem gewissen Grad überdiagnostiziert wurde. Aber warum sollte Überdiagnose auf einmal bedeuten, dass der Zustand nicht existiert? Wenn wir diese Logik akzeptieren, dann müssen wir auch die Validität von jedem anderen Befinden, dessen Diagnose im letzten Jahrzehnt plötzlich stark zugenommen hat, hinterfragen. Inklusive ADHS, Autismus, bipolare Störung und Erektionsstörungen.

Die Wahrheit ist: Dissoziative Identitätsstörung existiert *wirklich*. In den letzten Jahren haben bildgebende Verfahren ziemlich unwiderlegbare Beweise dafür geliefert. Dennoch ergibt eine schnelle Google-Suche des Begriffs *Multiple Persönlichkeiten* und *Dissoziative Identitätsstörung*, dass es immer noch als eine extrem kontroverse Diagnose gilt. Ich glaube, der Grund dafür hat nichts mit den Medienberichten zu tun oder mit der Zunahme der Diagnosestellung. Stattdessen ist die Skepsis bezüglich DID nichts als ein weiterer Versuch, bestimmte Menschen in unserer Gesellschaft zu diskreditieren und letztlich zum Schweigen zu bringen, nämlich die Opfer von Kindesmissbrauch.

Ein perfektes Beispiel für diese Art Hassprediger ist »Dr. Fischer«, der in einem Internetlexikon DID als »dubiose Diagnose« definiert, in der »die Kreation von [multiplen Persönlichkeiten] Vorschläge von einem sympathisierenden und charismatischen Therapeuten beinhaltet, aber es kann auch bei Gruppen von ›Überlebenden‹ im Internet oder in Selbsthilfegruppen vorkommen.«

Der zweifelhafte Doktor klingt überzeugend. Als ich diese Gedichte schrieb, war ich allerdings erst zwölf Jahre alt und hatte weder einen Therapeuten noch eine Selbsthilfegruppe besucht. Und 1980 gab es noch kein Internet. Ich war einfach ein Kind, das ausdrücken wollte, wie verstörend es sich anfühlt, gespalten zu sein, nicht die geringste Vorstellung von einem Kern zu haben. Das geschah nicht aufgrund einer Fantasie oder von Vorschlägen oder infolge eines Wunsches nach »Sympathie/Aufmerksamkeit verbunden mit der Opferrolle«, wie Dr. Fischer es behauptet.

Schuld daran waren ausschließlich Gary Lundquist und seine perversen Kumpane. Sie und ihr »schwerer, anhaltender und wiederholter sexueller Kindesmissbrauch«.

Jahrelanger Terror und Missbrauch versetzten mich in einen Zustand, in dem ich buchstäblich außer mir war vor Angst.

Tommy, Can You Hear Me?

Es muss nicht betont werden, dass eine Sexsklavin in der achten Klasse mit einer pathologischen Identitätskrise kein glückliches Kind ist. Obwohl ich in der Schule und in außerschulischen Aktivitäten relativ erfolgreich war, fühlte ich mich unbeliebt, dumm und wertlos. Gute Noten und Komplimente von den Lehrern drangen nicht zu mir durch. Wie denn auch? In jeder Situation fühlte ich mich, als ob ich eine Rolle spielte: die Rolle des braven Mädchens, des extrovertierten Mädchens, der Schülerin. Wann immer ich Lob erhielt, kam es mir so vor, als ob die Ehre meiner Darbietung galt und nicht mir selbst. Es gab kein Ich. Und man kann weder Selbstwert noch Selbstvertrauen entwickeln, wenn man keine Vorstellung von einem Selbst hat.

Unterdessen war die Situation zu Hause unerträglich. Wenn ich nicht vernachlässigt wurde, wurde ich mit äußerster Verachtung behandelt. Wenn ich am Telefon war und mit einer Freundin sprach, machte Gary sich über mein Lachen und den Klang meiner Stimme lustig, indem er sagte, dass sie »einem Streifenhörnchen« ähnelte. Ich wurde regelmäßig mit »dumm ... zurückgeblieben ... faul ... Lügnerin ... Schlampe« beschimpft. Da meine Gefühle permanent verletzt wurden und ich mich ungerecht behandelt fühlte, brach ich immer wieder in Tränen aus und heulte aus Verzweiflung. Ich wollte tröstende Worte hören, die meine Hysterie besänftigten. Stattdessen wurde mir vorgeworfen, dass ich »überemotional« und »manipulativ« sei. Gary sagte, ich versuchte nur, »Aufmerksamkeit zu bekommen«, und folglich ignorierte er mich. Er sagte oft, dass ich eine schwierige Persönlichkeit hätte und dass niemand mich jemals lieben würde.

Über die Jahre, in denen ich meine Geschichte bekannt gemacht habe, wurde ihr oft mit Skepsis begegnet. Bis zu einem gewissen Grad kann ich auch verstehen, dass der sexuelle Missbrauch, dem ich ausgesetzt war, unvorstellbar ist. Was mich jedoch schockiert, ist die Reaktion der Leute auf verbale und emotionale Misshandlung. Ich habe mal ein Stück geschrieben, das die alltägliche Konversation aus meiner Kindheit widerspiegelte. Darin wurde nichts von der sexuellen Misshandlung erwähnt; in dem Stück ging es nur um die gestörte Situation in meiner Familie. Ich war beunruhigt und verärgert, als ein Theater nach dem anderen mir mitteilte, dass der Dialog »unglaubwürdig« und »übertrieben« sei. Viele Szenen waren wortwörtlich aus meinem Leben kopiert!

Der Roman *Anna Karenina* beginnt mit der Zeile: »Alle glücklichen Familien gleichen einander; jede unglückliche Familie ist auf ihre eigene Weise unglücklich.« Tolstoi in allen Ehren, aber ich stimme dem nicht zu. Ich habe unzählige Menschen aus gestörten Familien beraten, und meiner Erfahrung nach sind die verbalen und emotionalen Misshandlungen fast immer die gleichen. Es gibt viel Wut, Verachtung und Lächerlichmachen. Ungezügelte Beschimpfung. Rufmord. Die Tyrannen in jeder Familie haben absolut keinen Respekt vor den Gefühlen anderer, und sie befinden sich in einem ständigen Wettbewerb, in dem es darum geht, Worte zu sagen und Taten auszuführen, die die meisten Menschen verletzen. Denken Sie an *Wer hat Angst vor Virginia Woolf?* Dort ist das Wohnzimmer ein Minenfeld von kränkenden Worten.

Jene, die das Glück haben, in einer weniger lebensverneinenden Umgebung aufzuwachsen, mögen Schwierigkeiten damit haben, zu verstehen, wie Eltern, die ihre Kinder doch lieben sollten, so streng und unnachgiebig sein können. Aber sehr viele

Leute aus vergifteten Familienverhältnissen verstehen genau, wie ich aufgewachsen bin. Beleidigungen, Anschuldigungen, knallharte Grausamkeit machten mein alltägliches Leben aus.

Das heißt, das Leben meiner guten Mädchenrolle. Meine böse Mädchenrolle wurde nach wie vor kontinuierlich an Männer verkauft. Aber aufgrund von Dissoziation und Amnesie hatte meine Gastgeberpersönlichkeit kein Bewusstsein von der Misshandlung, der ich ausgesetzt war. Eines der seltsamen Dinge bezüglich dissoziativer Amnesie ist: Man muss sich der Misshandlung nicht unbedingt bewusst sein, um an den Auswirkungen zu leiden. Und ich habe gelitten. Schrecklich gelitten. Der sexuelle Missbrauch, die grässliche Atmosphäre zu Hause und eine Identitätsstörung bereiteten die Grundlage für einen perfekten Shitstorm des Elends. Ich fühlte mich ausgegrenzt, schmutzig und depressiv. Angefüllt mit Scham und Selbsthass. Ich fühlte mich unglaublich einsam, und genau das war ich ja auch. Es gab keinen einzigen Menschen in meinem Leben, der mich beschützen konnte. Ich war absolut ungeliebt.

Einen Seelenverwandten hatte ich jedoch. In meiner Einsamkeit fand ich *Tommy* von The Who. *Tommy* ist eine abendfüllende Rockoper über einen Jungen, der ein Trauma durchlebt. Nachdem er Zeuge eines Mordes geworden ist, wird der Junge von den Tätern (seinen Eltern) angewiesen, die Erinnerung auszublenden und vorzugeben, dass er nichts gesehen oder gehört habe. Tommy unterdrückt die schreckliche Erinnerung, aber es beeinflusst seine Psyche. Er wird blind, taub und stumm und zieht sich in einen dissoziativen Zustand zurück, der einem Koma ähnelt. In diesem geschwächten geistigen Zustand wird Tommy zum Opfer von bösartigen Familienmitgliedern. Sein sadistischer Cousin foltert ihn; ein pädophiler Onkel missbraucht den Jungen.

Tommy ist eine Oper über Trauma und seine Auswirkungen.

Der Junge ist entsetzt über den Mord, was ihn anfällig macht für die Anweisung seiner Mutter, eine Amnesie über den Vorfall zu entwickeln. Die physischen Symptome, die er erleidet, sind ein klassischer Fall von Konversionsstörung, eine psychiatrische Diagnose, die eng mit Dissoziation verbunden ist. Bei der Konversionsstörung »konvertiert«, also verwandelt der Patient seine Ängste und inakzeptablen Erinnerungen zu körperlichen Symptomen.

Kein Wunder, dass *Tommy* bei mir Widerhall fand. Zu der Zeit verhinderte die dissoziative Amnesie jedoch, dass ich die Gründe verstand, die mich so eng mit dem Protagonisten verbanden. Ich glaube, meine Faszination für *Tommy* war ein früher Hinweis darauf, dass mein Verstand versuchte, sich richtig zu positionieren, indem er meinem Bewusstsein Dinge über mein Trauma und meine Dissoziation offenbaren wollte. Ich war damals nicht stark genug, die volle Wahrheit über mein Leben zu bewältigen; die Scham hätte meinen Tod bedeutet. Dennoch konnte ich nie genug kriegen von dem Album. Ich spielte es immer und immer wieder in die Dunkelheit meines Zimmers hinein und fühlte den Schmerz in jeder Zeile.

Sieh mich
Fühl mich
Berühr mich
Heile mich

Tommy war einsam und isoliert, wurde misshandelt und war ungeliebt. Er hatte ein dunkles Familiengeheimnis zu bewahren. Niemand verstand Tommys wahren Schmerz. Niemand außer mir.

Im Rückblick ist mir klar, dass ich depressiv war. Zu dem Zeitpunkt hatte ich jedoch kein Wort für das, was mir widerfuhr. Ich fühlte nur Verwirrung und ein unglaubliches Leid. Ich sehnte mich so sehr nach Hilfe. Ich wollte jemanden haben, mit dem ich reden konnte, aber das schien niemanden zu interessieren. Ich fühlte mich, als wäre es allen egal, ob ich lebte oder tot war.

Diese Gefühle verstärkten sich im Winter 1982, als ich im Alter von dreizehn Jahren schwanger wurde. Von wem, wusste ich nicht. Kondome wurden nie benutzt, wenn ich meine Tricks vorführte; ich praktizierte keine Verhütung. Es hätte von jedem sein können. Ich weiß nicht, wie weit die Schwangerschaft fortgeschritten war, als es bei Gary klickte. Alles, was ich weiß, ist: Eines Tages in diesem Winter wurde ich ohnmächtig. Es passierte ganz plötzlich und war bis dahin noch nie vorgekommen. Für Gary war das, wie ich annehme, ein Hinweis. Ich erinnere mich nicht an irgendwelche Schwangerschaftstests, auch nicht an Fragen über die Häufigkeit meiner monatlichen Blutungen. (Was nicht bedeutet, dass dies nicht passierte. Wie schon gesagt, aufgrund der dissoziativen Amnesie, an der ich leide, gibt es Aspekte in meiner Kindheit, an die ich mich nicht erinnere.)

Woran ich mich jedoch sehr genau erinnere, ist jener Morgen, an dem ich mit einem Nachthemd aufwachte, das mit Blut vollgesaugt war. In Panik versuchte ich aus dem Bett zu steigen, fiel aber stattdessen zu Boden. Ich versuchte aufzustehen, musste jedoch feststellen, dass ich zu schwach war. Inzwischen bemerkte ich, dass ich stark aus meiner Vagina blutete, kannte jedoch nicht den Grund. Etwas war ganz eindeutig mit mir in der Nacht zuvor passiert. Aber aufgrund von Dissoziation konnte ich mich nicht daran erinnern. Ich wachte an dem Morgen als das gute Mädchen auf, als das Mädchen, das nicht wusste, dass es sexuell missbraucht wurde. Und deshalb wusste ich wahrhaftig nicht, was mit mir passiert war.

Besorgt über das Blut und die Schweinerei, die ich verursachte, schaffte ich es irgendwie, auf dem Boden ins Wohnzimmer und weiter in die Küche zu kriechen. Ich zog einen Gefrierbeutel aus dem Schrank und machte mich auf den Weg zurück in mein Zimmer. Die ganze Zeit über fühlte ich mich ohnmächtig und schwach. Zurück in meinem Zimmer lehnte ich mich an die Wand, positionierte den Gefrierbeutel zwischen meinen Beinen und sah zu meinem Horror, wie er sich mit klumpigem Blut füllte. Aus Scham und Ekel wollte ich meinen Eltern nichts sagen. Die Blutung hörte jedoch nicht auf. Ich geriet in Panik.

Am Ende entschied ich, dass ich keine andere Wahl hatte, als meine Eltern, die beide im Büro meines Vaters waren, um Hilfe zu bitten. Dafür musste ich erneut durch das Wohnzimmer kriechen. Aber ich war da bereits sehr viel schwächer und begann das Bewusstsein zu verlieren. Als ich endlich meine Eltern erreichte, war ich bleich wie ein Gespenst und konnte mich nicht mehr länger als ein paar Minuten bei Bewusstsein halten. Ich habe meinen Eltern nichts über die Blutungen gesagt, aber meine Mutter konnte das Blut auf meinem Nachthemd sehen. Ich sagte ihr, dass ich eine starke Menstruation hätte. Sie half mir, mich sauberzumachen und mich anzuziehen; dann brachte sie mich zu dem nächsten Landarzt, einem alten Mann, der ein Untersuchungszimmer im Keller hatte. Während der Untersuchung wurde ich wieder ohnmächtig. Als ich eine Urinprobe abgeben sollte, war ich so schwach, dass meine Mutter mich über die Kloschüssel halten musste. Das Blut floss in Strömen in den Plastikbecher, zusammen mit meinem Urin, aber meine Mutter erklärte dem Arzt, dass es meine Periode sei. Nachdem mein Blutdruck gemessen worden war und ich eine Urinprobe abgegeben hatte, brachte meine Mutter mich wieder nach Hause. Da ich immer noch zu schwach war zu laufen, verpasste ich die Schule eine ganze Woche lang.

Meine Mutter schrieb die ganze Episode einer Unterzuckerung zu und behauptete, so hätte die Diagnose des Arztes gelautet. In der Zwischenzeit sammelte ich weiterhin einen ganzen Tag lang heimlich Blut in Gefrierbeuteln. Ich hatte so große Angst, dass ich es am Ende Gary gestand. Es mag seltsam klingen, dass ich mich ihm statt meiner Mutter anvertraute, aber das ist so bei Dissoziation. Während mein bewusster Verstand nicht wusste, warum ich blutete, sagte mir mein unbewusster Verstand, dass die Ursache dafür bei Gary lag.

Über die Jahre hinweg habe ich mehrmals Garys Hilfe gesucht, wenn ich physische Probleme hatte, die mit dem Missbrauch zu tun hatten. Und dies, ohne dass ich eine bewusste Erkenntnis über die Misshandlung hatte oder von Garys Rolle darin wusste. Ich erzählte ihm von Quetschungen oder Verletzungen in meinem Genitalbereich. Und er bat mich dann, mich auszuziehen und mich auf das Bett zu legen, sodass er mich untersuchen und vielleicht eine Art Medikament auftragen konnte. Das waren dunkle Zeiten für meine Psyche. Die Genitalien meines braven Mädchens wurden von seinem Vater untersucht – ein Vater, der es ohne ihr Wissen misshandelte. Irgendwie hielt Verleugnung die Fremdartigkeit der Situation jedoch in Schach. Im Nachhinein liefern diese dunklen Zeiten einen klaren Beweis dafür, dass Gary von meiner Dissoziation wusste und sie zu seinem Vorteil nutzte.

Als ich ihm zum Beispiel von den Blutungen erzählte, wusste er verdammt gut, was hier vor sich ging und warum. Aber schon meine Fragen machten ihm klar, dass *ich* es nicht wusste und dass ich den Hauptvorfall, der nur einige Nächte zurücklag, verdrängt hatte. Als also mein braves Mädchen besorgt sagte: »Papa, ich kann nicht aufhören zu bluten da unten«, und ihm die Gefrierbeutel zeigte, war seine Antwort alles andere als ein Hinweis auf eine Abtreibung. Stattdessen fragte Gary mich, ob ich jemals meine Finger *dort unten* reingesteckt hätte. Schamerfüllt sagte ich, dass ich das tat. Mein Vater sagte mir, dass die Blutungen auf meine Masturbation zurückzuführen seien. Das hat mich derart in Angst und Schrecken versetzt, dass mein braves Mädchen jahrelang nichts mehr *dort unten* machte. Stattdessen glaubte ich bis weit in meine Studienjahre, dass Masturbation Blutungen hervorrief und dass ich an Unterzuckerung litt.

Später, als meine dissoziative Amnesie nachließ und ich begann, mein Gedächtnis wiederzugewinnen, erkannte ich, dass die Blutungen von einer hausgemachten Abtreibung herrührten. Ich erinnere mich daran, wie mein Vater am Kopfende des Esstisches saß, während ich darauf lag und ihn dabei beobachtete, wie er einen Drahtbügel aufbog. Ich erinnere mich genau daran, dass er mir den Vorgang erklärte und mir zeigte, wie der Bügel an einem Ende gebogen sein müsse.

Zehn Jahre später würde ich vorführen, wie man einen Kleiderbügel präpariert. Da saß ich Gary, meiner Mutter und unseren Rechtsanwälten an einem Tisch gegenüber und machte meine eidesstattliche Aussage für den Zivilprozess gegen meine Eltern. Während der eidesstattlichen Aussage hatte ich die Gelegenheit, die medizinischen Akten des Landarztes bezüglich des blutigen Vormittags einzusehen. Er notierte das Blut in meinem Urin, meine außergewöhnlich bleiche Haut und die Tatsache, dass ich während der Untersuchung ohnmächtig wurde. Er notierte auch meinen gefährlich niedrigen Blutdruck, welcher bei einer ohnmächtig werdenden Dreizehnjährigen hätte Alarm schlagen sollen. Hypoglykämie wurde nicht erwähnt. Ich weiß nicht, was der Arzt damals dachte, was da vor sich ging, und ich weiß auch nicht, ob er sagte, dass meine Mutter mich in die Notaufnahme bringen sollte.

Alles, was ich weiß, ist, dass ich wahnsinniges Glück habe, noch am Leben zu sein.

In dem Moment fühlte ich mich alles andere als glücklich. Ich fühlte nur Verzweiflung. Mit keiner Erlösung in Aussicht und keiner Hoffnung auf eine bessere Zukunft überzeugte ich mich davon, dass ich einfach nur sterben wollte.

Selbstmordgefühle sind normal bei Jugendlichen und Erwachsenen, die als Kinder misshandelt oder missbraucht wurden. Für Menschen, die dies nie in Erwägung gezogen haben, ist die Vorstellung, sich das eigene Leben zu nehmen, sicher schwer nachzuvollziehen. Es richtet sich gegen unseren gesamten animalischen Instinkt als menschliche Wesen. Die DNA programmiert uns vor allem für das Überleben. Selbstmordgefährdete Menschen unterscheiden sich in dieser Hinsicht nicht von anderen. Persönlich und professionell ist es meine Erfahrung, dass selbstmordgefährdete Menschen durchaus leben wollen. Was sie nicht wollen, ist leiden. Sie sehen Selbstmord als den einzigen Ausweg aus dem Leid.

Niemand wacht eines Morgens einfach auf und beschließt, sich umzubringen. Selbstmord erscheint als Lösung für ein Problem, gewöhnlich ein etabliertes und fatales Problem. Sei das Problem physisch (chronische Schmerzen, Krankheit), finanziell (Schulden, Verlust der Arbeit), sozial (Einsamkeit, Verlust), emotional (Depression, Angstzustände) oder eine Kombination von unterschiedlichen Gründen: Die Selbstmordgefährdeten fühlen sich so, als hätten sie alle Optionen ausgeschöpft. Sie haben alle Hoffnung aufgegeben, dass sich Dinge verbessern könnten.

Ungefähr so habe ich mich nach der Abtreibung gefühlt. Ich sage »ungefähr«, weil ich zwischen den Fronten stand. Während es keinen Zweifel daran gab, dass ich einsam, isoliert und krankhaft depressiv war, habe ich doch in meinem tiefsten Innern auf jemanden gehofft, der mich retten würde. Ich glaube, dass dies vielen Menschen mit Selbstmordgedanken so geht – wenigstens am Anfang.

Bei meinen Versuchen, einen Retter zu finden, war ich nicht schüchtern, wenn es darum ging, mich bemerkbar zu machen. In der Schule schrieb ich endlos dunkle und grüblerische Gedichte, die nicht gerade subtil waren.

Eines dieser unbetitelten Gedichte liest sich so:

Mein Leben ist nicht, wie ich es mir vorstelle.
Der Druck ist zu viel für mich.

Ich kann nicht anders, ich glaube, das Leben muss enden,
um ein Gefühl von wahrem Frieden zu finden.

Schert sich irgendwer darum? …
Ich stehe am Rand des tiefen großen Meeres.
Ich kann den letzten aller Schritte tun,
und das macht mir Angst.

In einem Gedicht mit dem Titel »Die letzte Nacht« schrieb ich:

Der einzige Weg, diesem Druck zu entkommen, ist Selbstmord.
Ich will sterben.
Ich kann es nicht leugnen …
Ich will berührt werden.
Ich will gehört werden.
Ich will von jemandem gefühlt werden.
Ich bin Tommy, versteckt vor der Welt.
Niemand hier kann mich noch retten …
Es gibt keinen Grund für mich, weiterzuleben Es ist sinnlos,
sich etwas vorzumachen.

Was ich hier schreibe, ist eine Notiz kurz vor dem Tod …
Ich ertrage mein Leben nicht mehr …
Ich habe es erreicht.
Das Ende.

Mein Geisteszustand war klar, und indem ich meine Schriften mit Freunden und Lehrern teilte, versuchte ich verzweifelt, Gehör zu finden. Die meisten Selbstmordgefährdeten tun dies; sie senden diesen sprichwörtlichen »Ruf um Hilfe« aus. Ich tat dies besonders laut. Im Kunstunterricht malte ich Bilder von Grabsteinen, Messern und Galgenstricken. In Musik sang ich angsterfüllte Lieder. Ich klebte Bilder von Berühmtheiten, die sich umgebracht hatten, in mein Notizheft. Es schien jedoch niemanden wirklich zu stören, dass sie es hier mit einer reichlich morbiden Achtklässlerin zu tun hatten. Nicht die Freunde. Nicht die Lehrer. Nicht einmal wurde ich zu einem Vertrauenslehrer oder dem Schulpsychologen oder irgendwem in der Art geschickt.

Es gibt eine Redensart: »Leute, die von Selbstmord reden, bringen sich nicht um.« Das ist totaler Unsinn. Die meisten Leute, die versuchen, Selbstmord zu begehen, reden sehr viel davon, bevor sie die Tat ausführen, entweder indirekt (»Manchmal wünschte ich, dass ich nie geboren worden wäre.«) oder direkt (»Ich will mich umbringen.«). Ich glaube das Problem für Möchtegern-Helfer ist, dass sie nicht wissen, was sie tun sollen. Zudem ist das Thema Selbstmord ein Tabu. Wie Vergewaltigung und sexueller Missbrauch ist es nicht gerade ein Thema, das man in gepflegter Gesellschaft diskutiert. In dem Gefühl von Beklommenheit und Ausnutzung versuchen Beobachter folglich oft, die Anzeichen zu ignorieren.

Als ich in der Highschool war, schrieb ich im Fach Englisch einen autobiografischen Aufsatz über Selbstmord. Darin heißt es: »Zum ersten Mal wusste ich von einer Alternative zu all den Problemen im Leben – Tod … SELBSTMORD – es klingt so stark. Es ist so wunderbar und doch so endgültig … Sobald man etwas, was sich an Selbstmord anlehnt, erlebt hat, ist das Leben schon vorbei … Jeder, der Selbstmord kennt, liegt schon im Sarg.« Recht alarmierende Gedanken, aber statt mit mir über diesen sehr beunruhigenden Text (oder die vielen anderen Texte über Depression und Tod, die ich geschrieben habe) reden zu wollen, kritisierte die Lehrerin nur meinen Stil.

»In gewisser Weise«, schrieb sie, »ist deine Arbeit irreführend für den Leser. Du beginnst mit der Idee der Popularität ... dann fährst du fort mit diesem Freund und bist sehr vage ... dann redest du über Selbstmord.« Ich war fünfzehn und drückte einen nur mäßig verdeckten Wunsch aus, sterben zu wollen. Aber diese Lehrerin sprach nicht mit mir. Sie schickte mich nicht zu einem Vertrauenslehrer oder dem Schulpsychologen oder unternahm *auch nur irgendetwas.* Ich bin mir sicher, hätte ich mich wirklich umgebracht, wäre sie eine der vielen Personen gewesen, die gesagt hätten: »Wie tragisch! Wenn ich nur etwas geahnt hätte!«

Was für eine Chance haben missbrauchte, vernachlässigte und/oder depressive Teenager, wenn ihre eigenen Lehrer die direkten Hilferufe ignorieren?

Selbstmord ist die dritthäufigste Todesursache bei Kindern von zehn bis vierzehn Jahren und die zweithäufigste bei Teenagern und jungen Erwachsenen. Aus eigener Erfahrung fällt es mir leicht, zu verstehen, warum das so ist. In den ersten Jahren nach dem Jahrtausendwechsel lehrte ich Englisch an einer städtischen Highschool in Los Angeles. Der erste Aufsatz, den ich aufgab, hatte die Schüler und ihr Leben zum Thema. Die meisten Geschichten sprachen von gewöhnlichen Dingen, über Eltern, Geschwister und Liebe. Einige deckten jedoch Depression und Misshandlung auf. Da ich beunruhigt war, informierte ich einen erfahrene Lehrerin, die uns Neuankömmlinge ausbildete. »Das ist der Grund, warum ich nie autobiografische Aufgaben aufgebe«, sagte sie. »Dann muss ich mich damit nicht befassen.«

Genau so war es. Niemand wollte sich mit mir oder meinen Gefühlen befassen. Nicht meine Freunde, nicht meine Lehrer und ganz bestimmt nicht meine Eltern. Zu Hause ließ ich meiner Depression freien Lauf – jeden Tag, stundenlang in einem abgedunkelten Zimmer sitzend, hörte ich *Tommy*, immer und immer wieder. Ich habe nicht versucht, meine Gefühle zu verbergen. Im Gegenteil, genauso wie die meisten depressiven und verstörten Teenager versuchte ich alles, um die Aufmerksamkeit meiner Eltern zu gewinnen. Ich wollte damals nicht wirklich sterben. Was ich mehr als alles andere wollte, war Liebe und Zuneigung. Die Liebe und Zuneigung meiner Eltern. Ich war noch jung und naiv genug, zu glauben, dass sie fähig waren, mich zu lieben.

Aber all die Signale in der Welt sind bedeutungslos, wenn niemand da ist, der sie sieht. Gary war ständig unterwegs mit seiner neuen Kinderbraut. Und meine Mutter war weg. Es war die Zeit, in der sie sich für unbestimmte Zeit um meine sterbende Oma kümmerte. Ich fühlte mich verlassen und völlig allein.

Sobald der Sommer kam, wurde das Leben noch unerträglicher. Ich konnte nirgendwo hingehen, niemanden besuchen. Die Isolation war gewaltig. Ohne jegliche Beschäftigung von morgens bis abends, ging ich voll in meiner Depression auf und blieb an den meisten Tagen in meinem stockdunklen Zimmer. Ich schrieb in diesen Tagen sehr fleißig Tagebuch und hinterließ eine permanente tägliche Niederschrift von meinem sich verschlechternden Geisteszustand. Es zeigt den Kampf und die Besessenheit auf, die Depression und Selbstmordgefühle begleiten.

4. Juli 1982:
Heute um 1 Uhr weiß ich nicht, ob ich es wirklich getan hätte, aber ich hatte ein Messer & dachte an Selbstmord. Ich lag einfach nur in meinem Zimmer, und es war stockdunkel. Ich konnte nicht mal begreifen, warum ich so depressiv war …

6. Juli 1982:
Auch heute bin ich wieder total depressiv. Es scheint irgendwie beängstigend, immer nur an Selbstmord zu denken. Ich habe jedoch gute Gründe. Es würde mir so viel Leid ersparen, wenn ich einfach tot wäre.

10. Juli 1982:
Das Einzige, woran ich denken kann, ist Selbstmord. An Pete [ein Junge, den ich mag] zu denken ist das Einzige, was mich davon abhält, es zu tun.

11. Juli 1982:
Ich weiß nicht, was mit mir los ist. Ich habe heute begriffen, als meine Mutter es mir deutlich machte, dass ich zu nichts gut bin und mich für nichts interessiere. Es gibt nur eines, das mich interessiert & die Erinnerung daran bewahrt mich davor, das Messer aus der Schublade zu holen.

12. Juli 1982:
Selbstmord macht mir Angst.

14. Juli 1982:
Ich hatte ein Messer rausgeholt und war im Begriff, mir damit die Pulsadern aufzuschneiden. Ich weiß nicht, ob ich es durchgezogen hätte. Ich hätte vielleicht aufgehört nach ein wenig Blut. Ich will immer noch sterben. Ich fühle mich komisch, als ob Gott mich beobachten würde. Das Messer ist in meiner Schublade. Es wird eine lange Nacht werden.

Für den gleichen Zeitraum gibt mein Tagebuch an, dass ich mit Gary zur Arbeit gefahren bin, zu einer kleinen Show. Während wir in einem der Einkaufszentren waren, kaufte ich eine Flasche mit Schlaftabletten, die man rezeptfrei beziehen konnte. Mir kam die Idee, nachdem ich eine Dokumentation über Marilyn Monroe gesehen hatte; dort wurde gesagt, dass sie sich mit Schlaftabletten das Leben genommen hatte. Selbst im Zeitalter vor Google wusste ich nicht, dass tödliche Schlaftabletten nur auf Rezept erhältlich sind. Ich war fest davon überzeugt, dass das Mittel ausreichte.

Am 4. August – nur vier Tage, nachdem ich wieder nach Hause zurückgekommen war – verschloss ich die Tür zu meinem abgedunkelten Zimmer, legte eine Kassette in meinen Kassettenrekorder und öffnete die Flasche. In der Dunkelheit meines Zimmers hörte ich *Tommy*, während ich eine Tablette nahm. Dann machte ich den Rekorder an und nahm meine Gefühle für die Nachwelt auf – meine Version von einem Selbstmordbrief. Ich wartete eine Stunde lang, dann nahm ich die nächste Tablette raus. Ich wartete eine weitere Stunde und schluckte die dritte. Ich weiß nicht, warum ich die Tabletten so zögerlich schluckte. Ich nehme an, dass ich Angst hatte und mir nicht sicher war. Aber nach den ersten paar Tabletten wurde ich lockerer. Als es Abend wurde, nahm ich drei oder vier pro Stunde. Das tat ich bis spät in die Nacht.

Irgendwann kam mein Vater nach Hause, aber es fiel ihm nicht ein, nach mir zu sehen. Er hätte auch nichts bemerkt, ich meine, es war Nacht und ich lag im Bett. Ich schlief ein und wachte wieder auf, aber das Ganze war weit entfernt von dem tiefen Nichts, das ich erwartet hatte. Im Gegenteil, ich fühlte mich fahrig. Mein Herz schlug schnell; ich schwitzte sehr stark. Am nächsten Morgen war es klar, dass meine dramatische Szene nicht so verlaufen war wie geplant. Es gab keine Bewusstlosigkeit, keine Entdeckung meines leblosen Körpers, keine Fahrt mit Blaulicht ins Krankenhaus, begleitet von hysterischen, reuevollen Eltern, die endlich ihre Fehler einsehen. Nur ich, auf dem Bett in einem dunklen Zimmer liegend. Fast eine ganze Flasche Schlaftabletten, und nichts hatte sich geändert.

Ich griff nach der Flasche und zählte die restlichen Pillen. Noch sechs waren übrig. Ich ging in die Küche und füllte mein Glas mit Orangensaft. Es war schon Vormittag. Gary hatte das Haus vor Stunden verlassen, um zu seinem Laden zu gehen. In all der Zeit, die er zu Hause war, hat er es nie für nötig gehalten, zu mir zu kommen oder Hallo zu sagen. Wären die Pillen stärker gewesen, wäre meine selbstmörderische Geste aus purer Vernachlässigung zu einem erfolgreichen Selbstmord geworden. Ich nahm schnell die restlichen Tabletten. Die fünfzig Tabletten enthaltende Flasche war nun leer. Blass und verschwitzt war ich, und ich hatte das Gefühl, mein Herz würde aus der Brust springen. Es war beängstigend. Ich nahm den Telefonhörer ab und rief Pete an. Er holte seine Mutter.

Petes Mutter blieb ganz ruhig und fragte, ob sie mit meinen Eltern sprechen könne. Als ich ihr sagte, dass sie nicht da seien, versprach sie, sofort zu kommen. Sie kam dann tatsächlich, und ihr Gesichtsausdruck war die reine Güte. Ich kannte die Frau so gut wie gar nicht, aber nach allem, was ich von ihr sah, glaubte ich, dass sie eine nette, normale Mutter war. Sie fragte mich, wie ich mich fühlte, und wischte mir mit einem Waschlappen über mein verschwitztes Gesicht. Zuerst genierte ich mich, aber innerhalb von wenigen Minuten ging ich auf in der mir unbekannten Wärme und mütterlichen Aufmerksamkeit.

Ich hätte es vorgezogen, wenn Petes Mutter bei mir geblieben wäre. Stattdessen bestand sie darauf, meinen Vater anzurufen. Sein Laden hatte kein Telefon, also musste die Vermittlung ihr die Nummer des benachbarten Hot-Dog-Standes geben. Der Hot-Dog-Verkäufer holte Gary und reichte ihm das Telefon. Petes Mutter (die meinen Vater nicht wirklich kannte) fasste sich kurz. Sie sagte einfach, dass ich eine Flasche Schlaftabletten geschluckt hätte, aber scheinbar in Ordnung wäre. Dann bat sie ihn, nach Hause zu kommen und nach mir zu sehen.

Ungefähr fünfundvierzig Minuten später stürzte mein Vater

in Panik durch die Tür. Er griff nach meinem Kinn, hob meinen Kopf an und suchte mein Gesicht nach Informationen ab. Ich bin mir sicher, dass Petes Mutter den Eindruck gewann, dass er ein verängstigter Vater war, besorgt um meine Gesundheit. Tatsächlich kümmerte es ihn einen Dreck, ob ich lebte oder tot war. Er war nur panisch, weil eine Fremde bei seiner instabilen Tochter war. Schließlich hätte ich ihr ja irgendetwas sagen können.

Mein Vater befahl mir, die leere Flasche zu holen und ins Auto zu steigen. Als ich zögernd in seinen Pacer kroch, sah ich, wie er mit Petes Mutter Hände schüttelte, bevor sie in ihr Auto stieg. Wie sehr wünschte ich mir, dass sie in seines gestiegen wäre! Ich hatte rasende Angst davor, mit Gary allein zu sein, Angst vor dem, was er mit mir machen würde, nachdem ich ihn so bloßgestellt hatte. Die Medikamente hatten mich nicht umgebracht, aber er würde es vielleicht tun.

Ich habe keine Erinnerung an die Autofahrt, aber ich erinnere mich an die Ankunft in der Notaufnahme. Mein Vater schob mich durch die automatische Tür und zeigte auf einen Plastikstuhl mit der unausgesprochenen Anweisung, dass ich mich dort hinsetzen und den Mund halten sollte. Er ging zu einer der Schwesternstationen, um mich anzumelden und die leere Flasche abzugeben.

Innerhalb weniger Minuten lag ich in einem Zimmer mit Laken als Wänden auf einem Bett und hatte Angst, dass die Ärzte mir den Magen auspumpen würden. Mein Vater sagte, sie würden es tun; er sagte auch, dass es wehtun würde. Sehr weh. Aber dann kam ein hübscher junger Arzt und beruhigte mich. Er war sehr nett und behutsam, und ich fühlte mich sicher. Besser noch, er sagte, dass es nicht nötig sei, meinen Magen auszupumpen.

Stattdessen behielten sie mich für einige Stunden zur Beobachtung da. Danach wurde ich in die Obhut meines Vaters entlassen. Es gab keinen Sozialarbeiter, keinen Psychiater, niemand, der mich fragte, warum ich die Tabletten geschluckt hatte. So wie es schien, fragten sie meinen Vater. Er sagte, dass mein Selbstmordversuch eine Jugendsünde sei, um Petes Aufmerksamkeit zu gewinnen. Das Krankenhaus schlug vor, dass ich den ambulanten Therapeuten konsultierte, und so wurde für die folgende Woche ein Termin gemacht.

Mit vierzehn wusste ich so gut wie gar nichts über Therapeuten. Das einzige Mal, dass ich das Wort Therapeut gehört hatte, war von meiner Nachbarin Jenny, einem unter Betreuung stehenden Kind mit Magersucht. Ihre Sozialarbeiterin bestand darauf, dass sie einen Therapeuten konsultierte – eine übergewichtige Frau, die Jenny zufolge auf dem Boden ihres Büros saß und Räucherstäbchen anzündete. Jenny zeigte sie mir einmal, als wir zusammen die Hauptstraße entlanggingen. Die Frau hatte lange braune Haare, trug weit geschnittene Kleider und schien, nun ja, seltsam. Immerhin, vor meinem Selbstmordversuch war der Gedanke, einen Therapeuten aufzusuchen, dem ich meine Gefühle mitteilen konnte, durchaus verführerisch.

Als Gary mich zu dem Termin fuhr, hatte sich das alles jedoch geändert. Ich hatte meinen Selbstmordversuch in der Hoffnung begangen, die Aufmerksamkeit meiner Eltern zu gewinnen – und Gary kam dem nach. Jedoch nicht so, wie ich mir das vorgestellt hatte. Statt mir Sympathie einzubringen, befeuerte mein Schrei um Hilfe nur seine Wut. Gary machte sehr deutlich, ich sollte beim nächsten Versuch bitte sicherstellen, dass ich damit verdammt noch mal erfolgreich wäre. So viel zu der jugendlichen Vorstellung, ich könnte meine Eltern so weit in Angst versetzen, dass sie den Wunsch nach Fürsorge für mich entwickelten.

Als ich einige Tage später zu meiner ersten Therapiesitzung antrat, schien die ganze Idee, über meine Gefühle zu sprechen, sinnlos. Dennoch, der Termin war ausgemacht, und so saßen Gary und ich nebeneinander im Wartezimmer und· starrten stumm auf die Uhr. Ich weiß nicht, was Gary durch den Kopf ging, während wir warteten, aber ich stelle mir vor, dass er sehr nervös war. Es kann keine gute Erfahrung sein, seine Kindersexsklavin zum Psychiater schleppen zu müssen. Obwohl ich gut trainiert worden war, ließ sich nicht vorausahnen, was ich vielleicht sagen würde. Immerhin, das muss ich ihm lassen, Gary tat alles, um die Situation unter Kontrolle zu bekommen. Bevor wir mit der Sitzung begannen, bestand er darauf, mit dem Therapeuten unter vier Augen zu sprechen. Er machte auch klar, dass er eine Nachbesprechung von dem Therapeuten verlangte, und zwar nach jeder Sitzung.

Als Vater einer Minderjährigen – und der Mann, der die Rechnung bezahlte – war Gary dazu berechtigt. Das ist eines der Probleme bei der Behandlung von Kindern: Es gibt keine Schweigepflicht.

Bevor ich also überhaupt den Fuß über die Schwelle meiner ersten psychotherapeutischen Praxis setzte, war schon klar, dass ich dem Therapeuten nichts sagen durfte. Nicht, dass das irgendeinen Unterschied gemacht hätte. Ich wollte ohnehin nicht mehr reden.

Der Mann, der mich in sein Sprechzimmer holte, war klein und mittleren Alters. Ich kann mich nicht mehr an seinen Namen erinnern, aber ich erinnere mich genau an das Zimmer. Es war kleiner als ein Besenschrank und so charmant eingerichtet wie ein Geräteschuppen. Ich kann mich auch kaum daran erinnern, was diese erste Sitzung erbrachte. Ich weiß jedoch, dass wir über den Selbstmordversuch sprachen. Er fragte mich direkt, warum ich sterben wollte.

»Ich will nicht sterben«, sagte ich. »Ich wollte nur beachtet werden.«

»Na, komm schon«, sagte er, »das ist eine faule Ausrede.«

Der Mann hatte natürlich recht. Aber zu dem Zeitpunkt

konnte ich das nicht begreifen. Ich gar war nicht dazu fähig, viel zu begreifen. Und da es für eine erfolgreiche Therapie einen willigen Patienten braucht, war dieser Reigen von Anfang an zum Scheitern verurteilt.

Ich weiß nicht, ob der Mann ein guter Therapeut war. Aber ich mochte ihn von Anfang an nicht. Er stellte mir Fragen, und dann hinterfragte er meine Antworten.

Wer zum Teufel war er, dass er mir sagen konnte, wie ich mich fühlte?

Später in derselben Sitzung änderte sich sein Ton. Er wurde freundlicher, versuchte als Freund mit mir zu reden, in der lahmen Art, wie Erwachsene das mit Kindern manchmal tun. Er versuchte an eine schwierige Jugendliche heranzukommen, was ohnehin fast unmöglich ist und sicher nicht in fünfzig Minuten geschehen kann. Da war etwas in seinem Ton und seiner ganzen gespielten Teenager-Art, was sich so anfühlte, als ob er sich über mich lustig machte.

Eine Menge Mutmaßungen kamen ins Spiel – die Mutmaßung, dass er wusste, wie ich mich fühlte, dass es okay war, mit mir zu witzeln, dass wir irgendeine Vertrautheit miteinander teilten. Das ist natürlich alles eine Standardstrategie für Therapeuten, aber es ist nicht hilfreich bei Patienten, die keine Hilfe wollen. Nichts hilft in diesem Fall.

Nach der Sitzung ging Gary rein zu seiner Nachbesprechung. Die gleiche Szene wiederholte sich mehrere Wochen lang. Nach der vierten Sitzung sagte ich zu meinem Vater, dass ich nicht mehr depressiv sei und keinen Psychiater mehr brauche.

Und damit beendete ich selbst meine erste Erfahrung mit der Psychotherapie.

Aber es würde nicht meine letzte sein.

Nicht einmal ansatzweise.

Ein Teenager fällt aus der Rolle

Auch wenn mein Ruf um Hilfe Gary nicht netter machte, hatte er doch einen großen Effekt. Er brachte meine Mutter zurück von Maryland. Mein Leben änderte sich danach gewaltig. Da Mutter ihre Arbeit gekündigt hatte, bevor sie wegfuhr, war sie nach ihrer Rückkehr arbeitslos und rund um die Uhr zu Hause. Ihre Anwesenheit machte es Gary unmöglich, mich zu Motels zu fahren. Somit endete nach fast sechs Jahren endlich meine Verbindung zu seinem Pädophilenring.

Was meine Depression betrifft, so entschied ich nach meinem Selbstmordversuch, dass es keinen Sinn hatte, Gefühle zu haben. Ich verstaute meine Traurigkeit, meine Wut, meine Einsamkeit, meine Angst und bewahrte sie tief in meiner Psyche auf – gleich neben der Schachtel mit dem Vermerk »Schlechte Erinnerungen«. Das war kein Prozess. Es passierte nicht nach und nach über eine längere Zeitspanne. Nach zwei Jahren zunehmend dunkler werdender Depressionen sagte ich mir eines Tages einfach: »Ich werde jetzt nicht mehr depressiv sein.« Und ich war es dann auch nicht mehr. Einfach so.

Wenn das nicht ganz koscher klingt, dann darum, weil es das auch nicht ist. Es ist vielmehr ein klassisches Beispiel für das Verleugnen von Gefühlen. Schädliches pathologisches Zeug, in den meisten Fällen. Im Verlauf eines lang anhaltenden Traumas kann das Verleugnen von Gefühlen jedoch von Nutzen und durchaus angemessen sein. Was für einen Sinn hat es, sich darauf zu fokussieren, wie beschissen das Leben ist, wenn man doch nichts tun kann, um es zu ändern?

Ich saß bei meiner Mutter und Gary fest. Aufgrund meiner Jugend war ich gefangen in einem Haus voller physischer, emotionaler und verbaler Grausamkeit. Manchmal habe ich daran gedacht, wegzulaufen. Aber ich hatte genug weggelaufene Mädchen in meiner Zeit im Ring kennengelernt, um zu wissen, dass dies eine Sackgasse war.

Im zarten Alter von vierzehn wusste ich bereits, dass ich mehr wollte von meinem Leben. Ich wollte einen erfolgreichen Beruf mit einem guten Gehalt, einem netten Haus in einer angenehmen Nachbarschaft, interessanten Freunden und so etwas wie einer Familie. Noch wichtiger jedoch war: Ich wollte *glücklich* sein. Aus meiner Perspektive bedeutete dies, dass ich *normal* sein wollte. Kinder aus normalen Familien gingen vier Jahre lang auf renommierte Highschools. Also setzte ich alles daran, mein Ziel zu erreichen. Instinktiv verstand ich, dass die Highschool nicht nur die beste Lösung war, meinen Eltern zu entfliehen, es war auch die einzige Chance, über meine Lage hinauszuwachsen. Ich wollte nicht einfach nur raus; ich wollte *nach oben*.

Mit diesem Gedanken im Hinterkopf fing ich an der Highschool an.

Endlich weit weg von Garys allgegenwärtigem Blick, von Tausenden neuen Gesichtern umgeben, packte ich die Gelegenheit beim Schopf, mich neu zu erfinden. Jeder Jugendliche tut dies zu einem gewissen Grad. Teenager sind biologisch darauf gepolt, zu fragen: *Wer bin ich?* Um die Antwort hierauf zu finden, werden die meisten unterschiedliche Identitäten ausprobieren – der Sportler, der Kiffer, der Streber –, bevor sie sich für die Persönlichkeit entscheiden, in der sie sich selbst sehen. Die Identität, auf die Jugendliche sich am Ende festlegen, ist gewöhnlich eine Mischung aus internen und externen Einflüssen.

Ein Siebzehnjähriger mag sich zum Beispiel als jemand beschreiben, der »aus sich herausgeht, ein witziger Streber ist, gut in Mathe«. Sobald diese Identität in einem Jugendlichen geformt ist, passt sich das Gehirn dementsprechend an und erlaubt es der Person, für den Rest ihres Lebens eine stabile Vorstellung von sich zu haben.

Wenn man jedoch mehrere Persönlichkeiten hat, dann sind sie einem dabei im Weg. Da alternative Persönlichkeiten im Grunde Fragmente einer vollständigen Persönlichkeit sind, tendieren sie dazu, extreme Alles-oder-nichts-Charakterzüge zu entwickeln. Eine böse Alternative wird zum Beispiel immer böse sein. Sie wird auftreten, wenn Feindseligkeit anliegt. Wenn die Situation sich ändert, beruhigt sich die böse Alternative wieder. Sie löst sich einfach auf. Sofort tritt eine andere Alternative in den Vordergrund – eine mit Gefühlen, Fähigkeiten und einem Hintergrund, der in der gegebenen Situation angebracht ist.

Eine Multiple zu sein fühlt sich in etwa so an, als wäre man eine Schauspielerin, die immerzu auf der Bühne steht. Je nachdem, was die Szene verlangt, besetzt mich meine Psyche in unterschiedlichen Rollen. Oft lässt mich das launisch und instabil erscheinen. Am Vormittag, wenn die eine Persönlichkeit draußen ist, bin ich schüchtern. Mittags, wenn eine andere rauskommt, bin ich der Mittelpunkt einer Party. Ja, ja, ich weiß. Jeder kommt mit der Zeit aus sich heraus. Aber ich rede hier nicht von graduellen Veränderungen. Ich fühle fast nie etwas. Wenn ich schüchtern bin, fühlt es sich so an, als wäre ich es immer gewesen und würde es immer sein. Zwei Stunden später, wenn ich aus mir herausgehe, kann ich mir nicht vorstellen, was es heißt, schüchtern zu sein.

Alles, was mich betrifft – meine Gefühle, Charakterzüge, mein Verhalten, meine Ziele, Erinnerungen, Vorlieben –, alles kann sich mit jeder Persönlichkeit total verändern. Den einen Morgen habe ich Heißhunger auf Rühreier. Am nächsten Morgen hasse ich Eier und behaupte, sie mein ganzes Leben lang gehasst zu haben. (Das treibt meine Ehefrau in den Wahnsinn, da meistens sie kocht.) Heutzutage, da ich nicht mehr alles ausgrenze, wenn meine Persönlichkeiten sich ändern, kann ich mich daran erinnern, dass ich am Vortag Eier gegessen habe. Trotzdem sagt meine Denkart mir, dass ich Eier hasse, und es ist mir völlig unverständlich, dass ich sie jemals gegessen habe.

Heute, da ich mir meiner DID bewusst bin und mich einer ausgedehnten Therapie unterzogen habe, bemerke ich, wann meine Persönlichkeiten sich ändern, und ich kann es auch bis zu einem gewissen Grad kontrollieren. Mein Zustand wird durch Stress verschärft, und ich versuche das zu beobachten. Aber als Teenager hatte ich kein Bewusstsein von meiner Dissoziation oder meinen alternativen Persönlichkeiten, und mein Leben zu Hause setzte mich einer unerbittlichen Abfolge von Ängsten aus. Das Ergebnis war, dass meine Persönlichkeiten sich ständig änderten, was meine Mitschülerinnen und Mitschüler verblüffte. In der ersten Stunde gefiel es mir, einer Freundin gegenüber meine totale Loyalität zu betonen. In der vierten Stunde starrte ich sie auf dem Flur nur kalt an, als wäre sie meine Todfeindin. Zwei Stunden später im Schulbus gab ich mich wieder kumpelhaft und fragte mich, warum sie böse auf mich war.

Trotz all dieser Verrücktheiten versuchte meine Gastgeberpersönlichkeit, Michelle, meine Jugendzeit zu bestimmen. Sich an traditionellen Werten orientierend, definierte sie sich als eine wohlerzogene, strebsame Schülerin einer angesehenen Schule, eine Preppy – eine Identität, die sie fast ausschließlich von *The Official Preppy Handbook* kopierte, einem Bestseller in diesen Jahren. Es war ein satirisches Buch, das die angebliche Leitkultur der weißen, britischstämmigen Protestanten auf den Arm nahm, aber Michelle wusste das nicht. Sie dachte, es sei ein Handbuch dafür, wie man all das erreichte, was man wollte – glücklich sein, wohlhabend sein, ein traditionelles, normales Leben. Auf einmal trug ich als Michelle Kopfbänder, Faltenröcke und Shirts mit dem Krokodil-Logo. Nicht ungewöhnlich. Alle in meiner Schule machten das so in den frühen Achtzigern. Aber ich nahm auch einen vornehmen Akzent von der Ostküste an und fing an, meine Mutter »Mami« zu nennen. Ich tat so, als hätte ich vergessen, dass ich aus einem miesen kleinen Kaff kam, und begann mir einzubilden, ich käme aus dem vornehmeren Princeton, das ungefähr fünfzehn Meilen entfernt lag. Wenn jemand es nicht besser wusste, behauptete ich einfach, ich wohnte in Princeton. Und so wie ich meinem Verstand weisgemacht hatte, meine Eltern wären verheiratet und Gary mein biologischer Vater, so akzeptierte er auch diese Lüge.

Diese Persönlichkeit zu bewahren verlangte ein furchtloses Angreifen und einen erbärmlichen sozialen Aufstieg. Na und? Die Preppy-Persönlichkeit tat mir gut. Während ich die Seiten des *Preppy Handbook* studierte, lernte ich, wie man sich als Mitglied der höheren Gesellschaft kleidete, zu geben hatte und denken musste – eine Person, die in meinen Augen normal war. Es war die Preppy, die beschloss, dass sie ein gutes College besuchen musste. Es war die Preppy, die die sogenannten Fallstricke wie Drogen und sexuelle Freizügigkeit verachtete. Die Preppy glaubte daran, dass sie sich einen guten Beruf und eine gute Partie sichern müsse. Keiner dieser Werte stammte von meiner Familie, woran man ganz gut sieht, wie wichtig die Umgebung der Gleichaltrigen für Jugendliche ist. Wäre ich in einer städtischen Umgebung wie Queens aufgewachsen, dann wäre ich wahrscheinlich ein Punk geworden, hätte mich zum Nonkonformismus bekannt, die Schule verlassen und Drogen genommen, was mich auf einen ganz anderen Lebensweg geleitet hätte.

Abgesehen von Selbstmordplänen habe ich nie ein offensichtliches selbstzerstörerisches Verhalten an den Tag gelegt. Ich habe mich nicht bewusst durch diverse Betten geschlafen, nahm nie Drogen, habe mich nicht geritzt oder irgendetwas dergleichen gemacht. Das ist zum Großteil auf die DID zurückzuführen; sie bewahrte mich vor Exzessen. Wenn die ungezogenen Alternativen zum Vorschein kamen, um zu rauchen, zu trinken oder Männern hinterherzusteigen oder anderweitig über die Stränge zu schlagen, schaltete meine Psyche schnell auf die Musterkind-Persönlichkeit, die Preppy um. Die meiste Zeit über hielt mich das auf dem rechten Pfad.

Meine Gefühle mussten sich jedoch Luft verschaffen. Da es mir nicht möglich war, meine Misere offen auszudrücken, kamen meine emotionalen Ausbrüche in der Highschool mehr verdeckt zum Vorschein. Zum einen begann ich zu stehlen. Nichts Großes. Kleine Sachen nur: Notenblätter, Bücher, Stifte. Einmal fand ich einen Rucksack am Straßenrand. Es war Sportkleidung darin und ein Paar neuer Nike-Schuhe. Ich brauchte die Sachen nicht. Ich hatte schon einen Rucksack und Turnschuhe. Trotzdem nahm ich die Sachen mit nach Hause. Noch schlimmer: Ahnungslos, wie ich war, trug ich die Sachen am nächsten Tag in der Schule. Ein Mädchen im Bus sah mich und fragte, ob ich die Sachen gefunden hätte. »Nein«, log ich. »Sie gehören mir.«

Das Mädchen regte sich auf und erklärte, dass sie die Tasche am Tag zuvor verloren hätte. »*Genau* dieser Rucksack mit *genau* diesen Turnschuhen«, beteuerte sie.

»Nun, ich weiß nicht, was ich dir sagen soll«, erklärte ich achselzuckend. »Meine Eltern haben mir das Zeug gekauft.«

Sie beschwerte sich beim Busfahrer, der mich daraufhin befragte. Ich blieb mit einer gleichgültigen Überzeugtheit bei meiner Geschichte. Der Busfahrer runzelte die Stirn und sagte dem Mädchen, dass er ohne Beweise nichts tun könne. Das Mädchen fing an zu weinen. Sie war natürlich frustriert, aber das war mir egal. Ich meinte, wenn ihr die Sachen so wichtig wären, hätte sie ihren Namen hineinschreiben sollen.

Ich weiß, dass das alles sehr hart klingt, aber so war ich damals. Ich konnte ohne jeden Skrupel lügen, betrügen, stehlen, wenn ich glaubte, dass ich ungeschoren davonkam. Wenn ich entdeckt wurde – zum Beispiel, als ich bei einer Arbeit betrog oder von unterschiedlichen Arbeitgebern stahl –, fühlte ich mich nicht etwa schuldig, sondern vielmehr verfolgt. In meinen Augen war Stehlen und Betrügen gerechtfertigt. Ich hatte ein Recht darauf, die sozialen Missstände auszugleichen, indem ich die Welt genauso beschiss, wie sie es mit mir tat.

Hier eine Warnung hinsichtlich kleiner Kinder aus gestörten Familien: Eines Tages werden sie erwachsen. Und all der Scheiß, dem sie mit so viel Gleichgültigkeit entgegentraten, all der Mist, der angeblich von ihnen abgeperlt ist, wird verstärkt zurückkommen. Eltern, die ihre Kinder schwierigen Scheidungen aussetzen oder die komplizierte Stieffamilien oder Alkoholiker sind oder die irgendeine Form von Liebesentzug praktizieren, stecken diesbezüglich den Kopf in den Sand. »Es war ein schrecklicher Kampf um das Sorgerecht«, wird eine Mutter sagen. »Aber der kleine Timmy ist okay. Es hat ihn nicht beeinträchtigt. Kinder sind so widerstandsfähig!«

Auf diese Wahnvorstellungen habe ich immer die gleiche Antwort: »Wartet, bis das Kind dreizehn ist.« Ich sehe es immer und immer wieder: Kinder scheinen mit Scheidungen, neuen Stieffamilien, Alkoholiker-Eltern und Vernachlässigung ganz gut fertigzuwerden. Und in der Highschool bricht dann die Hölle los, und jede schlechte Entscheidung der Eltern fällt auf sie zurück, um sie in den Hintern zu beißen. Dann geht es mit der Angeberei los, mit den Drogen, mit allzu freizügigem Partnerwechsel. Ehemals gute Schüler schwänzen die Schule. Ehemals ruhige Kinder werden ungehalten.

Am anderen Ende des Spektrums werden einige Kinder hyperverantwortlich, entwickeln sich zu rigiden, perfektionistischen Kontrolleuren. Ritzen, Essstörungen und Kleptomanie setzen in der Regel in diesen Jahren ein, ebenso wie eine Neigung zur Gewalt.

Obwohl nicht jede Teenager-Rebellion auf eine schlechte Kindheit zurückgeführt werden kann, sind ernsthafte Probleme oft die verspätete Reaktion auf frühere Traumata. Die Verzögerung tritt ein, weil das Gehirn von Kindern, wenn sie zu Jugendlichen werden, einen großen Schub hinsichtlich ihrer kognitiven Entwicklung durchmacht. Anders als Kinder sind Teenager dazu fähig, abstrakt zu denken und zu argumentieren. Das erlaubt ihnen, Situationen neu zu analysieren, wozu sie vorher nicht in der Lage waren. Auf einmal sind sie fähig, hypothetisch zu argumentieren, zu denken und Ursache und Wirkung zu verstehen. Sie gewinnen auch die Fähigkeit, über ihr Leben nachzudenken. Indem sie nach innen schauen, können Jugendliche auch zum ersten Mal erkennen, in welcher Weise ihre traumatischen Kindheitserfahrungen sie negativ beeinflusst haben. Und auf diese Weise entwickelt sich einfach ein wütender Teenager.

Ich war so ein wütender Teenager. Aber wie die meisten gestörten Kinder war ich nicht in der Lage, meine Wut gegenüber jenen auszudrücken, die mich verletzt hatten. Stattdessen empfand ich Wut gegenüber der ganzen Welt. Ich hasste alle – meine Eltern, jeden Erwachsenen, der mir nicht beigestanden hatte, jeden Jugendlichen, der mein Leid nicht erkannte. Ich hasste speziell Leute meines Alters, die aus normalen Familien zu kommen schienen. Ich verachtete die Art, wie sie von ihren Eltern Liebe, Zuneigung und Unterstützung bekamen und dass das Leben für sie so verdammt leicht war.

Meiner Erfahrung nach tragen die meisten Jugendlichen, die zu wenig Liebe und Fürsorge erfahren haben, diese innere Wut in sich – eine Wut, die oft die ganze Jugendzeit über anhält. Die Leute, die sich um sie hätten kümmern sollen, haben dies nicht getan. Und die Lektion, die sie daraus ziehen, ist folgende: Alle Menschen sind scheiße. Das ist der Grund dafür, dass gestörte Jugendliche eine große Last auf ihren Schultern tragen und es so schwer ist, ihnen zu helfen.

Von früh an lernen sie, dass man Menschen nicht trauen kann. Sie beharren oft für den Rest ihres Lebens auf dieser schädlichen Einstellung. Da sie die Welt durch eine durch den erlebten Mist getrübte Brille betrachten, sind sie hyperempfindlich gegenüber jedem Anflug von Ablehnung oder Kritik, und sie glauben, dass jeder, der ihnen freundlich oder wohlwollend gesinnt ist, tatsächlich ein anderweitiges Motiv haben muss. Wie kann man mit einer solchen geistigen Einstellung jemals Liebe finden? Möglichen Helfern wird mit Misstrauen begegnet und vor den Kopf gestoßen. Das bestärkt einen in dem Glauben, dass sich niemand je ausreichend kümmern wird. »Menschen sind einfach scheiße« wird zu einer sich selbst erfüllenden Prophezeiung.

Dabei suchen verletzte Menschen verzweifelt nach Liebe. Aber sie haben große Angst davor, jemandem zu vertrauen, und sind somit ständig darauf bedacht, ihre Beziehungen auf die Probe zu stellen und zu sabotieren. Dieser Mal-so-und-mal-so-Tanz ist jedem bekannt, der einem Opfer von Missbrauch, Vernachlässigung oder Verlassenheit jemals eng verbunden war. In den extremsten Fällen ist es das ausschlaggebende Symptom von Borderline-Persönlichkeitsstörungen (BPD), eine Diagnose, die Menschen beschreibt, die routinemäßig »intensive, instabile und mit häufigem Streit belastete enge Beziehungen haben, die durch Misstrauen, Bedürftigkeit und ängstliche Versessenheit auf realer oder imaginärer Verlassenheit gekennzeichnet sind«. Menschen, die an BPD leiden, sind überempfindlich gegenüber dem, was sie als Ablehnung durch andere empfinden, und können bekanntlich zu Feindseligkeit neigen, wenn sie sich ausgestoßen fühlen. Innerhalb des Bereichs der geistigen Gesundheit haben Borderline-Patienten den Ruf, dass sie besonders schwer zu behandeln sind, da sie als fordernd, manipulativ und schwierig gelten. Unter dieser ganzen Fassade liegt jedoch ein tief verwurzelter Schmerz. Wie ein verletztes Tier am Straßenrand schlägt jemand mit BPD zum Selbstschutz um sich und richtet den Angriff besonders gegen jene, die helfen wollen.

Zwar habe ich nie eine umfassende Episode von BPD erlebt, aber ich hatte große Schwierigkeiten mit Beziehungen. Ich habe Leuten nicht vertraut. Gar nicht. Doch damals war mir das nicht klar. Wie kann man wissen, dass man etwas vermisst, wenn man nicht weiß, was dieses Etwas ist? Verzweifelt ein normales Leben suchend, ging ich die Highschool so an, dass ich die gewöhnlichen Ziele einer Jugendlichen verfolgte. Ich versuchte, Freunde zu gewinnen, gute Noten zu bekommen, an außerschulischen Veranstaltungen teilzunehmen.

Am Anfang schien das auch alles gut zu gehen. Ich arbeitete mich in die Leistungskurse hoch, bekam Hauptrollen in den Schulstücken und wurde in die Elitegruppen für Musik aufgenommen. Das Ergebnis war, dass ich mir einen Namen machte und meinen eigenen Freundeskreis hatte.

Aber jeder Erfolg in jedem Bereich endete schlecht. Der Grund war normalerweise, dass mir jemand das Gefühl gab, mich zu schneiden oder zu verletzen. Und dann schlug ich um mich, zumeist zu meinem eigenen Schaden. Zum Beispiel freundete ich mich mit zwei Mädchen an, und wir drei hatten viel Spaß miteinander. Wir gingen zusammen einkaufen oder besuchten einander zu Hause und saßen zusammen am Mittagstisch. Es waren nette, warmherzige Mädels; keine von ihnen war je boshaft zu mir.

Eines Tages bezeichnete eines der Mädchen die andere als

ihre »beste Freundin«. Es war eine hingeworfene Phrase, die nichts Böses meinte. Aber sie tat mir weh. Ich fühlte mich zurückgesetzt, war eifersüchtig und wurde wütend. Ich habe meinen Freundinnen gegenüber nie diese Gefühle ausgedrückt, gab ihnen nie eine Chance, Dinge wieder geradezubiegen. (Zu dem Zeitpunkt kam mir die Idee gar nicht, dass ich das hätte tun können.) Stattdessen beschloss ich aus reinem Selbstschutz, dass man den Mädchen nicht trauen konnte, und ich sprach nie wieder mit ihnen.

Zusätzlich zu dem Brechen mit guten Freunden hatte ich die Angewohnheit, hervorragende Chancen wegzuwerfen. Zum Beispiel wurde mir nach drei Jahren harter Arbeit als Journalistin für die wöchentliche Schulzeitung die Aufgabe eines *Feature Editor* angeboten. Das war eine Schlüsselfunktion, da ich mich in absehbarer Zeit für ein Schriftsteller-Programm an einem College bewerben wollte.

In den ersten Wochen des Semesters freundete ich mich mit meinem neuen Chefredakteur an, und wir begannen, miteinander auszugehen. Wir trafen uns ein paar Mal, aber der Herr Redakteur erlaubte nie, dass sich eine ernsthafte Beziehung daraus entwickelte. Auf die liebenswürdigste Art brach er unsere Beziehung ab und sagte mir, dass er stattdessen begonnen hatte, mit der Nachrichtenredakteurin auszugehen. Obwohl beide anständige Leute waren, die mich nicht unnötig verletzen wollten, fühlte ich mich dennoch betrogen. Da ich nicht fähig war, mit Ablehnung umzugehen, verließ ich die Zeitung. Die Bewerbung am College war mir dabei egal.

Nach und nach gab ich so alle meine bevorzugten außerschulischen Aktivitäten auf, da ich nicht die geringste Kritik vertragen konnte. Ich nahm jahrelang am *New Jersey Teen Arts Festival* teil und wurde in dem Staat routinemäßig zu einer der Topsängerinnen gewählt. Ein Jahr beschloss ich das Lied »Nothing« aus *A Chorus Line* vorzutragen, nicht wissend, dass ein Teil des Textes erst ab siebzehn freigegeben war. Nach meinem Auftritt tadelte mich die Musiklehrerin ernsthaft dafür, dass ich sie »blamiert« hätte. Zu Tode beschämt versteckte ich mich stundenlang unter einem Flügel und schwor mir im Alter von fünfzehn Jahren, dass ich nie wieder als Sängerin auftreten würde.

Als Junior wurde mir die Hauptrolle in *Böse Saat* zugesprochen. Das war eine Superrolle in einem großen Schulstück, und ich war sehr, sehr stolz. Ich wollte unbedingt wie eine professionelle Schauspielerin auftreten, lernte meinen ganzen Text in nur zwei Tagen, nachdem ich das Skript erhalten hatte, und verpasste niemals auch nur eine Probe. Die Eröffnungsnacht war an einem Freitag. An dem Morgen spürte ich, dass eine Erkältung im Anzug war. Da ich bei den Wochenendvorstellungen nicht krank sein wollte, blieb ich an dem Tag zu Hause. Am Abend ging ich wie geplant hinter die Bühne für Kostüm und Maske. Als es Zeit wurde für die Ansprache des Regisseurs an seine Besetzung in der Premierennacht, wurde ich öffentlich heruntergeputzt. Angeblich war mein Foto von dem Stück auf der ersten Seite der Schulzeitung erschienen, und eine aufmerksame Sekretärin hatte dies bemerkt. Es gab aber eine Regel an der Schule, die für Sportler bestimmt war und Schüler von jedem sportlichen Auftritt ausschloss, wenn sie an diesem Tag im Unterricht gefehlt hatten. Ein gewaltiger Streit brach los, während die gesamte Schulleitung darüber entschied, ob es mir erlaubt sein sollte, an dem Tag aufzutreten. Von alldem wusste ich nichts. Der Regisseur, ein Englischlehrer, rief mich nicht an, um nach den Gründen für mein Fehlen zu fragen. Er machte mich einfach nur vor der gesamten Truppe fertig. Ich war entsetzt und schämte mich so sehr, dass ich in Tränen ausbrach und kaum noch Luft bekam. Ich trat auf an diesem Abend, obwohl ich einfach nur in ein Loch kriechen wollte. Ich trat auch in der zweiten Show auf und bekam gute Kritiken. Aber ich bin danach nie wieder aufgetreten. Nie mehr. Auf keinen Fall wollte ich zulassen, dass man mich noch einmal so verletzte.

Die Rücksichtslosigkeit, mit der diese Lehrer mich beschämten, war unverzeihlich, und ich hoffe bei Gott, dass meine ehemaligen Schüler nicht ähnliche Geschichten über mich erzählen können. In einem stolzen Moment öffentlich kritisiert zu werden, wenn man Lob erwartet, geht nicht spurlos an einem vorüber. Der Unterschied in dieser Situation zwischen einer verletzten Person wie mir und einer gesunden Person ist der, dass ich keine Form von Geringschätzung hinnehmen konnte. Der Englischlehrer entschuldigte sich später (ansatzweise), und die Musiklehrerin gehörte zu meinen stärksten Unterstützern. Aber das bedeutete alles nichts. Für Menschen, die Missbrauch erlebt haben, ist es eine Sache des Überlebens, wem man vertraut. Dabei gibt es nur Schwarz und Weiß. Keine Entschuldigung. Keine Grauzone. Keine Ausnahmen.

Wenn ich ein besseres Zuhause gehabt hätte, dann hätte ich mich aus den Gefühlen herausreden und diese Episoden besser überstehen können. Sie hätten mir ganz einfach weniger geschadet und weniger lange nachgewirkt. Denn Kids, die nicht in den Genuss der Unterstützung einer liebenden Familie kommen, sind ständig benachteiligt, auf vielfältigste Weise. Aber ich glaube nicht, dass ich mir dessen bewusst war, benachteiligt zu sein, bis ich meinen Kurs in Bühnenkunst machte.

Es war während des Juniorjahres, und ich war total begeistert. Bühnenkunst war ein Wahlfach, eines, auf das ich mich jahrelang gefreut hatte. Wir lernten sehr viel über Beleuchtung, Kostüme, Bühnenbau und Regie. Ich liebte das Theater und hoffte, mir da eine Karriere aufzubauen. Dieser Kurs war also sehr wichtig für mich. Unsere erste Aufgabe war es, eine Schattenbox zu bauen – eine Miniaturbühne aus Holz mit Kulisse und Schnürboden. Sehr eifrig machte ich mich an diesem Tag so schnell wie möglich auf den Heimweg und fing sofort an zu arbeiten. Strikt der Anleitung folgend, maß ich vier Quadrate aus Holz aus und schnitt sie zurecht. Nachdem ich sie zusammengenagelt hatte, benutzte ich ein Messer, um die Kerben für die Holzdübel zu schneiden. Meine Eltern halfen mir nicht bei dieser Aufgabe. Es kam mir nicht einmal in den Sinn, sie zu fragen, und sie hätten es ohnehin nicht getan. Ich hatte keinen Führerschein und auch kein Geld für den Baumarkt. Aber ich folgte der Anweisung und fand, das Ergebnis sah verdammt gut aus.

Als ich es ein paar Tage später mit in die Schule nahm, sah es keinem der Modelle der anderen Kinder ähnlich. Sie hatten alle dünnes, graziles Balsaholz genommen, während ich dickes, schweres Sperrholz verwendet hatte. Die Balsabühnen waren alle perfekt von den Vätern geschnitten und verleimt, die wussten, was sie taten, während meine hässliche Bühne etwas schief zusammengebaut war – die Arbeit eines Teenagers, der zum ersten Mal mit einer Bügelsäge arbeitete. Als die Noten ausgegeben wurden, erhielten die Balsas Einser, während meine Monstrosität eine Drei bekam. Ich war erschüttert und wütend. Die anderen Kids gaben offen zu, dass ihre Väter ihr Projekt gebaut hatten. Zum ersten Mal in meinem Leben verstand ich, dass ich ein Opfer von Entbehrung und Ungerechtigkeit war.

Bei der nächsten Aufgabe schwor ich gleichzuziehen. Wir sollten eine Reihe von Kostümen entwerfen und sie als gemalte Designs präsentieren. Leider kann ich weder zeichnen noch malen, hatte jedoch von jeher ein Auge für Mode. Ich fragte die Lehrerin, ob ich die Kostümsketche von einem Künstlerfreund anfertigen lassen könnte. Sie sagte Nein. Ich versuchte mich daran zu halten, aber meine Zeichenversuche ernteten nur Gelächter von der ganzen Klasse. Da meiner Meinung nach die Situation unfair war, bat ich einen Freund, den Rest der Entwürfe zu malen.

Als ich die Aufgabe einreichte, wusste die Lehrerin sofort, dass es nicht meine Arbeiten waren. Sie stellte mich zur Rede, aber ich stritt alles ab. Sie beschuldigte mich offiziell des Betrugs und Plagiats, was ein Gespräch mit dem Schulleiter und einem Beratungslehrer zur Folge hatte. Da ich Gefahr lief, suspendiert zu werden, wurden meine Eltern von dem Vorfall unterrichtet. Es schien ihnen egal zu sein; sie begleiteten mich nicht zu der Disziplinarmaßnahme. Ich saß allein vor dem Exekutionskommando und gab meine Schuld offen zu. Aber ich zeigte keine Reue. Warum auch? Ich meinte, nichts falsch gemacht zu haben. Ich konnte es nicht mit der Sperrholzsache oder der Drei erklären oder der Ungerechtigkeit. Für all das fehlten mir damals die Worte. Als sie versuchten, mich in Ungnade fallen zu lassen, ließ ich das nicht zu.

»Es ist mir egal, was Sie denken«, sagte ich ihnen.

Trotz meiner dreisten Herausforderung – oder vielleicht gerade deswegen – wurde mir der Verweis erspart, und ich wurde einfach von dem Kurs ausgeschlossen.

Das war kein wirklicher Trost, da ich mal wieder etwas verloren hatte, an dem mir viel lag.

Die Lektion, die ich lernte?

Menschen sind echt scheiße.

Selbst nach vielen Jahren und unzähligen Therapiesitzungen schmerzt es immer noch, wenn ich an ungefällige Lehrer zurückdenke. Ich glaube, das ist der Grund dafür, dass ich selbst Lehrerin geworden bin und später Therapeutin – weil ich Jugendlichen und jungen Erwachsenen das Verständnis vermitteln wollte, das ich selbst nie erfahren habe. Problemkinder brauchen Ermutigung, Hilfe und Führung. Sie brauchen Menschen, die ihre Stärken erkennen, sie lehren, sich Ziele zu setzen und an ihre Zukunft zu glauben. Sie brauchen Vorbilder, die sie zu einem glücklichen, gesunden, produktiven Leben geleiten.

Lehrer, Trainer und andere Jugendmentoren sind die beste

Hoffnung für Teenager mit Problemen. Aber, um helfen zu können, müssen sie hinter die Teenager-Maske und den Schutzwall an Wut blicken. Zu oft können Erwachsene das nicht tun. Sie nehmen das Schreien, Lügen, Stehlen, Betrügen für bare Münze und stempeln das Kind als »schwierig« ab oder geben ihm irgendein anderes Etikett der Hoffnungslosigkeit. Ich nehme an, es ist leichter, schlechtes Benehmen zu korrigieren, als sich die Zeit zu nehmen, den Schmerz dahinter zu verstehen.

In der Highschool gehörte es zu meinem Alltag, mich verurteilt und missverstanden zu fühlen. Bis heute bin ich verblüfft darüber, wie bedenkenlos Lehrer mein Verhalten persönlich nahmen, und es macht mich wütend, wie schnell sie mich verurteilten. In der zehnten Klasse oder dem Juniorjahr belegte ich einen Kurs in kreativem Schreiben, ein anderes Wahlfach, auf das ich mich riesig gefreut hatte. Dort wurde uns aufgetragen, eine Geschichte zu schreiben. Meine handelte von einer fünfzehnjährigen Rebellin im Kampf gegen einen sadistischen Tyrannen, der jede Nacht eine andere Frau vergewaltigt, schlägt und tötet. (Mein Unterbewusstsein wollte schon damals meine Geschichte zu Papier bringen.) Als der Tyrann sie gefangen nimmt, lässt er sie ein jungfräuliches Nachthemd gekleidet in sein Schlafzimmer bringen und an sein Bett fesseln. Die beiden beschimpfen sich heftig, bis der Tyrann die Geduld verliert und sie schlägt. Irgendwann bettelt das Mädchen um Gnade. Ihre Unterwerfung rührt den Tyrannen, und er streichelt sie zärtlich an intimen Körperstellen. Das Mädchen ist dem Täter dankbar, die beiden schlafen miteinander.

Wenn eine fünfzehnjährige Schülerin mir so eine Geschichte liefern würde, wäre ich sehr beunruhigt, um es milde auszudrücken. Ausgewachsene S/M-Romane sind nicht gerade ein normales Genre für junge Mädchen. Ich würde mich also fragen, ob im Zuhause dieses Mädchens etwas Schreckliches vor sich geht.

Mit diesem Verdacht im Hinterkopf würde ich dieser Schülerin besondere Aufmerksamkeit schenken – sie zu Gesprächen anregen, sie dazu bewegen, zu reden. Da ich verstehen würde, dass dieses Mädchen wahrscheinlich eine gewaltige Last mit sich herumträgt, würde ich besonders nett zu ihr sein, um ihr Leben nicht noch härter zu machen. Ich würde auch sofort ihren Vertrauenslehrer und den Schulpsychologen informieren.

Meine Lehrerin hat nichts dergleichen getan. Stattdessen schrieb sie einen kurzen Kommentar, in dem sie ihre Abneigung ausdrückte:

Michelle, diese Geschichte ist gut geschrieben, aber ein wenig beängstigend, weil sie sich wie die klassische Verteidigung eines Mannes liest, der seine Frau misshandelt. Die Geschichte verteidigt den Mann fast, dem das Schlagen von Frauen sexuelle Befriedigung gibt, und porträtiert die Frau als eine Verrückte, die diese Behandlung liebt.

Meine persönliche Meinung ist, dass es »verrückt« ist, Anzeichen von sexuellem Missbrauch und Vergewaltigung eines jungen Mädchens zu ignorieren. Und die fehlende Fürsorge meiner Lehrer ist umso verrückter, wenn man bedenkt, dass zu der Zeit, als ich im Juniorjahr war, alle wussten, dass mein Vater ein Kinderschänder war!

Wie konnten sie das wissen? Weil Gary Lundquist im Frühjahr 1985 in drei Anklagepunkten der Kinderschändung beschuldigt wurde.

Die ganze Sache fing recht harmlos an. Nachdem ein kleines Mädchen eine Anschuldigung vorgebracht hatte, beauftragte die Staatsanwaltschaft eine diskrete Untersuchung. Sie fanden zwei weitere Mädchen, die bereit waren auszusagen. Alle drei Opfer waren ehemalige Schülerinnen an der Schule meines Vaters.

Ich erinnere mich deutlich an den Tag, an dem ich von Garys Problemen erfuhr. Ich kam aus der Schule nach Hause und fand meinen Vater und meine Mutter im Wohnzimmer, wo sie nervös auf und ab tigerten. Ich wusste sofort, dass etwas nicht in Ordnung war, denn beide hätten bei der Arbeit sein sollen. Sobald ich das Haus betrat, berichtete meine Mutter hysterisch die Begebenheit. Mein Vater sei angeklagt worden und müsse sich sofort auf der Polizeistation melden, zwecks einer formellen Verhaftung. Sie hatten gewartet, bis ich zu Hause war, damit ich mitfahren konnte.

In der Polizeistation beobachtete ich meinen Vater, wie er seine Fingerabdrücke abgab und fotografiert wurde. Währenddessen jammerte meine Mutter im Wartezimmer über den finanziellen Schaden, der uns mit Sicherheit treffen würde, wenn er ins Gefängnis müsse. Wir würden das Haus verlieren, die Autos, alles. Wir würden auf der Straße sitzen.

Sobald alles erledigt war und mein Vater eine Kaution hinterlegt hatte, gingen wir über die Straße, um uns mit einem Strafverteidiger zu treffen. Weil die Opfer minderjährig waren, wurden nur ihre Geburtsdaten in dem Polizeibericht angegeben, keine Namen. Der Rechtsanwalt befürchtete, dass dies der Verteidigung schaden könnte, aber Gary konnte aufgrund der Anschuldigungen und des Geburtsdatums die Namen der Opfer angeben. Als der Anwalt meinen Vater fragte, ob die Anschuldigungen denn der Wahrheit entsprachen, stritt mein Vater alles ab. Er stellte die ganze Untersuchung als eine Treibjagd dar, angezettelt von der Schulverwaltung, um wegen seines Engagements für die Lehrergewerkschaft gegen ihn vorzugehen.

Dem ehemaligen FBI-Agenten Kenneth Lanning zufolge greifen Kinderschänder, wenn sie gefasst werden, regelmäßig »den Ruf und das persönliche Leben der Untersuchungsbeamten an; hinterfragen die Gründe des Anklägers; geben vor, dass der Fall eine selektive Anklage sei oder eine Treibjagd«. Garys allzu gewöhnliche Verteidigung wurde zur offiziellen Familienaussage.

Am nächsten Tag wurde ich in der Schule aus dem Klassenzimmer in das Büro der Vertrauenslehrerin bestellt. Sie führte mich in das schummerige Lehrerzimmer und sagte mir, dass ich mich an den Konferenztisch setzen sollte. Dort saß bereits eine Frau, die ich nicht kannte. Sie stand auf und stellte sich als die Ermittlerin im Fall meines Vaters vor. Sie fragte mich, ob ich mir der Anklage gegen meinen Vater bewusst sei.

»Ja«, erwiderte ich. »Ich war zugegen, als er gestern verhaftet wurde.«

»Und gibt es irgendetwas, was du mir sagen willst?«, fragte sie mich nüchtern.

Die Frage machte mir Angst. »Ich … ich weiß nicht, was sie meinen …«

»Nun …« Sie starrte mich an. »Hat er dir jemals etwas angetan?«

Das Zimmer schien sich noch weiter zu verdunkeln. Mir wurde schwindelig. Ich wollte da raus.

»Michelle«, drängte die Frau. »Hat dein Vater dir jemals etwas angetan, über das du mit mir reden willst?«

»N-n-nein«, stotterte ich. »Ich weiß nicht, was Sie meinen.«

Das schien die Frau aufzuregen. »Weißt du, Michelle, wenn es da etwas gibt, was du mir sagen willst, so solltest du das jetzt tun.«

»Ich habe nichts zu sagen.« Ich zuckte mit den Schultern. »Ich weiß nicht, was Sie meinen.«

Und die Wahrheit ist: Zu dem Zeitpunkt wusste ich es wirklich nicht. Meine dissoziative Amnesie war immer noch wirksam. Alles, worüber ich mir in dem Augenblick bewusst war, war ein stark klopfendes Herz, Druck in meinem Kopf, das schwache Licht, das immer noch schwächer wurde, bis es stockdunkel war. Das sind Anzeichen von Panik. Es war eine Panikattacke, wie sie bei mir jedes Mal dann aufkamen, wenn mein Verleugnungssystem bedroht wurde und die Identität meines guten Mädchens in Gefahr war, die Wahrheit über mein Leben zu erfahren.

»Kann ich jetzt gehen?«, flüsterte ich, während meine Augen den Boden, die Wände – alles außer dem Gesicht der Frau – streiften.

»Ja«, seufzte die Frau. »Wenn du willst ... Aber wenn du mir jemals etwas sagen willst, ruf mich an.«

Sie gab mir ihre Karte, die ich mit zitternder Hand entgegennahm. Dann lief ich aus dem Zimmer.

Ich hatte panische Angst.

Im Nachhinein und vor dem Hintergrund meiner weiteren Erfahrungen bin ich erstaunt über die Art und Weise, wie hier eine jugendliche Zeugin befragt wurde. An dem Tag, an dem die Ermittlerin kam, um mit mir zu reden, wusste sie bereits, dass Gary ein Kinderschänder war. (Er wurde auch noch in einem anderen Bundesstaat wegen illegalen Waffenbesitzes verfolgt.) Drei Mädchen hatten ihn beschuldigt; es bedurfte keiner großen Anstrengung, anzunehmen, dass er auch mich missbraucht hatte. Aber anzunehmen, dass ich derartige Informationen einem völlig Fremden einfach so erzählen würde, bei unserem ersten Treffen, war lächerlich.

Selbst unter den günstigsten Umständen geben Kinder selten ihre Misshandlung preis. Ich definiere einen »günstigen Umstand« als einen solchen, in dem ein Kind in einer liebevollen Familie aufwächst und von einem eher entfernten Bekannten missbraucht wird. Nicht von einem Kinderschänder aus dem näheren Umfeld, der den Eltern nahesteht und das Kind womöglich bedroht. Sogar in solchen Fällen, selbst wenn das Kind glaubt, unterstützt zu werden, selbst wenn die Misshandlung von den Eltern vermutet wird, selbst wenn das Kind keinen Grund hat zu schweigen, werden die meisten Kinder niemals von dem

Missbrauch sprechen. Selbst wenn sie mit unwiderruflichen Beweisen konfrontiert werden, wie Fotografien oder Videos, streiten Kinderopfer zumeist vehement ab, dass sie Opfer einer Misshandlung sind.

Wir wissen nicht genau, warum Kinder eine so große Abneigung haben, so etwas anzuzeigen, aber es ist wahrscheinlich eine Kombination aus unterschiedlichen Gründen: Scham, Schuld, Angst vor der Reaktion der Eltern, positive Gefühle gegenüber dem Täter, Gedächtnisverlust. Hier muss man bedenken, dass wir von Kindesmissbrauch durch einen Bekannten reden, der das Kind nicht bedroht hat. Wenn Drohung und Nötigung hinzukommen oder der Täter ein Familienmitglied ist, sind die Kosten für eine Offenbarung sehr viel höher. Kinder fürchten in solchen Fällen körperliche Gewalt ihnen selbst gegenüber, gegen ihre Familien oder gegen ihre Haustiere. Sie fürchten, sie könnten von der Familie geschnitten oder verstoßen werden.

Ich sah mich all diesen Risiken gegenüber und mehr. Und dennoch befragte mich eine völlig fremde Frau, die drohte, die einzige Sicherheit, die ich kannte, zu untergraben. Sie befragte mich nur ein einziges Mal und stellte mir auch nur eine Frage! Im Nachhinein wünschte ich, ich wäre in einer beruhigenden Umgebung befragt worden, aber wir sprechen vom Jahr 1985 – lang bevor unsere Strafverfolgungsbehörden das gewaltige Ausmaß von sexuellem Kindesmissbrauch erkannten und begannen, die Ermittler, die solche Fälle untersuchten und Kinder befragten, speziell auszubilden. Heute wissen die Beamten, dass jemand, der der Kinderschändung beschuldigt wird, höchstwahrscheinlich ein Mehrfachtäter ist und auch Kinderpornografie besitzt. Deshalb sollte bei jeder Ermittlung der private Wohnbereich des Täters durchsucht werden.

Hätten die Ermittler unsere Wohnung durchsucht, dann hätten sie eine Pistole, eine Elektroimpulswaffe, ein hölzernes Paddel und unterschiedliche S/M-Utensilien gefunden, mit denen ich regelmäßig terrorisiert und »zur Raison« gebracht worden war. Sie hätten pornografische Bilder und Videos von mir und anderen Kindern, aufgenommen von meinem Stiefvater, gefunden sowie Kinderpornografie, die von Frank produziert worden war. Und vor allem hätten sie die Namen und Adressen von Garys perversen Freunden gefunden.

Die Behörden hatten hier die Chance, einen bedeutenden Pädophilenring aufzudecken. Stattdessen befragten sie mich auf unseriöse Weise, womit sie ihre höchstwahrscheinlich wichtigste und bedeutendste Zeugin in Panik versetzten.

Vordergründig hatte ich Angst vor Gary und meiner Mutter und davor, was sie mit mir tun würden, wenn ich sie verriet. Im Unterbewusstsein hatte ich Angst vor Frank und dem Ring und dass ich beschuldigt werden würde, eine Denunziantin zu sein. Zu meiner eigenen Überraschung war es aber die Polizei, die mir am meisten Angst machte. Ich fürchtete, man würde mich wegen Prostitution verhaften. Wie so viele Opfer von sexuellem Kindesmissbrauch sah ich mich nicht als Opfer. Aufgrund der Gehirnwäsche hielt ich mich allen Ernstes für Garys willige Komplizin. Ich glaubte, dass ich ungeheurer Vergehen schuldig war und ins Gefängnis müsste, wenn die Wahrheit ans Licht käme – ein Glaube, den Gary nur zu gern förderte.

Als ich an dem Tag nach Hause kam, schrieb ich einen Brief an den Richter, dem Garys Fall zugeteilt worden war. Darin sagte ich, dass mein Vater ein guter und fürsorglicher Mensch sei, der mir oder anderen niemals etwas antun würde. Gary unterstützte mich bei dem Vorhaben, indem er mir den Namen und die Adresse des Richters gab – nicht zu vergessen, den Umschlag und die Briefmarke. Er nötigte mich jedoch nicht, den Brief zu schreiben. In meinem gehirngewaschenen und panischen Zustand war ich der Meinung, dass es meine Pflicht sei, meinen Herrn zu schützen, wie auch misshandelte Sektenmitglieder ihre Führer schützen.

Ich war nicht die Einzige, die sich hinter Gary stellte. An seiner Grundschule – der Schule, die ich besucht hatte – machte eine Petition die Runde, die seine Unschuld bekräftigen sollte. Fast alle Lehrkräfte unterschrieben sie und bezichtigten damit ihre eigenen Schülerinnen der Lüge. Eine Lehrerin, die ihre Unterschrift verweigerte, war Nancy Bennett, bei Weitem die engagierteste und beste Lehrerin, die ich jemals hatte. In der Mittelschule war sie meine Englischlehrerin, und einzig und allein sie hat es geschafft, mich zu einem akademischen Erfolg zu führen. Obwohl sie nichts von dem Missbrauch wusste, bemühte sie sich sehr darum, mein Martyrium zu erkennen.

Vor einigen Jahren sagte sie zu mir: »Ich konnte die Petition einfach nicht unterschreiben. Ich wusste nicht genau, was vor sich ging, aber ich wusste, dass du ein sehr trauriges Kind warst.«

Was Gary betrifft, er bezeichnete sich als unschuldig in allen Anklagepunkten. Er war sich tatsächlich so sicher, dass er anbot, einen Lügendetektortest zu machen – ein Beweis seiner ungezügelten Arroganz und seines Narzissmus. Es ist nicht überraschend, dass er den Test nicht bestand. Aufgrund dieser Ergebnisse und der Zeugenaussagen entschied er sich, einen Deal einzugehen, indem er seine Schuld bezüglich zweier Anklagepunkte zugab. Heutzutage würde jemand, der der Vergewaltigung von zwei zwölfjährigen Kindern überführt wird, eine lange Haftstrafe bekommen. Damals, 1985, bekam Gary sozusagen einen Klaps auf die Hand. Er wurde zu drei Jahren auf Bewährung verurteilt und verlor seine Lehrbefähigung. Es wurde auch angeordnet, dass er sich einer vom Gericht bestimmten Psychotherapie unterzog. Solange ich jedoch bei ihm lebte, erinnere ich mich nicht, jemals einen Bewährungshelfer oder einen Therapeuten bei ihm gesehen zu haben.

Finanziell brachte die Verurteilung harte Zeiten für unsere Familie. Gary verlor sein festes Einkommen und seine Pensionsberechtigung. Meine Mutter, die an Garys Schule als Busfahrerin angestellt war, verlor ebenfalls ihre Stelle. Ein Großteil ihrer Ersparnisse ging für die Gerichtskosten drauf. Es war ihnen jedoch möglich, mit Garys verschiedenen Geschäften – Geschäfte, bei denen Gary immer noch junge Mädchen beschäftigte – über die Runden zu kommen.

Andere Auswirkungen des Falles waren weniger leicht zu bewältigen. Wir lebten in einer kleinen Stadt. Der Fall ging unübersehbar durch die lokale Presse und machte uns alle zu sozialen Parias. Man könnte erwarten, dass die Tochter eines verurteilten Kinderschänders mit einer Extradosis Besonnenheit behandelt werden würde, insbesondere von den Erwachsenen um sie herum. Aber weit gefehlt. Dass ich von Mitschülerinnen und Mitschülern hässliche Bemerkungen zu hören bekam, damit hatte ich gerechnet. Unerwartet traf mich die offensichtliche Gleichgültigkeit aller Erwachsenen, die ich kannte. Kein einziges Mal wurde ich von den Eltern meiner Freunde gefragt, wie es mir ging. Kein Sozialarbeiter oder Vertrauenslehrer setzte sich jemals mit mir zusammen. Sogar enge Freunde und Lehrer versteckten sich hinter einer Wand aus beschämendem Schweigen.

Bis die ganze Sache überstanden war, war ich, Gott sei Dank, schon siebzehn und ein Senior in der Highschool. Ich hatte die meisten meiner Fächer erfolgreich abgeschlossen und musste nur noch für ein paar Stunden jeden Morgen in die Schule. Ich hatte meinen Führerschein gemacht und fuhr mit Garys altem 1977er Pacer zu meinem Job in einem Copyshop. Ich arbeitete dort jeden Tag von elf bis halb sechs. Um sechs trat ich dann meine

Spätschicht als Kassiererin in einem Lebensmittelladen an, eine Schicht, die bis Mitternacht ging. Morgens um sieben musste ich am nächsten Tag wieder in der Schule sein. Und so weiter. Dieser Zeitplan ließ mir keine Zeit für Schularbeiten, außerschulische Aktivitäten oder Sozialkontakte, aber das war mir ziemlich egal. Ich fühlte mich ja ohnehin von allen an der Highschool im Stich gelassen. Ich wollte nichts mit ihnen oder meiner Familie oder sonst jemandem in diesem Umfeld zu tun haben. Ich wollte einfach nur weg.

Mein Traum war es, nach New York zu ziehen und mich neu zu erfinden. Ich wollte Schriftstellerin werden und war dankbar für das Angebot eines Teilstipendiums der New York University. Im August 1986 packte ich meine Schreibmaschine ein und floh nach Greenwich Village. Es war höchste Zeit, ein neues Leben anzufangen und mein altes Leben komplett zu vergessen.

Erinnerungen sind jedoch schwer loszuwerden. Und besonders die schlechten Erinnerungen haben die Angewohnheit zu haften, um ihre hässliche Fratze noch lange nach dem Ende des Horrors zu zeigen. Ich dachte, ich könnte loskommen von Gary, wenn ich New Jersey verlasse. Was ich zu der Zeit nicht verstand, war, dass der Schaden schon angerichtet war. Gary hatte seine fürchterlichen Brandzeichen an meinem Geist, meinem Körper und meiner Seele hinterlassen. Und egal, wie weit ich auch rannte, ich konnte ihm nie mehr völlig entkommen.

New York, New York ...

In dem Broadway-Musical *42nd Street* springt die junge Tänzerin Peggy Sawyer in einen Bus nach Manhattan, um dort Ruhm und Reichtum zu finden. Zuerst verdingt sie sich als Chorus-Girl, aber bald wird Peggy aus dem Dunkel gezogen, um die Hauptrolle zu besetzen. Als die Show ein Erfolg wird, mutiert Peggy über Nacht von einem verarmten Niemand zu einem gefeierten Star. Ihr Talent und ihre Tatkraft machen sie zu einem Gesprächsthema in New York.

Als ich durch den Lincoln Tunnel fuhr, um mein neues Leben in der Großstadt zu beginnen, malte ich mir aus, denselben Weg zu gehen. Ich war zwar keine Tänzerin und hatte auch keine Ambitionen, professionell als Schauspielerin oder Sängerin auf der Bühne zu stehen. Aber ich war eine Schriftstellerin mit der Vision, dass ich es eines Tages auf den Great White Way schaffen würde. Ich würde der nächste Neil Simon sein, nur ohne Glatze und jüdische Mutter. Erste Station: Greenwich Village. Die nächste Station: Tony Awards.

Klar, wer in das *Preppy Handbook* geschaut hat, weiß, dass meine ordinären Showgeschäft-Ambitionen dort nirgendwo zu finden waren. Als ein Preppy hätte ich Vassar ansteuern und von Tennispokalen träumen sollen, nicht von einem Tony Award. Aber die Preppy hatte nichts mehr zu sagen. Inzwischen hatte die Identität, die ich Schnorrer nannte, die dominante Persönlichkeitsrolle übernommen und bestimmte den Kurs.

Bei DID steht die alternative Persönlichkeit, die am besten

mit der jeweils aktuellen Situation fertig wird, normalerweise im Vordergrund. Auf der Highschool machte ich erstmals Erfahrungen mit persönlichen Konflikten, und so war es nur sinnvoll, dass der abgehärtete Schnorrer die Oberhand gewann. Wenn jemand multiple Persönlichkeiten hat, dann werden bestimmte Emotionen wie Freude, Zufriedenheit oder Wut oft unter den Alternativen verteilt. Der Schnorrer ist verantwortlich für Wut und Ehrgeiz. Sie ist die Kämpferin in meinem Persönlichkeitssystem. Als es also Zeit wurde, meinen Weg zur Spitze zu erkämpfen, musste sie natürlich die Führung übernehmen.

Die Schnorrer-Michelle war ein Teenager. Wie alle Heranwachsenden ging sie durch den natürlichen Prozess, sich zu definieren und zu fragen: *Wer bin ich?* Im Fall Schnorrer bedeutete das, dass sie aus sich herausging, eine Diva war, die kein Blatt vor den Mund nahm und die in der Welt des Theaters aufging. Sie setzte sich die Bühne als Ziel. Sie definierte sich als Schriftstellerin – eine geistreiche, urbane New Yorkerin, unverblümt und gewieft, die XL-Pullover mit Flicken an den Ellbogen, Buchläden und Kaffee mochte. Wie die Preppy war auch die Schriftstellerin ein pures Stereotyp. Sie kopierte Vorbilder wie in den Stücken *Deathtrap* und *Brighton Beach Memoirs* und wie in den Filmen *Manhattan* und *Hannah und ihre Schwestern.* (Mein Vater war ein großer Fan von Woody Allen …) Dass diese Protagonisten alle Männer mittleren Alters waren, interessierte mich nicht. Es war auch egal, dass ihre Erfahrungen in der Großstadt mit meinem Leben der weißen Unterschicht auf dem Land nichts zu tun hatten. Die Schriftstellerin kam nicht aus dem Milieu des White Trash. Sie war in Manhattan zu Hause. Im Alter von sechzehn Jahren hatte sie schon ein Abonnement für den *New Yorker* und durchkämmte regelmäßig die Wohnungsanzeigen der *New York Times,* um zu entscheiden, welche der Wohnungen in der Upper East Side sie bald kaufen würde.

Wenn ich mich heute daran erinnere, bringen mich meine Überheblichkeit und meine Naivität zum Schmunzeln. Als Teenager tun und denken wir ohnehin seltsame Dinge, wenn wir versuchen herauszufinden, wohin uns unser Leben führt. Mit DID laufen die Dinge jedoch leicht aus dem Ruder. Da ich keine Kern-Vorstellung von mir hatte, versuchte ich mich nicht an Vorlieben, sondern wurde zu dem Typ, der gerade nötig war, um zu überleben. Diese Rollen wurden im Unterbewusstsein von meiner Psyche besetzt, um meine Sicherheit zu gewährleisten.

Als ich über das Erwachsensein nachdachte, fühlte sich mein Leben prekär an. Ich hatte kein Geld, und mir war bewusst, dass ich schon bei einer noch so kleinen Krise auf der Straße landen würde. Um mich sicher zu fühlen, brauchte ich Geld. Idiotischerweise glaubte ich, der Weg zum Reichtum würde mit Worten gepflastert sein. (Wie sehr wünsche ich mir heute, zu meinen Persönlichkeitsalternativen hätte auch ein Investmentbanker gehört!)

Es gab aber noch einen anderen Grund dafür, dass ich mich unsicher fühlte. Als das Opfer, das ich war, glaubte ich, dass die Menschen von Natur aus heimtückisch waren. In meinen Gedanken war jeder nur darauf aus, mir wehzutun, und ich fühlte, dass ich mich nicht vor der rücksichtslosen Welt schützen konnte. Junge Leute, die sich machtlos fühlen, so wie ich, sind ernsthaft benachteiligt. Um das Gefühl der Schwäche zu mildern, hängen wir uns an andere, die stark wirken. Das macht uns anfällig für Partnerschaften mit Menschen, die ihre Partner missbrauchen, charismatische Sektenführer, Gangs, sogar feindlich gesinnte politische und religiöse Bewegungen. Menschen, denen die Sozialkompetenzen fehlen, um mit stärkeren Individuen eine Beziehung einzugehen – man könnte sie auch schlicht »Eigenbrötler« nennen –, versuchen oft ihre Macht zurückzugewinnen, indem sie Rache an wem auch immer nehmen, der sie ihrer Meinung nach entmachtet hat. Die meisten bewaffneten Überfälle auf Schulen werden von diesem Menschentyp verübt. Auch viele Serienvergewaltiger und -mörder werden von dem Bedürfnis angetrieben, Macht über jene Menschen auszuüben, gegenüber denen sie sich einmal machtlos fühlten.

Ich wollte nie jemandem wehtun, aber ich ertrug es nicht, mich machtlos zu fühlen. In meinen Gedanken war ich ein Niemand, und ein Niemand ist verletzlich gegenüber jeder Art von schlechter Behandlung. Um mich sicher zu fühlen, musste ich ein Jemand werden. Und genau das war mein unterbewusster Entschluss. In meiner Teenager-Welt war ein Jemand ein Typ in der Welt des Unterhaltungsmetiers – Schauspieler, Sänger, Schriftsteller. Und so erschuf meine Psyche eine Schriftstellerin: eine Identität, die alles daransetzte, Ruhm und Reichtum zu erlangen. Sie war bereit für einen Neustart, einen, der nicht beeinflusst war von der Last der Vergangenheit.

In einer Sitcom mag dieser Plan funktionieren. Aber in der realen Welt lassen sich Traumata nicht so leicht bewältigen. Gewalt verlangt einen psychologischen Preis von ihren Opfern. Und wenn viel Gewalt erfahren wurde, sind die Kosten besonders hoch. Wenn man die glücklichen Gesichter der Menschen sieht, die gerade Gewalttaten entkommen sind – Entführungsopfer, Holocaust-Überlebende, Soldaten, die aus dem Krieg zurückkehren –, so steht ihr Lächeln nur am Anfang eines langen Weges. Es zeigt die Erleichterung, bevor die Wirklichkeit sie einholt.

Und die Wirklichkeit ist die: Gewalt verändert eine Person dauerhaft, tiefgründig und existenziell. Wenn man einmal die schrecklichen Dinge erlebt hat, die ein Mensch anderen zufügen kann, fällt es schwer, jemals wieder jemandem zu vertrauen. Wenn man dem Tod einmal in die Augen geblickt hat, fühlt man sich nie wieder sicher. Und wenn man einmal erfahren hat, dass es so etwas wie Gewalttaten gibt, dann zerstört diese Erkenntnis den Glauben eines Menschen an Gott und die Menschlichkeit. Eine Folge dieser düsteren Weltsicht ist, dass Menschen mit vorhersehbaren Symptomen aus einem Trauma hervorkommen. Sie kapseln sich ab. Sie fühlen sich ständig bedroht und befürchten, dass das Leben keinen Sinn hat.

Sosehr ich mir auch wünschte, mich wie durch ein Wunder in eine sorglose Universitätsstudentin zu verwandeln – davon war ich weit entfernt. Die Probleme wurden mit dem Moment akut, in dem ich mein Studentenzimmer betrat, einen lachhaft kleinen Raum, nicht gebaut für die drei Mädchen, die ihn sich teilen sollten. Da ich die Letzte war, die dort eintraf, war ich gezwungen, mit dem oberen Etagenbett vorliebzunehmen. Das normale Bett – schon von dem Mädchen, das zuerst eingezogen war, in Beschlag genommen – war gegen das einzige Fenster gerückt. Ich hätte ohne Blick nach draußen leben und mich auch mit dem oberen Etagenbett anfreunden können. Was ich jedoch nicht ertrug, war der Fernseher meiner Mitbewohnerin. Von dem Moment, in dem ich das Zimmer betrat und den Lärm aus dem Lautsprecher vernahm, verlor ich jeglichen Mut. Mein Magen krampfte sich zusammen.

Ich wusste bereits, dass ich Fernseher hasste. Zu Hause ließ meine Mutter das Gerät nonstop laufen. Der ewige Lärm regte mich auf, besonders, wenn ich schlafen wollte, und ich bat sie oft, das blöde Ding auszumachen. Aber ich empfand nicht nur Irritation, als ich an diesem ersten Tag das Zimmer betrat: Ich hatte das Gefühl, die Wände würden auf mich einstürzen. Mein Herz klopfte; mein Körper zitterte. Ich fühlte Übelkeit in mir aufsteigen. Ich ließ meine Taschen fallen und verließ den Raum, so schnell ich konnte.

In den ersten paar Wochen an der Uni mied ich das Zimmer, so gut ich konnte. Ich hielt mich in dem Aufenthaltsraum oder dem Waschraum oder in den Fluren auf – wo immer ich zur Ruhe kam. Das Problem war: Der Lärm des Fernsehers war nicht das Einzige, was mich wahnsinnig machte. Ich konnte in der Cafeteria sein, auf der Straße, und auf einmal fuhr ich, unerwartet, wie es schien, regelrecht aus der Haut. Ich atmete schneller. Mein Blickwinkel verengte sich. Meine ganze Welt wurde dunkel, so als würde mich eine drohende Wolke umgeben.

Ich verstand zu dem Zeitpunkt nicht, was passierte, und auch viele Jahre später nicht. Aber was ich fühlte, waren Angstzustände – so stark, dass sie sich oft zu länger andauernden Panikattacken auswuchsen. Das fehlende Wissen darüber, warum oder wann diese Anfälle auftreten würden, versetzte mich in Schrecken. Ich ertappte mich dabei, dass ich alles nur Erdenkliche unternahm, um sie zu vermeiden. Das bedeutete, dass ich mein Leben drastisch einschränkte. Ich konnte keinen Clubs beitreten. Ich konnte auf keine Partys gehen. Ich konnte, verdammt noch mal, nur mit Mühe an den Seminaren teilnehmen! Meine Schwierigkeiten, mich einzuleben, ließen jede Hoffnung auf eine Zukunft schwinden. Ich fiel in eine selbstzerfleischende Depression.

Was ich da erlebte, waren die klassischen Symptome einer posttraumatischen Belastungsstörung (PTBS), also einer jener Störungen, die beispielsweise Soldaten aus dem Krieg mitbringen. Auch ich hatte einen Krieg durchgemacht: einen Krieg an der häuslichen Front. PTBS ergab also durchaus Sinn. Ich wusste aber nicht, dass ich einen Krieg durchlebt hatte. Ich litt immer noch unter einer durch das Trauma hervorgerufenen Amnesie. Anstatt also die Auswirkungen des Missbrauchs zu erkennen, dachte ich einfach nur, ich sei verrückt.

Mit der Zeit zwang mich meine Unfähigkeit, mein Zimmer

mit anderen zu teilen, mein Bett im Studentenwohnheim der New York University aufzugeben und in ein Hotel zu ziehen, das die Uni fast dreißig Blocks vom Campus entfernt angemietet hatte. Das Hotel Seville lag in einem unangenehmen Viertel mit Drogensüchtigen und Prostituierten. Aber dort hatte ich endlich mein eigenes Zimmer.

Ich dachte, es wäre einfacher, allein zu leben, und in gewisser Weise war es das auch. Ich musste mich nicht mit dem Lärm des Fernsehers herumschlagen oder mit dem Kaugummiblasen meiner Zimmergenossinnen. Das Hotel, das gerade umgebaut wurde, war fast leer, sodass es keine lauten Partys gab und auf den Fluren kaum geredet wurde. Solange ich allein war in meinem Zimmer, fühlte ich mich ziemlich sicher.

Leider drängte sich mit dem Rückgang der Ängste die Depression in den Vordergrund. Wie konnte es auch anders sein, wenn ich den ganzen Tag allein in meinem miesen Hotelzimmer saß? Ich hatte keine Freunde zu Hause, die ich hätte anrufen können, und keine Familie. Es gab keine frühmorgendlichen Gänge, um in der Cafeteria des Studentenwohnheims Kaffee zu holen, und keine nächtlichen Unterhaltungen mit Kommilitonen. Ich saß in meinem Hotelzimmer und fühlte mich leer, verloren und ohne jede Hoffnung. War das die großartige Unierfahrung in New York, die ich mir erträumt hatte? War das meine große Flucht? All die Motivation und die Entschlossenheit, die ich aufgebaut hatte, um von Gary wegzukommen, waren verschwunden. Ohne seine Kontrolle fühlte ich mich wie eine leere Hülle.

Ich brauchte etwas, um meine Zeit zu füllen. Ich brauchte Vergnügungen. Trost. Und ich fand all dies im Essen. Es gab einen Vierundzwanzig-Stunden-Kiosk gegenüber vom Hotel. Er war angefüllt mit Keksen, Süßigkeiten, Eis, Kuchen. Zuerst kaufte ich die Sachen, weil ich Hunger hatte. Dann begann ich sie zu kaufen, weil ich allein und mir langweilig war. Aber nachdem ich eine ganze Packung Wiener Gebäck an nur einem Tag verschlungen hatte, stellte sich die altbekannte Panik wieder ein. Ich hatte Angst, dass ich zunehmen würde. Also ging ich ins Bad, hielt meinen Kopf über die Kloschüssel und steckte mir den Finger in den Hals. Ich erbrach die Kekse, und die Panik verschwand.

Fast unmittelbar wurde das zu einer täglichen Routine. Zuerst zwei Mal am Tag. Doch dann wurde beinahe der ganze Tag zu einem einzigen Zwangsessen. Ich ging zum Kiosk, holte das Essen, brachte es in die Privatsphäre meines Zimmers, stopfte es schnell und methodisch in meinen Mund, wartete auf das Gefühl der Übelkeit, und dann ging ich und erbrach alles. Erschöpft schlief ich danach ein paar Stunden und wiederholte dann die Prozedur. So verbrachte ich meine Tage im ersten Studienjahr. Ich sicherte mir eine Möglichkeit, meine Zeit zu füllen, und gestattete mir, den tieferen Hunger in mir zu überdecken.

Es war jedoch kein Patentrezept. Ich kämpfte immer noch gegen Ängste und Depressionen an – aber ich hatte keine Worte für das, was ich fühlte. Keine Eigenwahrnehmung. Ich wusste nur, dass ich mich mies und verloren fühlte. Zudem legte ich an Gewicht zu und schwänzte die Seminare. In meiner verzweifelten Suche nach Hilfe machte ich einen Termin mit der psychiatrischen Abteilung des medizinischen Dienstes an der New York University. Nach einem kurzen Gespräch sagte mir eine Dame in einem winzigen Zimmer, ich hätte Bulimie. Ich hatte eine vage Idee von dem Begriff, aber ich hatte keine Ahnung, dass es mich betraf. Wie gesagt, keine Eigenwahrnehmung. Sie teilten mich einer Gruppe zu, die sich mit Essstörungen befasste.

Gruppen waren jedoch nicht mein Ding. Überhaupt waren Menschen nicht mein Ding damals, insbesondere Mädchen meines Alters. Ich wusste nicht, wie ich mich ihnen und ihren Scheinwelten der weißen Mittelschicht gegenüber verhalten sollte. Wenn sie über die Scheidung von Mami und Papi heulten oder darüber, dass der Ballettlehrer sie fett nannte, konnte ich nur mit den Augen rollen. Ich hatte so viel Gewalt und Entbehrung erlebt, dass die Probleme von normalen Leuten mir fremd waren.

Du bist traurig, dass Papi dich nicht mehr so oft anruft, seit er eine neue Familie hat? Denk dir mal, wie es ist, gar keinen Vater zu haben, nicht mal auf deiner Geburtsurkunde. Es regt dich auf, dass Mami dir die Luft abschnürt? Stell dir mal vor, wie es wäre, eine Mutter zu haben, die dir Schuhe an den Kopf wirft.

Ich verstehe jetzt, dass ich sehr herzlos war. Niemand hatte mir jemals Verständnis entgegengebracht, und so war ich auch nicht fähig, es für andere aufzubringen. Stattdessen fühlte ich nur Eifersucht, Wut und Verachtung für diese Mädchen und ihre perfekten kleinen Lebensumstände. Ich fühlte auch Scham, weil ich im tiefsten Innern wusste, dass mit mir sehr viel mehr nicht in Ordnung war als mit all den anderen in dieser Gruppe. Meine Familie, meine Lebenserfahrungen, meine psychischen Probleme waren so extrem, dass ich mich wie eine Außerirdische fühlte. Die anderen Mädchen begannen sich untereinander anzufreunden, und es ging ihnen besser. Ich wurde einfach nur noch depressiver.

Der Moderator der Gruppe bemerkte dies. Dr. Taylor war Psychiater in Bellevue und arbeitete auch an der Universität in New York. Ich weiß nicht, was ihn speziell dazu gebracht hat, auf mich aufmerksam zu werden. Aber eines Tages zog er mich zur Seite und sagte, die Gruppe funktioniere nicht für mich. Er bot mir eine separate Psychotherapie an. Sicher. Warum nicht? Er schien ein netter Mann zu sein. Ein paar Tage später lief ich die East 29th Street hinunter zu dem berühmt-berüchtigten psychiatrischem Krankenhaus Bellevue.

Bellevue, circa 1986. Was soll ich sagen? Es ließ das Setting von *Einer flog über das Kuckucksnest* wie einen Urlaubsort erscheinen. Von außen war es ein altes gotisches Gebäude. Die dreckigen

Fenster waren mit Metallstäben versehen, und der Ruß klebte eineinhalb Zentimeter dick an den bröckelnden Wänden. Es sah aus, als wäre es, seit es zweihundert Jahre zuvor gebaut worden war, nicht mehr gereinigt worden. Zudem hatte sich niemand um das Grundstück gekümmert. Die kümmerlichen Hecken waren entweder überwuchert oder abgestorben, und es gab mehr Unkraut als Zement auf dem Weg. An der Seite des Gebäudes fand ich ein kleines, unscheinbares Schild mit der Aufschrift *Ambulante Behandlung*. Ich trat ein und fand mich in einem schlecht beleuchteten Warteraum mit flackernden Leuchtstofflampen, kaputten Plastikstühlen und einem rissigen Linoleumboden wieder. Wie in einem Horrorfilm. Einige Frauen, die wie Krankenschwestern aussahen, saßen hinter kugelsicherem Glas. Sie gaben mir ein paar Formulare zum Ausfüllen und sagten, dass ich sieben Dollar zahlen sollte. Ich setzte mich auf einen der Plastikstühle. Vor mir saß eine Frau mit wirren Haaren, die offenbar eine Unsichtbare anschrie. Zu meiner Rechten war ein etwa zwanzigjähriger Typ, der zuckte und nach Urin roch. Für ein Mädchen vom Land war Bellevue ein Schock.

Scheiße, dachte ich. *Wenn ich hier gelandet bin, muss ich wirklich verrückt sein.*

Nach geraumer Zeit kam Dr. Taylor heraus, um mich zu holen. Ich folgte ihm durch den übel riechenden Flur in sein Büro. Ich weiß nicht mehr, worüber wir sprachen, nur dass es unangenehm war. An einem Punkt sagte er mir, dass ich mich »traurig« fühlte. Das waren Neuigkeiten für mich. Ich meine, ich wollte nicht anfangen zu weinen oder so was. Mein Problem war, dass ich *nichts* fühlte. Aber er sagte, dass ich depressiv sei, und verschrieb mir das Antidepressivum Imipramin. Nachdem ich mein Medikament in der Apotheke in Bellevue abgeholt hatte, ging ich zurück in mein Hotel und ging auf dem Weg dorthin bei dem Kiosk vorbei. Ich nahm eine Tüte voll Junkfood mit auf mein Hotelzimmer, aß alles auf und erbrach es.

In den folgenden Tagen wiederholte ich die Prozedur. Der einzige Unterschied waren die kleinen weißen Pillen, die ich nun brav einnahm.

Ich ging dazu über, Dr. Taylor regelmäßig zu konsultieren. Einmal die Woche machte ich mich auf den Weg zur First Avenue für unsere fünfzigminütige Sitzung. Ich kann mich um nichts in der Welt erinnern, worüber wir gesprochen haben. Über die Uni, nehme ich an. Die Bulimie. Wir hätten über den Missbrauch reden sollen, den ich erlitten hatte. Aber leider konnte ich nicht über etwas reden, an das ich mich nicht erinnerte. Ich zeigte alle Symptome von Missbrauch – Ängste, Depression, Probleme mit meinem Selbstbewusstsein, Probleme mit Vertrauen, Essstörungen –, hatte aber nicht die geringste Idee, warum das so war.

Solange meine Psyche sich dem Selbstbetrug hingab, war Psychotherapie sinnlos. Es gab nichts, worüber man reden konnte. Nichts Reales zumindest. Und so sehr sich Dr. Taylor auch bemühte, er konnte keinen Weg zu meinem Inneren finden. Ich konnte das nicht zulassen, denn in meinem Unterbewusstsein war mir klar, dass ich das, was wir dort finden würden, nicht ertragen konnte.

Dennoch ging ich weiterhin zu den Terminen. Ich nahm weiterhin die Pillen ein. Und sehr langsam veränderte sich etwas.

Leider wurde es schlimmer.

Im Herbst war ich panisch und fühlte mich verloren. Im Frühling fühlte ich mich dem Selbstmord nahe. Ich weiß nicht, ob es die Tabletten waren oder die Therapie oder was es war, aber alles schien den Bach runterzugehen. Ich aß ständig wie im Zwang und erbrach es wieder. Ich verließ so gut wie nie mein Zimmer, was meine Noten in den Keller fallen ließ. Ich hatte praktisch keine sozialen Kontakte und nicht den geringsten Ehrgeiz. Warum sollte ich mir Ziele setzen? Egal, was ich versuchte, alles war scheiße.

Wie so viele Leute, die gefangen gehalten wurden, verbrachte ich meine Zeit damit, von Flucht zu träumen. In meinen Fantasien war die Freiheit leicht und wundervoll und perfekt, aber das war alles nur Wunschdenken. Wenn Menschen in einer lang anhaltenden Krise stecken – Krieg, Sklaverei, häusliche Gewalt, Entführungen –, sind sie gezwungen, sich auf das Überleben zu konzentrieren. Um die Kraft aufzubringen, am Leben zu bleiben und der Gefahr zu entkommen, müssen sie glauben, dass die Flucht ihnen uneingeschränktes Glück bringt. Was wir uns nicht vorstellen können, ist, wie schwer es sein wird, sich wieder in eine Welt mit normalen Menschen einzugliedern. Mit Menschen, die nicht verstehen, was wir durchgemacht haben. Ebenso ist es uns nicht möglich, zu begreifen, bis zu welchem Grad die Krise uns verändert und beschädigt hat. Wenn uns dämmert, dass das Leben nach dem Trauma genauso schwer oder schwerer sein kann als das Leben während des Traumas, ist unsere Vision des sorglosen Glücks zerschmettert. Und dann kann eine tiefe, unstillbare Hoffnungslosigkeit einsetzen.

Mit vierzehn hatte ich dramatische Selbstmordgedanken gehabt. Es gab eine Reihe zwielichtiger Zeichnungen und morbider Gedichte, viel Herumhängen in Korridoren. Ich hatte verzweifelt um Hilfe gerufen damals, in der Hoffnung, dass mich jemand bemerken würde. Mit achtzehn war die Erfahrung eine andere. Auf jeden Fall hatte ich mich komplett verändert. Ich konnte mich so weit belügen, dass ich glaubte, es sei allen egal, ob ich lebte oder tot war. Deshalb behielt ich meine Nöte für mich. Ich sagte Dr. Taylor nicht, wie ich mich wirklich fühlte. Ich sagte ihm nicht, dass ich stundenlang im Dunkeln nur dalag und mir vorstellte, wie es wäre, wenn ich nicht existieren würde. Ich sagte ihm nicht, wie oft ich die kleinen weißen Pillen, die er mir gab, zählen würde, nur um sicher zu sein, dass ich noch genug davon hatte.

Als der Frühling sich dem Ende zuneigte, wusste ich, dass

meine Zeit ablief. Das Semester war bald zu Ende, und ich hatte keine Unterkunft für den Sommer organisiert. Das bedeutete, dass ich nach Hause musste, nach New Jersey. Zu meiner Mutter. Zu Gary. Mir wurde schlecht, wenn ich nur daran dachte. Das Einzige, was mich tröstete, war die Tatsache, dass ich während meiner Jahre in der Highschool hart daran gearbeitet hatte, eine der Scheunen im Garten meiner Eltern zu renovieren. Der zweistöckige Bau war einst für Heu und Geräte vorgesehen gewesen und ziemlich marode. Da ich Privatsphäre und meinen Frieden wollte, hatte ich mich auf eigene Kosten ins Zeug gelegt, ihn umzubauen. Mit der Hilfe von ein paar handwerklich geschickten Freunden installierte ich Gipskartonplatten und verlegte einen Teppich. Ich kaufte mir sogar eine kleine Schlafcouch und eine Klimaanlage, damit ich dort übernachten konnte.

Schon als ich meine Habseligkeiten zusammenpackte und den Bus nach New Jersey bestieg, wusste ich, dass es ein schwieriger Sommer werden würde. Seit ich in New York war, hatte ich kaum mit meiner Mutter oder Gary gesprochen, ein Schweigen, das uns allen nur recht war. Das Einzige, was den Sommer erträglich machen würde, war die Erkenntnis, dass ich nicht wirklich mit ihnen leben würde. Ich würde in meiner kleinen Scheune leben. Allein. In Sicherheit.

Als ich zu der Scheune kam, erwartete mich jedoch eine böse Überraschung. Meine Mutter war schon immer ein Messie gewesen, und jetzt hatte sie das ganze Gebäude mit Gerümpel angefüllt. Alte Möbel und verstaubte Kartons stapelten sich vom Boden bis zur Decke. Meine Mutter wusste, was die Scheune mir bedeutete; sie wusste, wie viel Zeit und Geld ich darin investiert hatte. Sie wusste, dass ich dort wohnen wollte. Aber es kam keine Vorwarnung ihrerseits über den Zustand der Scheune. Es war ein Spiel – ihre Art, mir zu sagen, dass sie froh war, mich los zu sein, und mich nicht zurückhaben wollte.

Es gab jedoch keinen anderen Ort, an den ich hätte gehen können. Ich fühlte mich gefangen und war verzweifelt – keine gute Konstellation, wenn man depressiv ist. Ich rannte ins Haus und verlangte von meiner Mutter, dass sie ihre Sachen rausräumte. Mit selbstgefälliger Zufriedenheit weigerte sie sich, dies zu tun. Vollkommen verzweifelt bettelte und flehte ich sie an. Tränen strömten über mein Gesicht, als ich meine Mutter um Mitleid bat. Die Szene glich jener zehn Jahre zuvor, als ich acht war und meine Mutter anflehte, nicht mit Gary zusammenzuziehen. Sie ignorierte mich, wie sie es auch damals getan hatte, mit einem verachtungsvollen Blick: *Wie kannst du es wagen, mich in Unannehmlichkeiten zu stürzen!*

Aufgelöst, wütend und trotzig nahm ich meine Tasche und holte die Imipramin-Tabletten heraus, die ich mitgebracht hatte. Im Bruchteil einer Sekunde öffnete ich die Flasche und schluckte den gesamten Inhalt vor den Augen meiner Mutter hinunter.

Ich nehme an, eine Menge Gefühle gehen durch den Kopf einer Mutter, wenn sie ihre Tochter eine tödliche Dosis Pillen schlucken sieht. Schock. Panik. Horror. Unglaube. Verzweiflung.

Meine Mutter war vor allem verärgert. Mit einer abfälligen Bemerkung über meine Bulimie forderte sie mich auf, die Pillen zu erbrechen. Ich weigerte mich, sie wieder hochzubringen. Ich wollte nicht. Ich wollte nicht mehr leben. Frustriert wandte sie sich an Gary, der die Szene von seinem Sessel aus ruhig beobachtet hatte, und sagte ihm, dass er mich in die Notaufnahme fahren sollte. Gary weigerte sich. »Wenn jemand sich umbringen will, dann soll man ihn gewähren lassen.«

Immer noch wütend griff meine Mutter nach ihren Schlüsseln und sagte mir, ich sollte ins Auto steigen. Ich war schon zu schwach auf den Beinen, als dass ich mich noch hätte widersetzen können. An die Autofahrt erinnere ich mich überhaupt nicht; ich nehme an, dass ich schon bewusstlos war, als ich in die Notaufnahme kam.

Dann erlitt ich einen Herzstillstand und war klinisch tot. Anders als die harmlosen rezeptfreien Schlaftabletten, die ich fünf Jahre zuvor genommen hatte, ist Imipramin ein traditionelles und starkes Antidepressivum, das durchaus tödlich sein kann. Wäre ich nicht in der Notaufnahme gewesen, als die Wirkung anschlug, dann könnte ich heute nicht mehr von diesen Begebenheiten erzählen. Ich bin den Ärzten, die mich wiederbelebt haben, heute sehr dankbar. Aber damals war ich es nicht. Als ich in der Intensivstation aufwachte, riss ich als Erstes den Infusionsschlauch aus meinem Arm.

Ich wollte noch einmal sterben.

Am 21. Februar 1944 wurde ein vierundzwanzigjähriger Chemiker in einem Transport mit sechshundertfünfzig italienischen Juden nach Auschwitz deportiert. Elf Monate später, als das Lager befreit wurde, waren sechshundertzwanzig von ihnen tot. Durch pures Glück überlebte der Chemiker, und innerhalb weniger Monate kehrte er in sein altes Leben zurück. Weder seine Familie noch sein Besitz waren verloren, was es dem jungen Mann erlaubte, sein altes Leben zügig wieder aufzunehmen. Er heiratete, hatte Kinder und konnte im Alter auf eine einunddreißigjährige Karriere in der Chemie zurückblicken. Oberflächlich betrachtet, überlebte Primo Levi nicht einfach nur, er führte ein ausgesprochen erfolgreiches Leben.

Trotz alledem ging die Erfahrung von Auschwitz an dem Chemiker, der ein weltberühmter Autor werden sollte, nicht spurlos vorüber. Er brachte eine Dunkelheit mit zurück, die ihn sein ganzes Leben lang begleiten sollte – und es wohl letztlich auch beendete.

In seinen autobiografischen Werken *Ist das ein Mensch?* und *Die Atempause* thematisiert Levi die Dunkelheit, indem er den Horror des Holocaust und dessen Folgen beschreibt. Fast alles, was

Levi in den folgenden vierzig Jahren schrieb, behandelte seinen Aufenthalt in dem Lager. Das Trauma, das er als junger Mann erleiden musste, beschäftigte und beunruhigte ihn eindeutig weiterhin, und vierzig Jahre nach Kriegsende begann er schließlich an starken Depressionen zu leiden. Er litt sicherlich auch noch an dem Tag daran, an dem er sich das Leben nahm   jedenfalls wird vermutet, dass es sich um einen Freitod handelte, als er in einen Treppenschacht stürzte. Es gibt sehr viele Gründe, warum sich ein Mensch das Leben nimmt, aber Levis Familie und Freunde glauben bis heute, dass er nie dazu fähig war, die Dunkelheit des Holocaust vollkommen abzuschütteln. Ein weiterer Überlebender, Elie Wiesel, bemerkte: »Primo Levi starb in Auschwitz mit vierzig Jahren Verzögerung.«

Es scheint widersprüchlich, dass jemand sich bemüht, ein Todeslager zu überleben, um dann nach der Befreiung seinem eigenen Leben ein Ende zu setzen. Dennoch ist dies ein häufiges Phänomen. Unter der älteren Bevölkerung sind Holocaust-Überlebende drei Mal so stark gefährdet, sich das Leben zu nehmen, wie ihre Zeitgenossen. Und die Liste der bekannten Holocaust-Überlebenden, die sich das Leben genommen haben, ist lang. Art Spiegelman der die Graphic Novel *Maus* geschrieben hat, verlor seine Mutter durch Suizid. Später, als er versuchte, den Tod seiner Mutter zu verstehen, besuchte er den Psychiater und Überlebenden Paul Pavel, der ihm sagte: »Das Einzige, was ein Überlebender tun kann, ist, sich selbst zu töten ... Nach dem Optimismus der Befreiung versagt jeder andere Optimismus.«

Ich teile zwar nicht die Meinung, dass die Selbsttötung das Einzige ist, was einem Überlebenden zu tun bleibt, aber ich weiß doch aus eigener Erfahrung, dass Trauma-Überlebende sich oft sehr stark von Suizidgedanken angezogen fühlen. Man geht durch ein Trauma, speziell durch ein lang anhaltendes Trauma, und kommt am Ende mit einer gewaltigen Ansammlung von Symptomen heraus, die die Zeit nach der Befreiung zur Hölle auf Erden machen kann. In den meisten Fällen ist das so, weil der Körper nicht mehr dazu in der Lage ist, sich zu beruhigen, wenn die Gefahr vorüber ist. Stattdessen verbleibt man in einem Zustand der Hyperwachsamkeit, ständig in Erwartung des nächsten Angriffs.

Man erschrickt leicht, speziell über Dinge, die einen an das ursprüngliche Trauma erinnern (Beispiele dafür sind Kriegsveteranen, die sich ducken und in Deckung gehen, wenn ein Auspuff knallt). Und man leidet an Schlaflosigkeit aufgrund der fehlgeleiteten Bemühungen, in ständiger Bereitschaft zu bleiben. Da man ständig angespannt ist, ist es kein Wunder, dass man emotional erschöpft ist, was einen unleidlich macht, ausgrenzt und das Interesse an Dingen verlieren lässt, die einmal Spaß gemacht haben. Zusätzlich hält der Verstand an den schrecklichen Dingen fest, die einem zugestoßen sind. Daraus entstehen beunruhigende Erinnerungen, Albträume und angsterregende Flashbacks, in denen die Ereignisse erneut aufflammen. Natürlich versucht man, diese verstörenden Erinnerungen zu verdrängen, was dazu führt, dass man nicht über diese Erfahrungen nachdenkt oder spricht. Aber Verdrängung verstärkt die Symptome nur.

Es versteht sich von selbst, dass die Reaktion auf Traumata unterschiedlich ausfällt. Manche Menschen erleiden nur milde Effekte eines traumatischen Ereignisses, andere sind fürs Leben gezeichnet.

Warum bedingt ein Trauma lang anhaltende Effekte für einige und wenig bis gar keine Symptome für andere? Wichtige Faktoren sind das Alter, der Hintergrund und die Bewältigungsstrategien der Opfer. Es ist außerdem nicht überraschend, dass die Art des jeweils erlittenen Traumas einen Unterschied macht. Es gibt keine Zauberformel, um so etwas zu messen, aber in der Regel kann man sagen, dass die Auswirkungen umso ernster sind, je schlimmer das Trauma war. Naturkatastrophen sind normalerweise leichter zu bewältigen als Gewalt, und ein einzelnes Gewaltereignis (z. B. eine Vergewaltigung) scheint weniger schädlich zu sein als über längere Zeit wiederholte Ereignisse (z. B. sexuelle Sklaverei).

Ein lang anhaltendes und wiederkehrendes Trauma – die Art, wie sie bei Kriegen, Gefangenschaft, Entführungen, Sekten, häuslicher Gewalt, Kindesmissbrauch und anhaltendem sexuellen Missbrauch auftritt – ist in der Regel das schädlichste Trauma. Denn anders als in einzelnen Episoden von Gewalt werden die Opfer lang anhaltender und wiederkehrender Gewalt immer wieder angegriffen. Wer überfallen wird, kann zu Tode erschrocken sein, hat aber die Möglichkeit, zu entkommen, sich mit engen Bezugspersonen in Verbindung zu setzen und am Ende wieder ein Gefühl der Sicherheit zu gewinnen. Für jene, die ein lang anhaltendes Trauma erfahren, *gibt es keine Sicherheit.* Es gibt nur die konstante Bedrohung durch noch mehr Verletzungen und möglicherweise den Tod. Das Ergebnis ist, dass diese Opfer (Soldaten sind häufig betroffen) immer in Bereitschaft sind. Angst wird zur neuen Normalität, und sie verschwindet sehr selten, wenn die Gefahr vorbei ist. Sie bleibt im Unterbewusstsein der Überlebenden, bedingt dadurch, dass sie sich immer in Gefahr wähnen. In ihren Anstrengungen, ein Gefühl der Sicherheit herzustellen, schränken die Überlebenden ihre Umgebung, Beziehungen und Aktivitäten ein. Sie ziehen sich zurück, werden neurotisch, neuen Erfahrungen gegenüber weniger offen und weniger umgänglich. Kurz gesagt, ein langwieriges Trauma kann die Persönlichkeit des Opfers verändern.

Da mein Missbrauch in einem so jungen Alter begann, ist es schwer zu sagen, inwieweit das Trauma meine ureigene Persönlichkeit verändert hat oder nicht. Was ich weiß, ist, dass ich bis zum Eintreten der Pubertät schon die klassischen Symptome eines lang anhaltenden Missbrauchs aufwies. Die schwere Depression, unter der ich im Alter von dreizehn Jahren zu leiden begann, tritt zum Beispiel bei Jugendlichen und Erwachsenen mit dem Hintergrund einer sexuellen Misshandlung recht häufig auf. Selbstmordabsichten und Selbstmordversuche kommen viel häufiger vor bei Menschen, die missbraucht worden sind. Bulimie, auch wenn sie nicht speziell als eine Auswirkung von Trauma aufgelistet ist, wird sehr stark mit sexuellem Missbrauch in Verbindung gebracht. Und ich bezweifle allemal, dass ich eine dissoziative Identitätsstörung und dissoziative Amnesie entwickelt hätte, wenn ich nicht diese schrecklichen Erinnerungen hätte verdrängen müssen.

Ängste sind nicht so leicht auf Traumata zurückzuführen. Ungefähr 19 Prozent der US-Amerikaner leiden unter einem diagnostizierbaren Angstzustand, was diese Diagnose zum bisher größten Problem der Psychiatrie macht. Der Grund dafür ist einfach: Wir sind genetisch darauf programmiert, Ängste zu entwickeln. Es war immerhin unser neurotischer Höhlenmensch-Ahn, der den Säbelzahntiger früh genug bemerkte, um vor ihm wegzurennen! Unsere Gehirne sind darauf programmiert, ständig bereit zu sein, um einer Gefahr zu begegnen. Der Vorgang ist so automatisiert, dass wir erst einmal zurückspringen vor einer vermeintlichen Schlange auf dem Boden, bevor unsere Großhirnrinde aufnimmt, dass es sich nur um ein Seil handelt. Uff! Und wir sind nicht nur darauf programmiert, ständig nach potenziellen Gefahren zu suchen, sondern auch darauf, diese Gefahren für immer im Gedächtnis zu behalten. Deshalb können wir nie wieder Pfirsichschnaps trinken, wenn uns an der Uni davon schlecht wurde! (Hier gehe ich lieber nicht ins Detail.)

Bei auf Angst programmierten Säugetieren, wie wir es sind, ist es nicht verwunderlich, dass wir leicht bestimmten Ängsten verfallen. Für viele, sehr viele Menschen ist die Entwicklung von Neurosen ein Geburtsrecht. Für andere sind Angststörungen jedoch ein direktes Ergebnis von Traumata, und zwar auf dem Weg der klassischen Konditionierung. Die meisten Menschen kennen die klassische Konditionierung durch die Arbeit von Iwan Pawlow, dem Mann, der entdeckte, dass er Hunde dazu bringen konnte, auf ein Signal hin Speichel abzusondern. Speichelabsonderung ist die automatische Reaktion eines Körpers auf den Anblick oder den Geruch von Nahrung – so wie Angst die automatische Reaktion des Körpers auf Gefahr ist. Pawlow fand heraus, dass Hunde, wenn er zur Fütterungszeit ein bestimmtes Geräusch machte, lernten, dieses Geräusch mit dem Futter zu verbinden. Mit der Zeit sonderten die Hunde Speichel ab, wenn sie das Geräusch hörten, selbst wenn es kein Futter gab.

Dasselbe passiert im Verlauf eines Traumas. Während wir panische Angst haben, neigt unser Verstand dazu, nicht nur die Gefahr aufzunehmen, sondern auch alles andere, was mit dem Moment zusammenhängt. Unser Gehirn erinnert sich an »alles andere« als gefährlich und sagt unserem Körper, dass er in ähnlichen Situationen genauso reagieren soll. War jemand im Dunkeln gefesselt, wird er, wenn er zum Beispiel allein einen unbeleuchteten Seitenweg entlangläuft, sicher wieder Angst davor haben, gefesselt zu werden. Er wird sich vor dem Anblick und dem Geräusch einer Waffe fürchten sowie auch vor allem, was sich anhört wie eine Waffe. Zusätzlich wird man wahrscheinlich die Gefahr verallgemeinern und alles darin aufnehmen, was einen an die Angriffe erinnert – Seitenwege, Alleinsein, die Dunkelheit. Man kann sogar Angst bekommen vor etwas so scheinbar Harmlosem wie einer Mauer (ähnlich der in dem Seitenweg) und Neonschildern (wie jene, die man in der Ferne gesehen hat, bevor man das Bewusstsein verlor).

Eine Gewalttat kann natürlich eine Vielzahl an Angstauslösern für das Opfer bewirken: Auslöser, die letztlich in Ängsten und Phobien enden. Leider bedeutet das für das Opfer, dass es exponentiell mehr Gefahrenauslöser gibt, mit denen es sich befassen muss.

Die chronischen Angstzustände, die mir an der Uni an mir selbst auffielen, waren das direkte Ergebnis solcher Auslöser. Da ich von so vielen unterschiedlichen Männern auf so unterschiedliche Art an so unterschiedlichen Orten und über einen so langen Zeitraum hinweg missbraucht worden war, hatte mein Gehirn gelernt, so ziemlich alles zu fürchten.

Das Geräusch des Fernsehers rief zum Beispiel Panik in mir hervor, weil die Kerle oft den Fernseher dazu nutzten, die Geräusche zu übertönen, wenn sie mich in Motelzimmern vergewaltigten. Ich konnte auch in Panik geraten, wenn ich den Verkehr auf einer Durchgangsstraße hörte (der in die Motelzimmer drang). Oder Stereomusik (welche auf Sexpartys lief). Angst stieg in mir auf, wann immer ich ein Motelzimmer oder ein Einkaufszentrum betrat. Am schlimmsten waren die Panikattacken, die mich jeden Tag in der Dämmerung befielen, denn das war gewöhnlich die Tageszeit, wenn Gary mich sexuell misshandelte.

Angesichts der vielen unbewussten Angstauslöser in meinem Kopf ist es kein Wunder, dass ich mich in einem ständigen Zustand von Panik befand. Da ich eine komplette Amnesie hatte, was die Misshandlung betraf, war ich mir jedoch nicht darüber bewusst, dass Ängste von externen Stimuli erzeugt wurden. Im Gegenteil, ich wusste nicht, warum ich mich so fühlte, warum ich immer so schreckhaft war, und auch nicht, wie ich dies kontrollieren konnte. Meine Lösung war, jeden Stimulus, so gut es ging, abzublocken, indem ich totale Kontrolle über meine Umgebung gewann. Deshalb entschied ich mich dafür, allein im Hotel und nicht in dem Dreibettzimmer auf dem Campus zu leben. Dies ist auch der Grund dafür, dass ich den Sommer über unbedingt allein in meiner Scheune leben musste.

Was ich hier beschreibe – Bedrängnis beim Erleben von Trauma-Stimuli, gefolgt von dem krampfhaften Bedürfnis, diese Stimuli zu meiden –, entspricht der klassischen Definition einer posttraumatischen Belastungsstörung. Da ich jedoch keine bewusste Erinnerung daran hatte, traumatisiert worden zu sein, konnte ich meine Ängste nicht mit der Misshandlung in Verbindung bringen. Stattdessen schrieb ich meine Trauma-Symptome angeborenen Charakterfehlern zu. Ich dachte von mir selbst, ich sei übernervös, überempfindlich und ein Kontrollfreak. Diese negativen Bewertungen wurden mir auch von meiner Familie suggeriert, wenn sie mich beschrieb. Da ich häufige emotionale Aussetzer hatte, die von scheinbar harmlosen Trauma-Stimuli hervorgerufen wurden, wurde ich als »launisch« abgestempelt. Meine verzweifelten Versuche, mein Befinden von außen zu regulieren, so wie beispielsweise die Forderung, in der Scheune schlafen zu können, oder dass der Fernseher ausgeschaltet würde, bewirkten, dass ich als »manipulierend« abgestempelt wurde. Bedenkt man, dass ich tatsächlich glaubte, all diese angeborenen negativen Eigenschaften zu besitzen, ist es kein Wunder, dass ich Gefühle von Scham, Schuld und tiefster Selbstverachtung in mir trug.

Der Psychologe John Briere nennt diese falschen negativen Annahmen »kognitive Verzerrungen«. Sie sind in den Menschen, die als Kinder missbraucht wurden, beinahe umfassend, und da sie unsere unterbewusste Selbsteinschätzung ausmachen, sind sie in hohem Maße resistent gegen jede Therapie. Oder anders gesagt: Sie sind kaum behandelbar. Zusätzlich zu den kognitiven Verzerrungen mit Blick auf mich selbst trat ich mein Studium mit kognitiven Verzerrungen in Bezug auf andere und die Welt an.

Wegen des wiederholten Missbrauchs und der Misshandlungen durch Männer nahm ich an, dass alle Männer gefährlich seien, und fühlte mich generell jedes Mal in Gefahr, wenn ich mit ihnen zusammentraf. Meine Meinung über Frauen war nicht viel besser. Basierend auf den Erfahrungen mit meiner Mutter und auch mit Lehrerinnen glaubte ich, Frauen seien bestenfalls herzlos und schlimmstenfalls hinterhältige Luder, die nur darauf warteten, mich den Hunden zum Fraß vorzuwerfen.

Es muss also nicht betont werden, dass ich in das Erwachsenenleben mit einem sehr ausgeprägten Misstrauen gegenüber allen Menschen eintrat. Ich war sehr empfindlich gegenüber dem kleinsten Anflug von Aggression, Betrug, Manipulation, Kritik oder Urteilen. Ich nahm an, dass die Welt ein dunkler und bedrohlicher Ort war, in dem die Menschen ausschließlich existierten, um einander zu verletzen oder auszunutzen. Das machte es mir unmöglich, Beziehungen einzugehen oder Freundschaften zu schließen, weder mit sexuellen Partnern noch mit Therapeuten.

Der vielleicht schlimmste Effekt war meine Einstellung zu Gott. Bevor wir Gary trafen, lernte ich die christliche Kirche als warm und einladend kennen. In der Sonntagsschule wurde mir beigebracht, dass Jesus mich liebte und mich immer beschützen würde. Ich nahm mir diese Lehre zu Herzen, und mein Glaube an Gott schien unzerstörbar. Aber als Gary die Bühne betrat, hörten wir auf, in die Kirche zu gehen. Er machte sich lustig über den christlichen Glauben und sagte, das sei etwas für Idioten.

Ich glaubte ihm nicht. Ich betete weiterhin zu Gott, jeden Tag. Zuerst betete ich, dass meine Mutter nicht mit Gary zusammenziehen würde. Dann betete ich, dass wir ausziehen würden. Ich betete dafür, dass der Missbrauch aufhören würde. Ich betete für all diese Dinge, aber meine Gebete wurden nie erhört. Erstaunlicherweise erschütterte das meinen Glauben an Gott nicht. Ich dachte einfach, dass er mir eins auswischen wollte. Aus irgendeinem Grund hatte er mich verlassen. Das führte zu dem tiefen und anhaltenden Glauben, dass alles, was ich im Leben anpackte, alle meine Pläne, letztlich zum Scheitern verurteilt waren.

Psychologen nennen diese Auffassung des Vernichtungsgefühls ein »Gefühl der vorzeitig beendeten Zukunft«. Aber Worte können nicht wirklich die Heimtücke dieses speziellen Symptoms beschreiben: den tief verwurzelten Glauben, dass man im Leben nie etwas erreichen wird. Wenn man wahrhaftig glaubt, dass das eigene Leben im Ruin enden wird, jeder berufliche Werdegang, dann ist jedes Unternehmen von vorherein zum Scheitern verurteilt. Das Schlimmste für mich war die anhaltende Überzeugung, dass ich niemals glücklich sein würde – dass glücklich zu sein einfach nicht Gottes Plan für mich war. Weil dieser Glaube so eng mit mir verknüpft war, geriet ich jedes Mal, wenn ich versuchte glücklich zu sein, in Panik. Ich wartete immer schon auf die nächste Hiobsbotschaft. Das Warten war jedoch unbequem und bedeutete, dass ich mich zu sehr wie ein Opfer fühlte. Also suchte ich mir einen Weg, mein Glück selbst zu sabotieren, bevor Gott es für mich tat. Auf diese Weise fühlte ich mich weniger hilflos. Aber es verhinderte, dass ich ein auch nur annähernd befriedigendes Leben erreichte.

Meine Lebenskraft blieb jedoch unerklärlicherweise stark. Ich überlebte meinen Selbstmordversuch, und während ich auf der Intensivstation lag, hatte ich eine Erleuchtung. Sie trat ein, als ich im Krankenhausbett lag – ein starker, klarer Gedanke, von dem ich wusste, dass er nicht mein eigener war. Ich weiß nicht, ob Gott zu mir sprach oder was es war. Alles, was ich weiß, ist: Die Botschaft war sehr allumfassend und sehr weise. Sie besagte: »Du versuchst zu erreichen, dass deine Eltern dich lieben, aber sie werden dir nie geben, was du brauchst.« Das war auch schon alles. Doch in dem Moment verstand ich es. Es war die absolute Wahrheit. Meine Psyche gab sich sogleich einen großen Ruck. Alles schien sich zu klären. Eine große Last fiel von meiner Seele.

In all den Tagen, die ich auf der Intensivstation lag, kamen meine Eltern nicht ein einziges Mal zu Besuch. Aber nach der

Erleuchtung war mir das egal. Wie schon fünf Jahre zuvor nach meinem ersten Selbstmordversuch, fällte ich die Entscheidung, alles, was negativ war, aus meinem Leben auszugrenzen und mich darauf zu konzentrieren, voranzukommen. Und mit einem Schlag vergaß ich meine ganze beschissene Familie, die Depression und die Ängste. Sogar die Bulimie, die mein Leben dominiert hatte, verschwand wie durch Zauberhand. Es war keine graduelle Abschwächung der Symptome aufgrund von Therapie. Was ich hier sagen will, ist, dass ich als ein totales Wrack ins Krankenhaus eingeliefert wurde und als ein veränderter Mensch wieder herauskam. Das ganze Untergangsszenario war wie weggeblasen, und plötzlich konnte ich Menschen und Aktivitäten genießen wie nie zuvor. Meine Motivation und meine Ambitionen kamen in neuer Stärke zurück. Mein Kopf und mein Lebenspfad waren auf einmal völlig klar.

Ein Wunder? Ja. Unbedingt. Ein Wunder des menschlichen Verstandes.

Wieder einmal bediente sich meine Psyche in einer Situation großer Gefahr der Dissoziation, um mir beim Überleben zu helfen. Diesmal kam die »Gefahr« natürlich von innen; ich hatte mich fast umgebracht. Mein Verstand tat also das, wozu er bestimmt war: Er wog mich in Sicherheit, indem er all die grässlichen Gedanken und Gefühle ausgrenzte, die mich in die Gefahr des Selbstmordes brachten.

Damit dies Erfolg haben konnte, trat eine neue Persönlichkeit in den Vordergrund. Die »Studentin« war eine verantwortungsbewusste, ausgeglichene Erwachsene, deren Handeln von Pflichtgefühl bestimmt war. Sie war total vernünftig, verfiel nicht in Selbstmitleid oder frönte gar abstrusen Tagträumen. Sie hatte, was generell als die »Administrator«-Alternative bezeichnet wird: eine gefühlsarme Identität, die die Liste der zu erledigenden Aufgaben abhaken, den Plan einhalten und die Aufgaben erledigen kann.

Und meine Aufgabe bestand damals darin, durch die Uni zu kommen. Meine heroischen Aktionen des Schwänzens hatten mich fast das erste Jahr gekostet. Die Studentin beschloss, sie würde nie mehr ein Seminar verpassen, auf keinen Fall. Sie beschloss auch, überall Bestnoten zu erzielen. Ein Überblick über meine akademischen Leistungen der vergangenen Jahre legte jedoch nahe, dass sie dazu nicht das Zeug hatte. Ich meine, ich hatte die Schule nie ernst genommen, und meine traurigen Noten legten davon beredtes Zeugnis ab. In der Highschool ließ ich Naturwissenschaften und Mathe fallen, sobald ich konnte, und wählte Fächer wie Chorsingen (damals gab es noch keine gewichteten Noten). Meine Abschlussprüfungen waren ein Beweis für meine schmerzliche Durchschnittlichkeit. Sogar mein Beratungslehrer konnte nur sagen, dass ich die »Fähigkeit besaß, hart zu arbeiten, wenn ich wollte«, als er versuchte, mich an einer Uni unterzubringen.

Woher nun auf einmal die durchgehend Einsernoten produzierende Studentin kommen sollte, wusste ich nicht. Ich kann kein bevorzugtes Bild hervorrufen, das von meiner Psyche Besitz nahm wie die Preppy oder die Schriftstellerin. Die Studentin schien meinem Unterbewusstsein zu entspringen, mit der Vorgabe, sich zusammenzureißen und mit der Arbeit anzufangen.

Und ich fing mit der Arbeit an. Nur wenige Tage, nachdem ich aus dem Krankenhaus entlassen wurde, fand ich einen Vollzeit-Sommerjob und verdiente genug Geld, um in mein zweites Studienjahr einzusteigen. Ich kehrte ins Studentenwohnheim zurück und fand zum Glück eine Mitbewohnerin, die den Fernseher genauso sehr hasste wie ich. Naomi und ich wurden gute Freundinnen, und ich knüpfte auch viele andere Freundschaften. Viele davon sind auch nach dreißig Jahren noch aktiv.

Ich hielt mein Versprechen, kein Seminar und keine Seminararbeit zu verpassen, und verfolgte diese gerade Linie in den folgenden drei Jahren des Grundstudiums und in den elf Jahren meiner unterschiedlichen Hauptstudiengänge. Zum ersten Mal in meinem Leben las ich die Romane, Theaterstücke und Textbücher, die unsere Tutoren uns auftrugen. Und ich stellte fest, dass mir das Studieren Spaß machte. Es war eine angenehme Überraschung, zu entdecken, dass ich meine Noten verbessern konnte, indem ich die Hausaufgaben machte und die Seminare besuchte. Bevor die Studentin die Szene betrat, hatte ich keine Ahnung davon, dass harte Arbeit und Fleiß mit Erfolg verbunden waren. Es war diese Erkenntnis, die mich zu guten Leistungen fähig machte.

Die Studentin öffnete mich intellektuell, wie die Schriftstellerin mich kreativ geöffnet hatte. Aber die Studentin, ausschließlich geschaffen für die tägliche Arbeit, fühlte sich nicht an wie eine volle Identität. Sie hatte kein Bild von sich, zog keine bestimmte Kleidung vor und hatte keine ausgeprägte Geschichte. Sie hatte keine Interessen oder Hobbys, keine lang anhaltenden Ziele, Gefühle oder Erinnerungen. Die Studentin lebte nur für den Moment, immer bereit, die anstehende Arbeit zu erledigen. Sie war einem Roboter ähnlicher als einem Menschen.

Ein Roboter zu sein hat durchaus seine Vorteile. Zum Großteil frei von Depressionen, Ängsten oder negativen Gefühlen, begann ich aufzublühen. Meine Leistungen waren so gut, dass mir die New York University ein spezielles Stipendium für akademische Leistungen zugestand. Eines meiner Stücke wurde ausgewählt für eine Off-Broadway-Produktion. Mir wurde ein Job als Redaktionsassistentin bei einer Theaterzeitung angeboten, wo ich unzählige Artikel und Rezensionen raushaute. Innerhalb von zwei kurzen Jahren hatte ich nicht nur die Sache mit dem Studium erobert, ich war auf dem besten Weg, als Schriftstellerin Karriere zu machen.

Auch mein Privatleben blühte auf. Im zweiten Jahr begann ich mit einem Filmstudenten auszugehen, der in meinem Studentenwohnheim wohnte. Im dritten Jahr teilten Steve und ich uns ein Apartment in der Jones Street. Es war mitten im Dorf und hatte einen Holzboden und einen Kamin. Ich liebte es, morgens aufzuwachen und zur Patisserie Claude zu gehen, um Kaffee zu holen. Steve und ich machten lange Spaziergänge im Park und erkundeten jeden Zentimeter in der Nachbarschaft. Die Abende verbrachte ich damit, stundenlang im Washington Square Diner zu schreiben.

Als ich einundzwanzig wurde, fühlte ich mich, als hätte mein Leben die richtige Bahn eingeschlagen. Gute Arbeit. Guter Freund. Gute Wohnung. Mein altes Leben in New Jersey schien eine Million Meilen weit weg zu sein.

Gary? Meine Mutter? Meine Vergangenheit? Ich dachte kaum noch daran.

All das änderte sich im Herbst 1989, als mich meine Vergangenheit plötzlich wieder einholte, um mich mit der medizinischen Krise Aids zu verfolgen.

1989 steckte die Aids-Epidemie noch in den Kinderschuhen. Die Krankheit war erstmals 1981 diagnostiziert worden, und bis 1983 hatten Forscher herausgefunden, dass sie durch das HI-Virus hervorgerufen wurde. Rock Hudson und Liberace machten Schlagzeilen, als sie Mitte der Achtziger an der Krankheit starben. Somit war sie mir, wie allen anderen, durchaus bewusst. Doch trotz all der Presse blieb Aids ein Nischenphänomen. Die meisten berichteten Fälle sprachen von Homosexuellen, Drogenabhängigen und Blutern. Für eine heterosexuelle Frau, die keine Drogen nahm und nicht mit mehreren Männern schlief – erst recht eine heterosexuelle Frau in Greenwich Village – schien Aids keine Gefahr zu sein.

Das bedeutet: Ich nahm es nicht wahr, bis ich hörte, dass eine Freundin aus Kindertagen daran erkrankt war. Es war Madeline, das Mädchen, das Gary nach mir »umworben« hatte. Als mich die Nachricht erreichte, traf sie mich schwer. Das alte Vernichtungsgefühl überkam mich doppelt und dreifach, und ich wurde von einer Panik erfasst, die so schwer war, dass ich kaum atmen konnte. Die Ängste hielten mehrere Wochen an. Auf einmal war ich in einer nassen Wolke gefangen. Der Gedanke, der Tag und Nacht durch meinen Kopf schwirrte, war: *Ich muss auch Aids haben. Ich muss auch Aids haben.*

Oberflächlich betrachtet ergab das keinen Sinn. Mein bewusster Verstand sagte mir, dass weder Madeline noch ich jemals missbraucht worden waren. Ich hatte an der Uni nur mit wenigen Jungs geschlafen, die meisten von ihnen waren jungfräulich. Das bedeutete, dass die Möglichkeit, mit HIV infiziert zu sein, praktisch gleich null war. Aber mein Unterbewusstsein wusste es besser. Es wusste von all den unterschiedlichen Männern, mit denen ich in den späten Siebzigern und frühen Achtzigern gezwungenermaßen Sex hatte. Also zu der Zeit, als Aids sich so langsam entwickelte.

Die Lebensgefahr, die von Aids ausging, übte so viel Druck auf meine Psyche aus, dass mein steinhartes Verleugnungsfundament rissig wurde. Die Wahrheit über meine Vergangenheit quoll durch die Risse und sagte meinem Bewusstsein, dass ich mich testen lassen müsse.

Damals waren HIV-*Tests* recht neu und bedurften einer Blutprobe. Termine mussten Wochen im Voraus gebucht werden, was mir genügend zusätzliche Zeit gab, die Panik noch zu verstärken. Als der Tag des Tests endlich bevorstand, war ich so verängstigt, dass ich ohnmächtig wurde, sobald die Krankenschwester die Nadel in meinen Arm stach. Als ich wieder zu mir kam, sagte mir die Schwester, dass es mehrere Wochen dauern würde, bis ich das Ergebnis hätte.

Diese Wochen gehören zu den dunkelsten in meinem Leben. Ich war mir sicher, dass ich wie Madeline Aids hatte und dass es mir bestimmt war, eines schrecklichen Todes zu sterben. Ich konnte nicht essen. Ich konnte nicht arbeiten. Ich konnte nicht schlafen. Ich konnte kaum reden. In dem Glauben, dass das Risiko gering bis gar nicht vorhanden war, versuchte mein treuer und gutgläubiger Freund, mich zur Vernunft zu bringen. Aber ich konnte nicht zur Vernunft kommen, denn mein Unterbewusstsein wusste, dass meine Risikofaktoren gewaltig waren.

Wie schon zuvor schien meine berechtigte Angst vollkommen unberechtigt. Wie schon zuvor hatte ich das Gefühl, ich sei verrückt.

Endlich wurde ich einbestellt, um meine Ergebnisse zu erhalten. Zu meiner großen Überraschung war ich HIV-negativ. Wie durch ein Wunder war ich dem Tod entronnen (obwohl ich zu der Zeit noch nicht wissen konnte, dass es ein wahres Wunder war). Zuerst war ich unglaublich erleichtert, aber die Wolke des Vernichtungsgefühls war wieder aufgetaucht. Aids oder nicht, etwas stimmte nicht. Mir würde Schlimmes widerfahren. Ich konnte es in meinem Magen spüren. Ich lief in einem konstanten Zustand von namenlosem Schrecken herum. Aber was für ein Schrecken war das? Alles schien wie vorher. Die gleiche Arbeit. Der gleiche Freund. Die gleiche Wohnung. Unter dieser Fassade hatte sich jedoch viel verändert.

Der HI-Virus hatte mein Immunsystem verschont, aber mein Verleugnungssystem war getroffen. Der Mantel der Unbesiegbarkeit, den ich seit dem letzten Selbstmordversuch umgelegt hatte, wies plötzlich Löcher auf. Und durch diese Löcher blitzten winzige Teile von Gefühlen und Erinnerungen durch.

In einem wiederkehrenden Traum stand ich zum Beispiel nackt an der Ecke einer stark befahrenen Straße. Dann kam Gary und holte mich ab, und wir hatten Sex im Straßengraben, während Passanten uns dabei zusahen. Für meine Dissertation schrieb ich ein Stück, in dem eine erwachsene Tochter nach Hause zurückkehrt und den Vater verführt, die Mutter verdrängt und ihren berechtigten Platz als Ehefrau einnimmt. Sehr direkt, nicht wahr?

Aber das Verrückte ist: Ich bemerkte nicht, dass mein Stück autobiografisch war! Mein Unterbewusstsein spielte meinem Bewusstsein eine Menge kranker und verkorkster Handlungsstränge zu und entwickelte Charaktere und Dialoge, von denen ich glaubte, dass sie meiner Fantasie entsprangen. Wer weiß, was mein Professor von mir dachte!

Im dritten Jahr erlebte ich auch meine erste Körperentführung. Für Menschen mit DID sind Körperentführungen normale Vorfälle, wenn eine Identität von einer anderen übernommen wird. Wenn eine Person ihre DID völlig verleugnet, dann passiert dieser Wechsel außerhalb der bewussten Aufnahmefähigkeit der Betroffenen. Aber wenn der Verstand die DID nicht verbergen kann oder will, dann fühlen sich die Entführungen an wie eine außerkörperliche Erfahrung.

Meine erste passierte, während Steve und ich in einem Restaurant zusammen zu Abend aßen. Wir hatten ein harmloses Gespräch, als mir plötzlich schwindelig wurde. Es fühlte sich an, als würde ich zur Decke schweben. Steve schien sehr weit weg, und die Umgebungsgeräusche waren auf einmal sehr leise. Dann hörte ich, wie jemand mit einer kaum hörbaren Stimme sagte: »Ich glaube, mein Vater hat mich missbraucht.« Ich war mir bewusst, dass die Stimme aus meinem Mund kam; ich konnte sogar spüren, wie meine Lippen sich bewegten. Aber ich verband damit nicht, dass ich die Quelle der Information sein könnte oder gar die Absicht hatte zu sprechen. Es war wie ein verrückter Körperdiebstahl. Als wäre ich von einem Geist besessen.

Dies war das erste Mal, dass ich zugegeben habe, dass ich sexuell missbraucht worden war. Steve, der mal bei meinen Eltern gewesen war und sie nicht mochte, schien nicht überrascht über die

Enthüllung. Aber für mich – die ich an eine fiktive Version meiner Kindheit glaubte – war die Aussage schockierend.

Warum sollte ich so etwas sagen? Warum fühlte ich mich seltsam, wenn ich es sagte?

Verstört und verwirrt, wie ich war, dachte ich, es sei vielleicht eine gute Idee, Hilfe zu suchen. Dr. Taylor praktizierte jetzt nur noch privat, was ich mir nicht leisten konnte. Also ging ich zurück zum Bellevue und spielte Therapielotto, ein witziges Spiel, bei dem arme Leute dazu gezwungen sind, zu Kliniken zu gehen und ihre Seelen einem beliebigen jungen Arzt offenzulegen, der gerade aus der Maschine gespuckt wird.

In diesem Karussellspiel bekam ich einen fetten Halbglatzenpsychiater, der gerade seine Facharztausbildung machte. Anders als Dr. Taylor oder der erste Therapeut, bei dem ich in New Jersey gewesen war, hatte dieser Mann keine sanfte, einfühlsame Ausstrahlung und sprach nicht auf Augenhöhe mit mir. Stattdessen roch Dr. A. Hole nach traditioneller Psychoanalyse: erhaben, voreingenommen, chauvinistisch, arrogant.

Ich kann diese Einschätzung jetzt abgeben, denn ich bin selbst durch die Psychiatrieausbildung gegangen und weiß, was einen guten oder einen schlechten Therapeuten ausmacht. Zu dem Zeitpunkt war ich jedoch nur ein verwirrtes Mädchen, das herauszufinden versuchte, wohin es sich wenden sollte. Oberflächlich war ich verwirrt darüber, was ich nach der Uni machen sollte. Ich hatte immer geplant, in Manhattan zu bleiben, aber Steve war aus Los Angeles und wollte zurück. Wenn er auszog, wurde die Miete zu hoch, aber das war nicht das wahre Problem. Das Dilemma zwischen New York und L.A. konzentrierte sich in der Furcht, allein zu sein.

Ich hatte keine Geschwister, ein problematisches Verhältnis zu meinen Eltern und keine andere Familie, auf die ich zurückgreifen konnte. Steve war der einzige Mensch in der ganzen Welt, auf den ich zählen konnte. Wenn ich ihn verlor, hätte ich niemanden, den ich in einer Krise rufen konnte, und schon eine kleine Krise würde mich sicherlich auf die Straße setzen.

Die meisten Menschen wissen Gott sei Dank nicht, was es bedeutet, allein zu sein. Sie haben irgendwo eine Familie, die ihnen hilft, wenn es eng wird. Ehemalige Pflegekinder, Kinder, die von zu Hause weggelaufen sind, und andere, die sich von ihrer Familie entfernen, weil sie beispielsweise misshandelt werden oder Homophobie erfahren, sind jedoch in großer Gefahr, da sie kein Sicherheitsnetz haben. Deshalb enden so viele von ihnen auf der Straße.

Ich hatte all das damals gar nicht im Blick. Wenn ich mit Dr. A. Hole sprach, klang ich sicherlich mehr wie »Bla-bla-bla, ich liebe New York, bla-bla-bla, La-La-Land kennt keine Jahreszeiten«. Ehrlich gesagt, ich kann mich nicht gut an die Sitzungen erinnern, außer, dass es schwierig war, mit Dr. A. Hole zu reden. Bei ihm fühlte ich mich wie ein Käfer.

Dennoch erlebte ich in einer Sitzung bei ihm meine zweite Körperentführung. Ich saß auf einem harten Plastikstuhl und quasselte über die nicht vorhandene Theaterkultur in L.A., als ich mich davonschweben sah und mich reden hörte.

»Mein Vater hat mich missbraucht«, sagte ich. Ich wusste, dass ich es gewesen sein musste, die das gesagt hatte, aber ich hatte keine Ahnung, wie das passiert sein konnte.

Ich kann mich nicht mehr erinnern, was danach passierte. Aber ich bezweifle, dass es sehr erhellend war, denn nach sieben Terminen ging ich nicht mehr hin.

Nach viel Angst und Diskussionen entschloss ich mich, New York zu verlassen. Es bedeutete viel, meinen Job aufzugeben, meine Kontakte, meine perfekte Wohnung, das Theater, die Jahreszeiten hier, anständige Bagels. Aber was für eine Wahl hatte ich? Die Vorstellung, allein auf der Welt zu sein, versetzte mich in Panik. Es war eine Frage des Überlebens.

Einige Monate nach meinem Abschluss packten Steve und ich all unsere Habseligkeiten in meinen Gebrauchtwagen. Wir bestellten einen Satz Straßenkarten und fuhren nach Westen. Im Gegenzug für mein Opfer versprach Steve mir, dass wir eine große Wohnung mieten würden, sodass ich ein eigenes Zimmer zum Schreiben hätte. Er versprach mir auch, dass ich das sonnige, jahreszeitenlose, Theater-schwierige L.A. lieben lernen würde. Ich versuchte optimistisch zu sein. Aber es war schwer, meine Uni, mein Zuhause, meine Träume, alles an einem Tag zu verlieren.

Ich ahnte nicht, was ich alles mitschleppen würde: vergrabene Erinnerungen, toxische Emotionen, Psychopathologie und eine ganze Reihe von inneren Charakteren, die rauswollten. Wenn Steve gewusst hätte, auf was er sich da einließ, wäre er bestimmt nicht so bereit gewesen, mit mir zusammenzubleiben. Ich nehme an, er wäre in ein gelbes Taxi gesprungen, hätte einen Flug nach L.A. gebucht und sein Telefon zu Hause aus der Wand gerissen.

Stattdessen fuhren wir über Land, an beschaulichen Bauernhöfen und dem St.-Louis-Bogen vorbei. Wir sahen die flachen Kornfelder in Kansas und die farbenprächtigen Felsen in New Mexico. Wir besuchten die »Heimat des 2-Kilo-Steaks« in Amarillo und den Grand Canyon in Flagstaff. Wir erlebten ein Abenteuer. Eines von den guten.

Nach der Reise durch Las Vegas und Death Valley hielten wir in Barstow an und übernachteten dort. Als ich an meinem ersten Morgen in Kalifornien erwachte, war ich so aufgeregt, dass ich zum Motelfenster rannte und die Vorhänge aufriss. Die Sonne, die da hereinströmte, war die hellste und stärkste, die ich jemals gesehen hatte. Sie war blendend grell.

Ich ahnte nicht, dass die Sonne Kaliforniens bald ein Licht auf meine sehr dunkle Vergangenheit werfen und mich endlich auf den Weg der Genesung bringen würde.

Teil III

Genesung

Die Wahrheit macht dich frei. Aber vorher macht sie dich fertig.

David Foster Wallace, *Unendlicher Spaß*

Schöne neue Welt?

»Bitte, Gott«, betete ich. »Bitte. Bitte, ich bin so verzweifelt. Wenn ich nach Hause komme, musst du das Telefon klingeln lassen. Du musst sie dazu bringen, dass sie heute anrufen. Bitte, Gott, das bist du mir schuldig.«

Ich war auf dem Heimweg vom Einkaufen auf dem Ventura Boulevard, wo ich meine letzten 5 Dollar für Ramen-Nudeln und Tiefkühl-Burritos ausgegeben hatte. Wenn das Essen in meiner Tasche zur Neige ging, musste ich verhungern. Nach allem, was mit mir passiert war, hatte ich nicht viel Vertrauen in Gott. Aber nun war er meine letzte Hoffnung. Es brauchte schon ein Wunder, um mein Leben wieder in die richtige Bahn zu lenken.

Das Wunder, das ich suchte, war eine Arbeit, was nicht wirklich eine Sache war, die göttliche Eingebung verlangte. Aber das Jahr *California Dreamin'* fühlte sich sehr viel mehr wie ein Albtraum an. Steve und ich lebten in einer miesen kleinen Wohnung im Tal, die an den Freeway 101 angrenzte. Die wenigen Möbelstücke, die wir besaßen, kamen alle vom Sperrmüll. Ich kannte keine Menschenseele, was wahrscheinlich auch besser war, da die vielen Straßen es einem unmöglich machten, jemanden zu finden. Ich nehme an, dass der Übergang zu dem Leben nach der Uni in einer neuen Stadt immer schwierig ist. Aber da ich ohne einen Pfennig und von der Familie entfremdet dastand und da mir so ziemlich alles Angst machte, zogen sich die Schrauben für mich wirklich an.

Das galt natürlich auch für meine nicht diagnostizierte dissoziative Identitätsstörung. Was auch immer ich versuchte, meine Psyche konnte nicht die Identität finden, die mir in L.A. zum Erfolg verhelfen würde. Die Preppy war zu traditionell und zugeknöpft, um mit den relaxten Angelenos warm zu werden, und die Studentin hatte nach meinem Hochschulabschluss ihren einen und einzigen Sinn im Leben verloren. Die Schriftstellerin hätte fähig sein sollen, sich anzupassen; viele Schriftsteller, die für Hollywood arbeiten, sind ehemalige New Yorker, die irgendwann einmal erwachsen wurden und in den Westen zogen, um mehr zu verdienen. Meine alternativen Persönlichkeiten waren jedoch keine echten Menschen. Sie waren allesamt Karikaturen, angelehnt an Modelle aus einer anderen Welt. Ähnlich wie Cartoon-Charaktere schienen sie nicht zu altern, sich nie zu verändern oder erwachsen zu werden. Sie waren in der Zeit gefangen. (Meine Partnerin nennt mich tatsächlich Homer Simpson, weil ich ständig die gleichen dummen Entscheidungen treffe!) Das Ergebnis ist, dass es für die Schriftstellerin, die ursprünglich als New Yorker Theaterschriftstellerin konzipiert worden war, sehr schwer war, sich in La-La-Land zu definieren.

Trotz alledem fing es gut an in L.A. Nur wenige Tage nach unserer Ankunft hatte ich ein Vorstellungsgespräch mit dem Chefredakteur der NBC-Seifenoper *Zeit der Sehnsucht*. Das Treffen war erfolgreich, und ich wurde als Praktikantin des Redakteursbüros eingestellt, was gewöhnlich die Eintrittskarte für angehende Drehbuchautoren ist. Alles lief gut; innerhalb weniger Wochen sollte ich mein erstes Skript schreiben. So betrachtet, war ich auf der Überholspur zu einer lukrativen Karriere als Hollywood-Autorin.

Aber dazu kam es nicht.

Ich hatte Flashbacks.

Und so wurde meine erfolgversprechende Zukunft einfach von meiner dunklen Vergangenheit erstickt.

Mein Kollaps wurde von meinem Umzug nach L.A. ausgelöst. Menschen mit DID neigen zu psychischem Verfall, wenn sie zu der ursprünglichen traumatischen Umgebung eine räumliche Distanz aufbauen. Als ich auf einmal dreitausend Meilen zwischen mich und mein Zuhause gebracht hatte, machte sich ein unerklärliches Angstgefühl bemerkbar. Aus Gründen der Sicherheit entschloss ich mich dazu, den Kontakt zu meinen Eltern ganz abzubrechen. Ich ging so weit, eine nicht öffentliche Telefonnummer und ein Postschließfach anzufordern. Ich wusste nicht, warum ich das tat, aber ich wollte mich vor jedem verstecken, der mich jemals kennengelernt hatte.

Sobald ich mich sicher fühlte in dem Wissen, von meinem alten Leben abgeschnitten zu sein, und mir versichert wurde, dass mich niemand finden könne, strömten mehr und mehr Erinnerungen auf mich ein. Als Erstes sah ich das Bild der amerikanischen Flagge, die über der Tafel in Garys Klassenzimmer hing. Danach tauchten regelmäßig andere Bilder auf: das Schild vom Revolution Motel, die schwielige Hand eines Mannes, die grüne Tagesdecke auf dem Bett meiner Eltern. Diese Bilder waren scheinbar unverfänglich und zufällig. Sie hatten keine Bedeutung für mich. Warum machten sie mir also Angst?

Die Angst wurde zum Horror, als die Bilder expliziter wurden. Genitalien, Blut und Folterszenen tauchten ohne Vorwarnung in meinem Kopf auf. Ich hatte keine Ahnung, warum ich diese Dinge sah, und konnte auch die Phantomerlebnisse nicht erklären, die ich an meinem Körper spürte. Oft fühlte ich mich, als ob meine Handgelenke mit einem Seil gefesselt wären, an dem ich herumgezogen wurde, oder als ob meine Arme am Kopfende des Bettes festgebunden wären. Gelegentlich hatte ich das Empfinden, geknebelt zu sein oder nach unten gedrückt zu werden. Aber keins dieser Dinge geschah wirklich.

Was noch schlimmer war: Ich bekam wilde Stimmungsschwankungen. Die meiste Zeit empfand ich Grauen oder Traurigkeit, aber es gab auch Ausbrüche von irrsinniger Wut. Einmal schrie ich Steve an und schleuderte eine Sechserpackung Joghurt durch das Zimmer, weil er die falsche Marke gekauft hatte. Dann wieder – sehr oft – rollte ich mich voller Angst zu einer Kugel zusammen und flehte ihn an, mich nicht zu verlassen.

Als das anfing, hatte ich keine Ahnung, was mit mir passierte. Ich fühlte mich, als hätte ich komplett die Kontrolle verloren und würde verrückt. Beängstigend. Als diverse Visionen, Gefühle und Erkenntnisfetzen aufeinandertrafen und ich zu begreifen begann, dass es sich hierbei um Erinnerungen handelte, machte das die Sache nur noch schlimmer. Man stelle sich vor, wie das ist, morgens aufzuwachen und zu begreifen, dass das gesamte bisherige Leben – zumindest das, woran man sich erinnert – eine Lüge war. Deine liebe Großmutter hat dich zu einem Krüppel geschlagen. Der ältere Bruder, den du angebetet hast, hatte dir seinen Schwanz in den Mund gesteckt. So ähnlich war das für mich. Obwohl mir natürlich bewusst war, dass meine Eltern niederträchtig waren, hatte ich doch keine Ahnung davon, dass ich missbraucht worden war. Und das auch noch von meinem eigenen Vater! Die Wahrheit war ein gewaltiger Schock.

Die ganze Sache brachte mich ins Schleudern. Herauszufinden, was ich noch nicht über mein Leben wusste, wurde zur Obsession. Um das, woran ich mich erinnerte, festzuhalten, begann ich Tagebuch zu führen.

19. November 1990

An was ich mich bis jetzt erinnere

Sie sind alle vage. Sie sind alle traumhaft, und doch sind sie das nicht.

Aber ich habe keine Erinnerungen. Ich muss sie alle erst freilegen, jede einzelne.

Ich erinnere mich daran, im Bett gerungen zu haben. Ich erinnere mich daran, wie er seine Hand an meinen Hintern legte. Ich erstarrte. Und er summte »la-la-la« und lachte. So vergnügt. Ich erinnere mich daran, wie er seine Hand zwischen meine Schenkel zwängte. Ich erinnere mich an das Motel King of Prussia. Ich erinnere mich daran, nachts im Pool zu schwimmen. Ich erinnere mich daran, wie er mich festhielt. Vielleicht meine Brüste berührte. Vielleicht den oberen Teil meines Badeanzugs runterzog. Ich erinnere mich an ein anderes Motel in New York. Das Revolution Motel. Ich erinnere mich an mehr vom Hotel King of Prussia. Ich erinnere mich an ein Zimmer. Das Innere des Zimmers. Ich erinnere mich daran, wie er mich neckte, als er mich auszog. Er sagte mir, dass es dumm sei, mich zu genieren. Was gab es da, das er nicht schon vorher gesehen hatte?

So fingen meine Erinnerungen an, zu mir zurückzukommen. In diesen seltsamen Versatzstücken und Fetzen. Einige Dinge, Kleinigkeiten, tauchten auf einmal auf, wie normale tägliche Erinnerungen – Garys Hände an meinem Hintern, eine Gelegenheit, als er eine Creme auf meine Genitalien auftrug. Sie waren so klar, so präsent, dass ich mich wunderte, wie ich sie jemals hatte vergessen können. Andere Dinge, größere, waren verschwommen – Sexspiele im Bett meiner Eltern, in Garys Klassenzimmer begrapscht zu werden. Sie waren eher wie im Traum und vernebelt. Sie fühlten sich nicht an wie normale Erinnerungen. Und dann waren da die Aufmacher, die kleinen Puzzleteile von Erkenntnissen, die eine Erinnerung vorausahnen ließen. Zum Beispiel, sich auf einmal an ein bestimmtes Hotel zu erinnern, ohne zu wissen, warum. Oder an bestimmte Männer aus dem Bekanntenkreis meines Vaters.

Wichtig ist hierbei, dass die Rückkehr meiner Erinnerungen nicht auf einmal geschah. Sie kamen verwoben zu Klumpen über einen Zeitraum von ungefähr fünfzehn Jahren. In der ersten Phase war mir nicht klar, dass ich für Prostitution oder Kinderpornografie benutzt worden war. Auch an die S/M-Sachen erinnerte ich mich nicht. Verdammt noch mal, ich erinnerte mich kaum an etwas! Woran ich mich zuerst erinnerte, war der tägliche gewöhnliche Missbrauch durch Gary – in seinem Klassenzimmer, in Motelzimmern, im Bett meiner Eltern. Aber das reichte schon, um mich ausrasten zu lassen! Ich kann nicht mit Sicherheit sagen, warum meine Erinnerungen Stück für Stück zurückkamen oder warum mir, lange bevor ich mich an das wirklich perverse Zeug erinnerte, generell nur der eher »normale« Missbrauch präsent war. Ich nehme an, meine Psyche gab das preis, von dem sie dachte, dass ich damit fertigwerden würde, und das tröpfchenweise.

Ich begriff auch, dass für jemanden, der die Wiederherstellung von unterdrückten Erinnerungen nicht erlebt hat, die ganze Sache sehr bizarr klingen muss. Es war auch für mich bizarr.

Gerade noch war ich eine normale Universitätsabsolventin, die versuchte, ihre Karriere anzukurbeln. Dann mit einem Mal war ich irgendein Inzestopfer. Was zum Teufel ging hier vor?

Um zu verstehen, was mit mir passierte, suchte ich die Quelle des Wissens in der Zeit vor Siri auf: den Buchladen. Prominent platziert im Regal war der letzte Bestseller *Trotz allem: Wege zur Selbstheilung für Frauen, die sexuelle Gewalt erfahren haben.* Es lieferte mir schwarz auf weiß Antworten. Es sagte mir, dass ich sexuellen Kindesmissbrauch am eigenen Leib erlebt hatte, wie unzählige andere Frauen auch, und dass meine Flashbacks und Launenhaftigkeit darauf zurückzuführen waren. Es erklärte, dass meine Geschichte von Depressionen, Ängsten und Selbstmordversuchen Wege repräsentiert, um damit fertigzuwerden. Die wichtigste Nachricht war jedoch, dass ich mich mit der Zeit besser fühlen würde, und auch, wie ich das erreichen könnte.

Heutzutage gibt es viele Bücher über sexuellen Kindesmissbrauch. 1990, als ich begann, meine Erinnerungen wiederzuerlangen, war es immer noch ein Novum, offen über Inzest und Missbrauch zu sprechen. In den Siebzigern hatte die Frauenbewegung in ein Wespennest gestochen, als sie es wagte, ihre Stimme gegen Vergewaltigung zu erheben. Das Ende des Schweigens über Inzest folgte bald nach, und in dessen Folge entwickelte sich eine Bewegung mit dem Ziel, sexuellen Kindesmissbrauch öffentlich zu machen und zu verhindern. Mitte der Achtzigerjahre war sexueller Kindesmissbrauch in der amerikanischen Kultur zu einem bedeutenden Thema geworden.

Gruppen bildeten sich, die sich der Opfer annahmen, während die Staatsgewalt gegen die perversen Täter vorging. Sensationelle Geschichten über satanische Kulte und Missbrauch an Schulen dominierten die Nachrichten. Kurz gesagt: Sexueller Kindesmissbrauch wurde zu einer großen Sache – einige würden sagen, zu einer nationalen Hysterie.

In einer bizarren Schicksalswende traf meine persönliche Geschichte genau mit Amerikas »Entdeckung« von sexuellem Kindesmissbrauch zusammen. In den Siebzigerjahren, dem Höhepunkt des Geschäfts mit Kinderpornografie, wurde ich in die Produktion dieser Filme gezwungen. In den Achtzigerjahren, während der strengen Ahndung von Kindesmissbrauchstätern, wurde mein Vater verurteilt. In den Neunzigern, als der Ausdruck *wiedergewonnene Erinnerungen* auf die Hauptströmung traf, setzten bei mir gerade die Flashbacks ein. Aber trotz der Tatsache, dass ich das Paradebeispiel dieser Ära war, waren mir die weiteren politischen und sozialen Zusammenhänge in Bezug auf sexuellen Kindesmissbrauch nicht bekannt.

Als ich also das Buch *Trotz allem* kaufte, wusste ich nichts von der Kontroverse um die Diskussion von unterdrückten und wiedergewonnenen Erinnerungen. In dem Buch riefen die Autoren, die keinen Abschluss in Psychologie oder irgendeinem anderen psychiatrischen Feld hatten, ihre Leser dazu auf, ihre unterdrückten Erinnerungen über den Missbrauch durch Regressionstherapie ans Licht zu holen. Sie ermunterten die Leserschaft dazu, der Wahrhaftigkeit ihrer wiedergewonnenen Erinnerungen zu vertrauen, selbst wenn es keinen objektiven Beweis für den Missbrauch gebe. Die kontroverseste Aussage der Autoren war, dass man wahrscheinlich missbraucht worden sei, wenn man sich so *fühlte,* als wäre man missbraucht worden, auch wenn man keine Erinnerung an den Missbrauch habe.

Dieser nicht gerade wissenschaftliche Ansatz gefiel einigen Leuten nicht. Einige Leser sagten, dass wiedergewonnene Erinnerungen, die sie dem Rat des Buches folgend erlebten, falsch waren. Just zu dieser Zeit wurde von einer Gruppe von Eltern eine Organisation gegründet, die sich False Memory Syndrome Foundation (*Stiftung Falsches Erinnerungssyndrom*) nannte. Sie gaben an, dass ihre erwachsenen Kinder sie fälschlicherweise des sexuellen Kindesmissbrauchs beschuldigt hätten. Die FMSF war sehr darum bemüht, Skepsis über die wiedergewonnenen Erinnerungen zum Missbrauch zu streuen – und beriefen sich dabei darauf, dass solche Erinnerungen entweder auf Medieneinfluss beruhten oder auf in die Irre führenden Therapeuten, die den Patienten Ideen in die Köpfe pflanzten.

Obwohl es zweifellos Beweise dafür gibt, dass unter bestimmten Bedingungen falsche Erinnerungen kreiert werden können, riecht die Aussage, dass eine Unmenge von Frauen routinemäßig von eigennützigen Therapeuten an der Nase herumgeführt werden können, nach einer Konspirationstheorie. Es erinnert an die 1890er-Jahre, als Kollegen Freud vorwarfen, dass er seinen Patientinnen falsche Erinnerungen in die Köpfe pflanzte, und auch an die 1980er, als Skeptiker behaupteten, Therapeuten würden fälschlich Fälle von Multipler Persönlichkeitsstörung konstruieren. Da tut sich ein Muster auf: Bei all diesen Vorfällen geht es um Menschen, die sich unwohl fühlten angesichts der Erkenntnisse über einen weit verbreiteten sexuellen Kindesmissbrauch und die darum versuchten, die Opfer zu diskreditieren oder zum Schweigen zu bringen. Sie tun dies, indem sie uns als »verwirrt« oder »manipuliert« bezeichnen, doch tatsächlich bezichtigen sie uns damit der Lüge.

Bis heute glauben viele Leute, dass wiedergewonnene Erinnerungen von sexuellem Kindesmissbrauch keinesfalls auf Wahrheit beruhen. Wenn Skeptiker meine Geschichte von wiedergewonnenen Erinnerungen hören, bezweifle ich nicht, dass sie versuchen werden, mich zu diskreditieren. Schlimmstenfalls werden sie mich einen Scharlatan nennen, jemanden, der die ganze Sache erfunden hat, um Geld zu machen. Im günstigsten Fall werden sie sagen, dass ich verwirrt bin, dass meine »Erinnerungen« falsch sind und dass sie durch *Trotz allem* oder von einem Rasputin-ähnlichen Therapeuten herrühren.

Die Sache ist nur die: Meine Erinnerungen kamen zurück, bevor ich jemals daran gedacht habe, irgendwelche Bücher über Kindesmissbrauch zu kaufen und bevor ich irgendeine Form von Therapie gesucht habe, um die aufkommenden Erinnerungen zu bewältigen. Zudem konnte der Rechtsanwalt einiges an Beweisen über Verbrechen, die mir angetan worden waren, finden, als ich den Zivilprozess gegen meine Eltern führte, inklusive medizinischer Unterlagen und Augenzeugenberichten.

Ist es möglich, Erinnerungen von schrecklichen Begebenheiten zu unterdrücken und sie später wiederzugewinnen? Das *Diagnostic and Statistical Manual of Mental Disorder*, das auf etablierte Organisationen und Traumaforscher sowie eine große Menge an klinischer Literatur zurückgeht, bejaht dies. Im Gegensatz dazu wird das False-Memory-Syndrom weder von der American Psychiatric Association noch irgendeiner etablierten psychologischen Organisation als Diagnose anerkannt.

Wenn jemand mehr Beweise dafür braucht, dass ein Mensch traumatische Erinnerungen unterdrücken und später wiederherstellen kann, können unzählige anekdotische Beispiele angeführt werden. Nehmen wir zum Beispiel den Fall von Alicia Kozakiewicz. Als Kozakiewicz dreizehn Jahre alt war, wurde sie vor ihrem Haus in Pittsburgh von einem Mann, den sie im Internet kennengelernt hatte, entführt. Sie wurde vier Tage lang als Geisel gehalten, gefoltert und sexuell missbraucht, bevor das FBI sie befreien konnte. Als die Beamten den Keller betraten, in dem Kozakiewicz gefangen gehalten wurde, fanden sie sie an den Boden gekettet vor, mit einem Lederhalsband um ihren Hals. Trotz des akuten Traumas – wahrscheinlich eher deswegen – konnte Kozakiewicz sich nicht an den Horror erinnern, den sie während ihrer Gefangenschaft erlebt hatte. Zudem litt die Jugendliche auch unter großen Erinnerungslücken über die Jahre vor ihrer Entführung. Als sie neunzehn Jahre alt war, sagte Kozakiewicz aus, dass sie sich an »dies und das« aus ihrem Leben und hinsichtlich des Traumas erinnerte. Langsam und über geraume Zeit begann sie die Erinnerungen über das, was ihr widerfahren war, wiederzuerlangen.

Kozakiewicz und ich scheinen ähnliche Traumata durchgemacht zu haben. Wir wurden beide von sadistischen Männern gefangen gehalten, in einen Keller-Kerker eingesperrt, gefesselt, gefoltert und vergewaltigt. Beide bewältigten wir das Trauma, indem wir die Erinnerung daran verdrängten und unterdrückten. Unterdrückte Erinnerungen bleiben jedoch in den seltensten Fällen unterdrückt. Sie pirschen sich heran: als eingefrorene Bilder, Phantomschmerzen, verwirrende Träume.

Als ich meine Erinnerungen langsam wiedergewann, wurde ich in eine emotionale Krise katapultiert. An einigen Tagen fühlte ich mich so verängstigt, dass ich mich stundenlang in meinem Schrank versteckte. An anderen Tagen weinte ich pausenlos und war nicht in der Lage, aufzustehen. Da ich mich nicht im Griff hatte, musste ich mein Praktikum bei *Zeit der Sehnsucht* aufgeben. Ich vermochte kaum eine Einkaufsliste zu schreiben, geschweige denn ein Drehbuch!

Ich erkannte, dass mein Leben zerfiel, und wusste, dass ich Hilfe brauchte. Wie genau ich Hilfe bekommen sollte, war mir jedoch schleierhaft. Mir war bewusst, dass ich einen Therapeuten konsultieren musste, aber die guten kosteten viel Geld. Da ich nun arbeitslos war, hatte ich keine Mittel. Das ist eine der Zwickmühlen, in die Missbrauchsopfer geraten. Die Heilung braucht ihre Zeit und viel Geld, aber traumatisierte Menschen sind oft zu geschädigt, um einen Job halten zu können.

Am Ende fand ich ein gemeinnütziges Beratungszentrum in Van Nuys, das für Bedürftige Psychotherapie zu geringen Kosten anbot. Kliniken dieser Art gibt es an vielen Stellen in den USA, und sie sind die Hauptanlaufstelle für sehr kranke Menschen, die einfach nicht die Mittel für eine Therapie oder keine gute Versicherung haben. Diese Kliniken können jedoch nur deswegen eine Therapie zu reduzierten Preisen anbieten, weil sie unerfahrene Therapeuten einstellen. Es sind zumeist Studenten im ersten oder zweiten Jahr ihres Studiums, die unentgeltlich arbeiten, um auf ihre Praxisstunden für die Lizenz zu kommen.

Es ist eine traurige Tatsache, dass Therapeuten mit wenig bis gar keiner Erfahrung und unvollständiger Ausbildung routinemäßig mit Patienten in einen Raum geworfen werden, die an schweren geistigen Störungen leiden, darunter Borderline-Persönlichkeitsstörungen, Dissoziative Identitätsstörungen und andere Formen von Dissoziation. Da sie neu sind in dem Fach, wissen diese Therapeuten oft nicht, womit sie es zu tun haben, was zum Teil erklärt, warum Patienten oft über Jahre hinweg falsch diagnostiziert werden.

Ich wurde zu einer Therapeutin von Mitte fünfzig geschickt. Ethel, meine Therapeutin Nr. 4, war eine Studentin im zweiten Jahr ihres Masterstudiengangs, die ihr zweites Praktikum absolvierte. Trotz ihres großmütterlichen Aussehens war sie kalt und hart. Wie die meisten fortgeschrittenen Psychologiestudenten war sie sicherlich überarbeitet, hatte nicht die nötige Hilfe und war mit den schwierigen Fällen, die ihr zugeteilt wurden, überfordert. Da sie schon älter war, schien sie auch ein Problem damit zu haben, umsonst arbeiten zu müssen. Ihr größtes Problem war jedoch ihr Mangel an Einfühlungsvermögen. Empathie und Unvoreingenommenheit sind essenzielle Eigenschaften für einen guten Therapeuten. Insofern ist es erstaunlich, wie viele ich getroffen habe, denen diese Fähigkeiten fehlten. Als ich versuchte, mit Ethel über die schrecklichen Flashbacks zu sprechen, unter denen ich litt, und über die lähmenden Ängste, konnte sie den Schmerz, den ich spürte, nicht nachvollziehen.

Woche um Woche versuchte ich, die Qualen über meine Erinnerungen von Missbrauch mit ihr zu teilen. Und sie bot mir dumme Platitüden an im Sinne von: es sei nicht so schlimm und ich solle mich auf das Gute im Leben konzentrieren. An einem Abend, als ich ihr sagte, dass ich mich umbringen wolle, schlug sie vor, dass ich stricken solle, um mich abzulenken (kein Scherz!). Danach entschloss ich mich, Therapeutin Nr. 4 nicht mehr zu konsultieren.

Stattdessen trat ich einer kostenlosen Selbsthilfegruppe für Opfer von Kindesmissbrauch bei. Noch immer unter Schock und mit Schwierigkeiten angesichts der Erkenntnis, dass ich ein

Opfer *war*, fand ich die Gruppe anfangs tröstlich. Mit der Zeit wurde es jedoch schwierig, mich mit den meisten Frauen, die ein viel mutigeres Leben zu führen schienen, zu identifizieren. Viele der unverheirateten Frauen in den Zwanzigern hatten schon Kinder und zum Teil ein umfangreiches Strafregister. Keine der Frauen hatte einen Universitätsabschluss oder war daran interessiert, mit Bildung oder einem Beruf eine bessere Position zu erreichen. Es war eine pessimistische Gruppe, und ehrlich gesagt machten mir die fehlenden Ambitionen und der Mangel an Hoffnung Angst. Ich hatte in dieser Gruppe meine Identität als Überlebende aufbauen wollen, aber was ich fand, waren Menschen, die sich ausschließlich als Opfer der Ereignisse verstanden.

Mit zweiundzwanzig Jahren fehlten mir die Worte, das zu beschreiben, aber ich verstand instinktiv, dass diese Art von Negativität in einer Sackgasse enden würde. Es gibt keine Besserung und kein Glück, wenn man nicht daran glaubt, dass dies möglich ist.

Eine Frau in der Gruppe beeindruckte mich. Sie war in den Vierzigern und verheiratet. Sie war immer berufstätig gewesen, bis die unterdrückten Erinnerungen über den Missbrauch in ihren späten Dreißigern wieder aufkamen. Erschüttert, wie sie war, sah sie sich gezwungen, ihre Arbeit aufzugeben und sich Zeit für den Genesungsprozess zu nehmen. Seit einigen Jahren war sie bei einem erfahrenen privaten Therapeuten in Behandlung, und das war deutlich zu sehen. Anders als wir, schien sie ihre Vergangenheit zu akzeptieren und zu verstehen, wie diese ihr Leben beeinträchtigt hatte. Zudem war sie fähig, einfach zu weinen, wenn sie traurig war – etwas, was ich nicht konnte.

In der Gruppe drückte die Frau wortgewandt ihr Bedauern darüber aus, dass sie ihren Dämonen so spät im Leben entgegengetreten war. In ihren Zwanzigern und Dreißigern hatte sie zu viel Angst gehabt und stattdessen beschlossen, sich mit Arbeit und Beziehungen abzulenken. Im Selbstbetrug versunken, traf sie schlechte Entscheidungen. Eine davon war ihr Mann, den sie aus dem Bedürfnis nach Schutz geheiratet hatte, ohne ihn zu lieben. Die beiden hatten die Scheidung eingereicht. Am meisten bereute sie jedoch, dass sie keine Kinder hatte. Da sie ständig vor ihren Gefühlen weggerannt war, hatte sie sich nie die Zeit genommen, in sich zu gehen, um herauszufinden, dass sie eigentlich Kinder hätte haben wollen. Nun war es zu spät, und sie weinte mit so viel Bitterkeit darüber, dass es mich ängstigte. Mit zweiundzwanzig konnte ich nichts anfangen mit der Endgültigkeit der Menopause. Ich begriff jedoch, dass der Widerwille, sich den Dämonen zur rechten Zeit zu stellen, in die Trübsal führte.

Beeindruckt von dem Fortschritt, den die Frau gemacht hatte, fragte ich nach dem Namen ihres Therapeuten. Sie konsultierte einen Mann namens Javier in Altadena, etwa dreißig Meilen außerhalb. Trotz der erheblichen Entfernung rief ich ihn an. Das klinische Therapie-Roulette brachte mir nichts, und ich war gewillt, den Weg auf mich zu nehmen für jemanden, der empfohlen wurde und dessen gute Arbeit ich mit eigenen Augen sehen konnte.

Nachdem wir am Telefon geredet hatten, schlug Javier mir einen ersten Termin vor. Einige Tage später fuhr ich mit großen Hoffnungen nach Osten. Javiers Büro befand sich in einem kleinen Ärztehaus, indem hauptsächlich Zahnarztpraxen untergebracht waren. Sein Wartezimmer war nicht vornehm, aber im Vergleich zu Bellevue und der Klinik in Van Nuys fühlte es sich an wie ein Palast. Er war in den späten Dreißigern, hatte wirre dunkle Haare und einen fülligen Schnurrbart. Seine Jeans, die Mokassins und sein Pulli vermittelten den Eindruck von einem coolen Typen.

Javiers Büro war ein riesiger Raum mit einer gewölbten Decke, etwas abgenutzten Sofas und einem übergroßen Schreibtisch. Auf der einen Seite stand ein Aquarium auf einem dunklen Sockel. Das Ganze roch nach den 1970ern. Javier wirkte auch wie jemand aus den 1970ern. Er hatte eine entspannte, warme Laissez-faire-Ausstrahlung – ein weiterer Therapeut, der auf Augenhöhe kommunizierte.

Da Javier so offen schien, wollte ich es auch sein. Ehrlich gesagt brannte ich nur darauf, jemandem, der vielleicht verstand, was ich durchmachte, mein Herz auszuschütten. Ich erzählte Javier, dass es schwer gewesen war, nach Kalifornien zu ziehen, und von den plötzlichen Flashbacks. Ich erzählte ihm von den schrecklichen Erinnerungen, den nagenden Ängsten, der lähmenden Depression und den dunklen Selbstmordgedanken. Ich erwähnte, wie verzweifelt ich war, einen guten Therapeuten zu finden, der mir wahrhaft und wirklich helfen könnte.

Bei all dem hörte Javier mir geduldig zu. Er nickte an den richtigen Stellen und gab beruhigende, einfühlsame Kommentare von sich. Er schien zu verstehen, was für eine Hölle ich durchlebte, und wusste auch etwas über Kindesmissbrauch und Trauma. Ich schickte ein stilles Dankgebet an Gott dafür, dass er mir endlich den richtigen Therapeuten geschickt hatte.

Dann sprachen wir über Geld.

Als Javier herausfand, dass ich keinen Job, keine Ersparnisse und keine Versicherung hatte, unterbrach er plötzlich meinen Monolog. Er nannte mir seine stündliche Rate, die ich allerdings schon kannte. Aber ich war so verzweifelt, dass ich beschlossen hatte, dass Geld kein Hindernis sein sollte für die Hilfe, die ich erhielt. Ich fragte ihn, ob es möglich wäre, mir mit dem Honorar entgegenzukommen, oder ob ich ihm das Geld so lange schuldig bleiben könnte, bis ich Arbeit finden würde. Javiers warme Ausstrahlung wurde durch eine geschäftliche Kälte abgelöst. Er fing an, Papiere auf dem Schreibtisch hin und her zu schieben; seine Körpersprache gab mir zu verstehen, dass es Zeit war zu gehen.

In meiner Verzweiflung brach ich in Tränen aus. Ich trat an

Javiers Schreibtisch und flehte ihn an, mich aufzunehmen. Ich versprach, dass ich zahlen würde, sobald ich könnte.

Javier seufzte, sah mir direkt in die Augen und sprach mit einer ermatteten Entschlossenheit. »Verstehen Sie, Michelle, über sexuellen Missbrauch hinwegzukommen ist die Hölle. Es braucht sehr viel Zeit und Kraft, um sich da durchzuarbeiten. Sie sind nicht in der Lage, jetzt damit fertigzuwerden. Sie müssen erst mal Ihr Leben in Ordnung bringen.«

Ich kehrte zu der freien Gruppe in der Klinik zurück. Aber kurz danach erhielt ich einen Anruf von einem Mitglied namens Amy. Ich wusste, wer sie war, aber wir hatten nie ein privates Gespräch geführt und unterhielten keinerlei persönliche Verbindung. Amy sagte, dass sie mit einer Bitte von ihrem Therapeuten anrief und dass sie Informationen wollte. Es schien, dass Amy so etwas wie multiple Persönlichkeitsstörungen hatte und sich an Teile ihres täglichen Lebens nicht erinnern konnte. Amy rief alle Frauen in ihrer Gruppe an, weil sie wollte, dass wir ihr sagten, was sie gesagt und getan hatte. Ich wusste nicht viel über multiple Persönlichkeitsstörungen, abgesehen davon, dass es verrückt war und ein irrer Scheiß.

Ich rief Amy nicht zurück. Die ganze Sache machte mir so viel Angst, dass ich nicht zu der Gruppe zurückkehrte.

Schließlich: Was hätte ich wirklich mit einer so verrückten Person wie ihr gemein haben können?

Da ich keine Hilfe finden konnte, um gesund zu werden, tat ich, was ich immer getan hatte: Ich schloss meine Gefühle weg und versuchte, mein Leben in den Griff zu bekommen. Mich am eigenen Schopf aus dem Sumpf zu ziehen, war allerdings schwieriger geworden, da ich mich nun an einen Teil des sexuellen Missbrauchs erinnerte. Ich musste es jedoch tun. Ich musste Geld verdienen, um überleben zu können.

Nach *Zeit der Sehnsucht* einen Job zu finden, war allerdings nicht leicht. Ich bewarb mich für ein Theaterschriftsteller-Stipendium beim Mark-Taper-Forum und wurde nicht mal zum Interview eingeladen. Eine Agentin schlug vor, dass ich für eine Sitcom-Serie schreiben sollte, und so schrieb ich *Doogie Howser, M.D.*, um es als Beispiel für meine Arbeit zu präsentieren. Es war so schlecht, dass sie es nicht mal wegschicken wollte.

Um die gleiche Zeit bekam ein kurzer Film, den ich ein Jahr zuvor geschrieben hatte, endlich sein Industriescreening. Einige wichtige Leute waren anwesend, was ungünstig war, da der Film total in die Hose ging. Da ich in der Unterhaltungsbranche nicht Fuß fassen konnte, wandte ich mich wieder dem Journalismus zu, als Theaterrezensentin für den *Los Angeles Reader*. Aber der *Reader* zahlte nicht viel. Entschuldigung, sagte ich »nicht viel«? Ich meinte »gar nichts«! Ich haute 600 Wörter die Woche für das Privileg einer Freikarte raus.

Da ich als Schriftstellerin kein Geld verdienen konnte, bewarb ich mich für jeden Job, den ich kriegen konnte. Ich schickte Lebensläufe an jede nur erdenkliche Anzeige in *Variety*, dem *Hollywood Reporter* und der *Los Angeles Times*. Allerdings setzte ich die wenigen Interviews, die ich bekam, in den Sand. Das war so gar nicht mein Stil. Früher hatte ich Besprechungen immer gut bewältigen können. Einer der Vorteile von multiplen Persönlichkeiten ist, dass man im Unterbewusstsein stets die passende Identität für die gegebene Situation abrufen kann. So bin ich durchs Leben gekommen. Aber als es mit den Flashbacks losging, änderte sich alles. Ich verlor meine Zauberkraft.

Deshalb betete ich so inständig, als ich von dem Geschäft nach Hause lief. Nach vielem Suchen und diversen Vorstellungsgesprächen wartete ich auf eine Antwort für einen Einstiegsjob als Bürokraft in Theaterzentrum von Los Angeles, dem LATC. Tippen und Dateien ablegen und Pakete durch die Stadt tragen war nicht gerade mein Traumjob, aber es schien mir jetzt so, als ob mich niemand wollte. Da dies meine letzte Chance für einen Job mit Entwicklungsmöglichkeiten war, wandte ich mich an Gott um Hilfe. »Bitte, Gott«, betete ich, als ich um die Ecke meines Wohnhauses bog.

»Bitte, Gott«, bat ich voller Verzweiflung, als ich meine Wohnung betrat und mich dem Anrufbeantworter zuwandte. Das Licht blinkte nicht. Kein Jobangebot war wie aus Zauberhand darauf gesprochen worden. Wie immer wurden meine Gebete nicht erhört. Gott hasste mich, so viel war klar.

Ich war gerade dabei, meine Sorgen in einer Tasse Ramen-Nudeln zu ertränken, als das Telefon klingelte.

»Hallo?«

»Michelle! Hallo! Hier ist Lynne vom Theaterzentrum. Ich gratuliere! Sie haben den Job!«

Ich war außer mir vor Freude und dachte, Gott sei endlich doch auf meiner Seite … bis mir die Höhe der Bezahlung unterbreitet wurde. Aber in der Not frisst der Teufel Fliegen, und ich akzeptierte mit Begeisterung. Ich freute mich wirklich über die Anstellung. Ich musste nur herausfinden, wie ich das Geld einteilen würde.

Glücklicherweise lief gerade das Broadway-Musical *City of Angels* am Shubert Theater in Century City an, und zwar auf unbefristete Zeit. Es gelang mir, dort einen Mindestlohn-Job als Platzanweiserin zu ergattern. Von nun an pendelte ich eine Stunde jeden Morgen in die Innenstadt von L.A., um meinen Neun-bis-fünf-Job im Theaterzentrum zu absolvieren, und fuhr dann im Berufsverkehr eineinhalb Stunden durch die Stadt, um von halb sieben bis zehn im Shubert Theater zu arbeiten. An den Wochenenden lief *City of Angels* zwei Mal; dann arbeitete ich von Mittag bis zehn.

Mit diesem hektischen Zeitplan blieb keine Zeit, sich auf die Vergangenheit zu konzentrieren. Die ständige Flut an Flashbacks und Gefühlen, die mich seit meinem Umzug nach L.A.

geplagt hatte, hörte auf. Das ging mehrere Jahre so. In Zeiten von extremem Stress, gewöhnlich durch Lebensveränderungen hervorgerufen, beschwor meine Psyche einen Strom von frischen Erinnerungen herauf, die mich in emotionale Instabilität stürzten. Dann, wenn ich mein Leben wieder auf die rechte Bahn gelenkt hatte, hörten die Erinnerungen auf und gaben mir Zeit, die neuen Dinge, die ich über mich gelernt hatte, zu verarbeiten und zu integrieren.

Die neuen Arbeitsstellen machten Verdrängung sehr einfach; ich hatte zu viel zu tun, um an die Vergangenheit zu denken. Die Arbeit im Theaterzentrum stellte sich als langweilig und stressig heraus. Ich verbrachte ganze Tage damit, im Büro nervtötende Aufgaben zu erfüllen: Telefongespräche annehmen, Umschläge bestücken. Der andere Teil meines Jobs beinhaltete, Pakete durch ganz L.A. zu fahren, was im Zeitalter vor GPS den Gebrauch einer dreihundert Seiten starken Straßenkarte verlangte. (Auch das ist kein Scherz.)

Das größte Problem mit dem LATC war jedoch nicht die Arbeit. Es war das ausbleibende Gehalt. Im wahrsten Sinne des Wortes. Nach nur wenigen Monaten in dem Laden bekam ich kein Gehalt mehr. Ich arbeitete mehr als einen Monat ohne Bezahlung, bevor die Theaterleitung endlich eingestand, dass sie pleite war. Im Nu war ich wieder arbeitslos. Der Job hielt nicht mal lange genug, dass ich mich für Arbeitslosenunterstützung hätte qualifizieren können.

Da ich nichts von den finanziellen Problemen des Theaters wusste, hatte ich schon einen Mietvertrag für eine teurere Wohnung unterschrieben. Mein Platzanweiserinnenjob war schon ausgelaufen; ich war mal wieder total pleite. Jeglicher Friede, den ich mit Gott gemacht hatte, löste sich in Rauch auf, zusammen mit meinem himmlischen Job. Eine Wohltat anzubieten, nur um sie sofort wieder wegzunehmen, war grausam. Gott war ein Arschloch, und ich hasste ihn.

Aber das waren die Gefühle eines jungen Mädchens, das noch nicht über den eigenen Tellerrand hinausblickte. Heute verstehe ich, dass Gottes Wege wirklich unergründlich sind. Wenn ich jetzt auf die Zeit zurückblicke, kann ich sehen, dass mein Jobverlust am LATC eine Gnade war. Dieses Ereignis hatte zur Folge, dass sich mein ganzes Leben verbesserte.

Zu dem Zeitpunkt konnte ich die positive Seite aber nicht erkennen. Ich brauchte Geld, also kaufte ich mir an dem Morgen, nachdem das Theater geschlossen hatte, eine Zeitung und schwor, mir einen neuen Job zu suchen. Tatsächlich fand ich eine Anzeige, die mich komischerweise ansprach. Geboten wurden ein hoher Stundenlohn und ein sofortiger Einstieg. Die gute Nachricht: Es war nicht weit weg von meiner Wohnung. Die schlechte Nachricht: Es handelte sich um Telefonsex.

In meinem Kopf schien das keine große Sache zu sein. Man nimmt Gespräche an. Man redet mit Männern. Man sagt schmutzige Sachen. Bla. Bla. Bla. Ich habe moralisch nichts dagegen einzuwenden, hatte es auch damals nicht. Im Gegenteil, ich hatte diese komische Faszination für Sexarbeit und nahm an, dass ich mich irgendwann zur Prostituierten entwickeln würde. Oberflächlich betrachtet, muten diese Gedanken von einem so braven Mädchen, wie ich es war, seltsam an. Im Unterbewusstsein konnte ich mich immer noch nicht an meine Geschichte als Kinderprostituierte erinnern und wusste deshalb nicht, warum ich so fasziniert war von der Arbeit im Telefonsex.

Ich kann mich von meiner ersten Nacht nicht an viel erinnern, außer, dass ich ein Büro mit unzähligen Kabinen betrat. Darin saßen viele Frauen in Pullis und Jeans und mit Telefonhörern in der Hand. Als ich durch den Raum geführt wurde, hörte ich eine Frau sagen: »Baby, du machst mich so heiß, ich muss aufhören.« Dann nahm sie eine elektrische Zahnbürste zur Hand, schaltete sie an und richtete das vibrierende Geräusch auf den Hörer.

Nachdem ich die Formulare ausgefüllt hatte und darin eingewiesen worden war, wie ich das Telefon bedienen sollte, wurde mir eine Kabine zugeteilt. Da es meine erste Nacht war, gab man mir eine »Chat-Leitung« – das bedeutete, dass ich nur mit den Männern flirten sollte. Als ein Knopf an meinem Telefon aufleuchtete, ergriff ich den Hörer.

»Hallo?«, sagte ich mit einer Stimme, die ich kaum erkannte.

Die Stimme am anderen Ende der Leitung klang nach einem jungen Mann, ungefähr zwanzig. Er hatte einen südlichen Akzent und war schüchtern und höflich. Ich kann nicht sagen, worüber wir sprachen, denn ich war nicht wirklich da.

Ein Teil von mir hatte die Konversation übernommen, während ich passiv aus der Ferne zuhörte.

Die Stimme – meine Stimme – war kokett und kichernd, mit einer leicht gedehnten Sprechweise, was dem Mann sehr gefiel. Sie sprach von Reitstunden, ihrer Liebe zu Pferden und der großartigen Farm, auf der sie lebte. Die Details ließen ein Leben der südlichen Aristokratie vermuten.

Der Kunde war so beglückt von dem Mädchen, dass er eine halbe Stunde lang am Telefon blieb, so lange, wie sein voreingestellter Kostenrahmen es erlaubte. Als die Verbindung ihn abschnitt, rief er wieder und wieder zurück. Und so ging es während meiner ganzen fünfstündigen Schicht.

In diesen Stunden blieb der junge Mann höflich. Er flirtete, aber nicht übermäßig sexuell, da dies der Rahmen des »Chat«-Angebots nicht gestattete. Er schien jedoch besessen davon, herauszufinden, wo seine neue Liebe lebte. Er fragte mehrmals nach und bot an, überall hinzufahren oder zu fliegen, um sie – mich – persönlich zu treffen.

Es war alles relativ harmlos. Der Mann würde niemals erfahren, wo ich wohnte; wir benutzten falsche Namen am Telefon.

Dennoch ging ich in dieser Nacht mit einem unguten Gefühl zu Bett und hatte schreckliche Albträume, dass er mich verfolgen, entführen und zu einer Sexgeisel machen würde.

Am nächsten Tag schmiss ich meinen Job als Telefonsexarbeiterin hin. Die Träume waren zu beängstigend gewesen und, obwohl ich es noch nicht begriff, zu nah an der Realität. Der Teil, in dem ich nicht wirklich ich war, war auch seltsam, aber ich dachte nicht viel darüber nach. Mein Verstand hatte einen Weg gefunden, mir Dinge über mich selbst zu zeigen, ohne dass ich mir der Sache vollkommen bewusst war. Das ist normal bei Verleugnung und Dissoziation.

Einige Tage später erhielt ich plötzlich einen Anruf von der Theaterzentrumsgruppe CTG, der größten und erfolgreichsten Theatergesellschaft in L.A. Sie hatten meinen Namen von einer ehemaligen LATC-Kollegin erhalten, die vor Kurzem dort angefangen hatte. Ganz ohne Bewerbungsgespräch wurde mir eine Stelle in der Spendenbeschaffungsabteilung angeboten. Glücklicherweise war das Gehalt genauso gut wie beim Telefonsex.

Am nächsten Morgen begann ich für eines der wichtigsten Theater des Landes zu arbeiten. CTG managte das Mark-Taper-Forum und das Ahmanson Theater und schickte regelmäßig Stücke an den Broadway. Jeden Tag füllten sich die Hallen mit bekannten Schauspielern, Regisseuren und Schriftstellern. Innerhalb weniger Monate sah ich viele meiner Idole, inklusive Stephen Sondheim, Neil Simon und Marvin Hamlisch. Wenn ich schon nicht in New York sein konnte, so war das jedenfalls der beste Ersatz dafür.

War ich nun also endlich glücklich? Natürlich nicht!

Obwohl mir der Job finanzielle Sicherheit bot, Freikarten, freigebige Eröffnungspartys und die Chance, mit weltbekannten Künstlern abzuhängen, hatte ich auch hier keine Möglichkeit, mich selbst künstlerisch zu betätigen. Die Arbeit war ausgesprochen langweilig. Die Tatsache, dass ich in meiner Freizeit nicht schrieb, war auch nicht gerade hilfreich. Seitdem ich *Zeit der Sehnsucht* verlassen hatte, hatte ich keinen Bock auf gar nichts und mir fehlte jeglicher Ansporn, jegliche Hoffnung auf Veränderung.

Fehlen war die richtige Überschrift für diesen Abschnitt meines Lebens. Obwohl ich eine Arbeit hatte, die zu Größerem hätte führen können, fehlte mir das Selbstvertrauen, die Situation wirklich zu meinen Gunsten zu nutzen. Mir fehlten auch Freunde, aber ich hatte nicht die sozialen Kompetenzen, um welche zu gewinnen. Es war nicht so, dass Kollegen nicht versucht hätten, meine Freundschaft zu gewinnen. Am Anfang wollten Leute mich oft zum Mittagessen einladen. Aber ich war so unbeholfen, dass ich selten ein zweites Mal gefragt wurde.

Ich konnte auch außerordentlich unhöflich sein. Nach ein paar Tagen in dem Job lud mich die Kollegin, die mich für die Stelle empfohlen hatte, ein, sie zum Mittagessen zu begleiten. Wir hatten vorher schon zusammengearbeitet, ich kannte sie also ein wenig. Mir war allemal bewusst, dass sie mir einen großen Gefallen getan hatte. Es wäre also richtig gewesen, sie meinerseits zu einem netten Essen einzuladen und die Rechnung zu übernehmen, um ihr für all ihre Freundlichkeit zu danken. Stattdessen machten wir getrennte Kasse. Ich sprach sehr wenig und fragte sie nichts über sie selbst. Das Schlimmste ist, ich glaube, ich habe ihr nie dafür gedankt, dass sie mir die Stelle besorgt hatte!

Mein schlechtes Benehmen führte oft zur Selbstsabotage. Einige Monate nachdem ich bei CTG angefangen hatte, wurde ich für den BMI-Lehmann-Engel-Musical-Theaterworkshop angenommen. In New York brachte dieser angesehene Spielplatz für angehende Musiktheaterautoren Absolventen hervor, die erfolgreiche Stücke schrieben wie *A Chorus Line, Der kleine Horrorladen* und *The Book of Mormon*. Auch wenn die L.A.-Gruppe nicht ganz so ehrwürdig war, war es doch ein gelungener Streich, da reinzukommen, und es gab mir ein solides Fundament für meine Schriftstellerkarriere. In dem Workshop wurden Autoren, wie ich eine war, mit Komponisten zusammengespannt, um eine Reihe von vorgegebenen Liedern zu schreiben. Mir wurde Rob zugeteilt, frisch von der USC, der als Reporter für die *Los Angeles Downtown News* arbeitete. Wir ergänzten uns von Anfang an sehr gut. Unsere ersten Arbeiten erhielten viel Lob, und Rob und ich freundeten uns an.

Es lief alles so gut, dass man uns einlud, an dem 15-Minuten-Musicals-Festival des Workshops teilzunehmen. Unser kurzes originelles Musical würde eine volle Produktion erhalten, komplett mit Schauspielern, Licht, Kostümen, Requisiten, das ganze Brimborium. Es war eine unglaublich gute Chance. Was habe ich also gemacht? Ich schmiss hin. Rob kam eines Tages nicht zu einem kreativen Treffen. Er war sonst immer sehr zuverlässig und hatte den Termin einfach nur vergessen, aber ich fühlte mich geschnitten und wechselte in den überempfindlichen, komplexbeladenen Psychomodus wie seinerzeit auf der Highschool. Wie konnte er es wagen, mich nicht zu respektieren! Mich ignoriert man nicht!

Als ich endlich wieder zur Besinnung kam, verstand ich, dass ich einen schrecklichen Fehler begangen hatte. Ich sagte Rob, dass ich weiterhin mit ihm zusammenarbeiten wollte, aber er hatte schon eine andere Librettistin für das Projekt gefunden. Nett, wie sie waren, boten mir die beiden an, dass wir zu dritt arbeiten könnten. Ich akzeptierte mit Freude, aber dann verbrachte ich die nächsten Wochen damit, schwierig zu sein und mich über alles zu beschweren, was Robs neue Partnerin tat. Ich hasste ihre Skripts, ihre Songeinleitungen und wie sie sich frisierte. Ich spielte meine Verärgerung aus darüber, dass ich so leicht ersetzt worden war, aber ich bemerkte es nicht. Ich gab einfach die dämliche Diva, während Rob versuchte zu beschwichtigen. Die Belohnung für seine Mühen war, dass ich ein paar Tage vor der Generalprobe erneut alles hinschmiss. Da nun Geld für die Schauspieler, Kostüme, Musiker und Szenerie im Spiel war, intervenierte der Direktor. Er sagte mir, dass ich für immer von der Gruppe ausgeschlossen würde, wenn ich so spät noch absprang. Ich liebte den Workshop. Es war mein einziger kreativer Ausgleich in dieser Zeit. Wie zu erwarten, schaltete ich auf stur und verließ die Gruppe. Ich war schon immer gut darin, alles Gute zu ruinieren, das mir widerfuhr.

Zu dieser Zeit betrachtete man mich entweder als Spinnerin oder als Arschloch. Es war nicht meine Absicht; es kam mir einfach nicht in den Sinn, mich anders zu verhalten. Wenn Menschen reserviert oder unhöflich sind, beurteilen andere sie oft streng und sagen, es sei ein Zeichen von schlechtem Charakter. Wir denken: *Er ist kalt,* oder: *Sie ist unhöflich,* oder: *Er ist seltsam,* während die kalte, unhöfliche, seltsame Person in Wirklichkeit gar nicht immer bemerkt, dass sie sich so abweisend verhält. Soziales Verhalten ist erworben, nicht angeboren. Niemand wird mit dem Wissen geboren, dass man mit geschlossenem Mund kauen oder Danke sagen sollte, wenn man einen Job vermittelt bekommt. Oder dass man seine Projektpartner gefälligst zu respektieren hat. Wir lernen diese Regeln menschlichen Verhaltens durch direkte Anweisung oder indem wir andere beobachten. Die Muster, die wir lernen, können verändert werden, aber wir glauben oft, dass sie das sind, was wir von Natur aus sind.

Da ich von einem narzisstischen Psychopathen erzogen wurde, gab es bei mir eine Menge Muster, die der Änderung bedurften. Mein schlechtes Benehmen, meine argwöhnische Natur und mein Komplex sowie mein Selbstbewusstsein bezüglich meiner Unfähigkeit, mich anzupassen, waren allesamt eine Mischung, die es mir nicht leicht machte, Beziehungen zu den Menschen um mich herum aufzubauen. Ich war jedoch durchaus mit Eifer bei der Arbeit und um Erfolg bemüht. Trotz meiner sozialen Mankos begann ich damit, mir in der Theaterwelt meinen Weg nach oben zu erarbeiten – von der unterforderten Zeitarbeiterin zur führenden Stage-Managerin des Vizedirektors. Ich ging sogar auf Tour mit einer Show, die im Rahmen des New-York-Shakespeare-Festival aufgeführt wurde: Endlich wurde mein Traum wahr, professionell in Manhattan zu arbeiten.

In diesen Jahren der Theaterarbeit begann der lange Prozess der Heilung von meiner Kindheit. Da ich nun sicher war vor dem Missbrauch, schwächten einige meiner schlimmsten Angsttrigger sich natürlich ab, und ich war fähig, Einkaufszentren, Motels und Sonnenuntergänge wieder zu genießen. Durch die Arbeit gewann ich Freunde und erlebte zum ersten Mal so etwas wie ein normales Leben.

Ich begann wieder mit dem Schreiben, verkaufte drei Kurzgeschichten an Anthologien und schrieb ein Stück über meine Erfahrungen mit der Justiz.

Meistens stand ich morgens auf, ging zur Arbeit, kam nach Hause und lebte ein unbestimmtes Leben. Für die meisten Leute ist das kaum etwas, worüber es sich schreiben ließe. Aber für mich waren Normalität und Berechenbarkeit eine neue Erfahrung.

An einem Tag spülte ich das Geschirr in der Küche, als mich ein warmes, ruhiges, glückliches Gefühl überkam. *Das ist Zufriedenheit*, dachte ich. Es war das erste Mal, dass ich dieses Gefühl jemals gespürt habe. Ich war fünfundzwanzig Jahre alt.

Der Dank für diese Zufriedenheit und alle anderen Fortschritte, die ich bis dahin gemacht hatte, geht an Steve. Wir kannten uns nun schon sieben Jahre und lebten seit vier Jahren zusammen, sodass ich eine Menge Zeit gehabt hatte, seine Lehren aufzusaugen. Steve kam aus einer der normalsten Familien, die man sich vorstellen kann: berufstätiger Vater, Mutter Hausfrau, zwei Kinder, zwei Autos. Er wuchs mit allabendlichen Familienessen und jährlichen Familienferien auf, in denen niemand den anderen schlug oder anschrie. Das Resultat war, dass Steve eine charakterfeste, ausgeglichene, geduldige Persönlichkeit entwickelte. Wenn Probleme auftauchen, dann kann er Dinge durchdenken, statt unbedacht zu handeln, und er verbrachte unzählige Stunden damit, mich das Gleiche zu lehren.

Jeden Abend, wenn ich theatralisch die Krise des Tages schilderte, sprach Steve ganz ruhig mit mir die Ereignisse durch. Er fragte mich, wie ich mich gefühlt hatte und warum ich mich so gefühlt hatte. Für die meisten Menschen ist es selbstverständlich, zu verstehen, wie man sich fühlt, aber die Fähigkeit, Gefühle zu verstehen und sie zu benennen, ist erlernt, nicht von Natur aus gegeben. In der Regel lernen Kinder das, wenn sie sehr klein sind.

Am ersten Tag im Kindergarten sagt ein nervöses Kind vielleicht, dass ihm der Bauch wehtut, und die Mutter fragt: »Hast du Angst?« Mit der Zeit lernt das Kind, die körperliche Erfahrung mit den Namen der Gefühle zu assoziieren. Das ist der Beginn von emotionaler Intelligenz.

Wie Sozialverhalten und emotionale Intelligenz werden auch moralische Werte von klein auf erlernt. Das geht gut, wenn die Eltern grundehrlich sind. Aber wenn man von einem Soziopathen erzogen wird, verwischen sich grundlegende Aspekte wie Gut und Böse.

Steve besitzt einen fest verankerten Moralkodex. Er kann zwischen Gut und Böse unterscheiden und kennt sich selbst, kann also nicht dazu verleitet werden, Dinge zu tun, wenn er nicht überzeugt ist, dass sie gut sind. In unseren abendlichen Gesprächen versuchte Steve mir zu helfen, meinen eigenen Sinn von Ethik zu entwickeln. Ich werde nie vergessen, wie er mich das erste Mal fragte, was »die kleine Stimme in meinem Kopf« mir auftrug zu tun. Kleine Stimme? Wovon zum Teufel sprach er? Es dauerte sehr lange und brauchte eine Menge Sitzungen bis tief in die Nacht, bevor ich eine innere Stimme entwickelte, die die meisten Menschen als das Gewissen verstehen. Was auch immer an Gutem mein Gewissen bewirkt hat, ist Steve zuzuschreiben. Er hat mir beigebracht, was es bedeutet, ein guter Mensch zu sein, der andere mit Respekt und Freundlichkeit behandelt. Deswegen beschloss ich, ihn zu ehren, als ich mich entschloss, Garys Familiennamen abzulegen und den Namen *Stevens* anzunehmen.

Meine Freundschaft mit Steve ist unerschütterlich. Leider kann man über unsere Liebesbeziehung nicht das Gleiche sagen. Mit den Jahren liebte ich ihn mehr und mehr – aber nicht auf *diese bestimmte Art*. Als ein Paar passten wir nicht zusammen. Wir waren beide zu introvertiert und zu konservativ. Mich hungerte es nach mehr Abenteuern. Ich wollte die Welt erforschen und brauchte Menschen, die mich aus mir herausbrachten. Lange Zeit behielt ich meine Gefühle für mich. Ich war Steve eng verbunden und wollte ihm nicht wehtun. Aber mir war auch langweilig, und ich fühlte mich zunehmend allein.

Dann eines Tages, als ich an einer Ausfahrt auf meinem Weg zur Arbeit abfuhr, hatte ich eine weitere Erleuchtung. Die klare, starke, autoritäre Stimme, die mir schon in der Vergangenheit geholfen hatte, sagte: »Michelle, du bist homosexuell, und heute ist der Tag, an dem du dich damit befasst.«

Das war ein Schock. Ich meine, ich lebte seit vier Jahren mit Steve zusammen, und vor ihm war ich mit ein paar anderen Männern ausgegangen. Aber ich hatte mich noch nie mit einer Frau verabredet. Ich kannte nicht mal lesbische Frauen! (Allerdings begeisterte ich mich für den Victoria's-Secret-Katalog deutlich mehr als die durchschnittliche Hetero-Frau.)

Ehrlich gesagt, ich glaube, ich war bis dahin einfach zu beschäftigt damit, zu überleben, um mich wirklich mit meiner Sexualität zu beschäftigen. Die meisten Leute beginnen in ihrer Jugend, sich mit ihrer Sexualität auseinanderzusetzen, aber ich wurde in diesen Jahren vergewaltigt und prostituiert. Später versuchte ich ernsthaft, »normal« zu sein, sodass ich mit Jungen ausging, nur um mich anzupassen. Erst als mein Heilungsprozess einsetzte, hatte ich die nötige Energie, um mich auf meine Sexualität zu konzentrieren. Es ist nicht ungewöhnlich für Menschen, die Kindesmissbrauch erlebt haben, sich mit ihrer Sexualität später als normal zu befassen. Aber ich glaube, dass die meisten es so und so nicht alles in einem Moment herausfinden, einfach so an der Abfahrt einer Schnellstraße.

An dem Tag fragte ich mich an meinem Schreibtisch, was ich mit meiner neu gewonnenen Erkenntnis machen sollte. Komischerweise wusste ich sofort, dass es so war. Ich war homosexuell, und ich *wusste* es. Ich wusste auch, dass ich noch am gleichen Tag etwas unternehmen musste. Also nahm ich den Telefonhörer, rief Steve am Arbeitsplatz an und fragte ihn, ob er später ausgehen wollte. In der Bar Bob's Big Boy sah ich ihm später dabei zu, wie er einen Burger verschlang, sich so gar nicht des Anschlags bewusst, der ihn erwartete. Ich wusste, dass es ein großer Schock für ihn sein würde und er sicher von mir erwartete, noch am Abend auszuziehen.

Ich wartete, bis er halb durch seinen Schokoladensahnekuchen war, bevor ich ihm die Neuigkeit mitteilte.

»Steve«, sagte ich, »ich hab dir was zu sagen. Ich bin homosexuell.«

Er zog die Gabel aus dem Mund und spuckte den restlichen Kuchen in seine Serviette. »Bist du mit jemandem zusammen?«, fragte er.

»Nein, natürlich nicht! Ich würde dich niemals betrügen!«

»Und wie kannst du das dann wissen?«, fragte er.

»Ich weiß es halt«, sagte ich.

Steve fing an zu weinen.

Ich fühlte mich mies. Steve war der erste Mensch, der mich gut behandelt hatte, die erste Person, die mich die Liebe gelehrt hatte, und ich brach diesem Mann das Herz. Gott, ich war wirklich ein Stück Scheiße!

»Schau, Steve«, sagte ich. »Ich weiß, dass du aufgewühlt bist, und ich kann es dir nicht verübeln. Ich will das nicht schwerer machen für dich, als es ist. Ich ziehe noch heute Nacht aus.«

»Ach was«, sagte er und schüttelte den Kopf. »Du musst nicht ausziehen ... Ich glaube, ich bin auch homosexuell.«

Auf der Suche nach dem richtigen Therapeuten

Mich als homosexuell zu outen war in meinem Heilungsprozess ein gewaltiger Schritt nach vorn. Über das Zentrum für Schwule und Lesben in Los Angeles gewann ich schnell Freunde und fing an, mich mit ihnen auf Partys und in Bars und Cafés zu treffen. Schon bald ging ich mit jemandem aus und genoss es, verschiedene Frauen kennenzulernen, die mir die Tür öffneten für neue Aktivitäten, Nachbarschaften und Ideen. Zum ersten Mal in meinem Leben begann ich mich so zu fühlen, als ob ich mein Leben wirklich lebte – ein normales Leben einer Zwanzig-und-ein-bisschen-Jährigen. Nach fast einem Jahrzehnt weit weg von Gary fühlte ich mich endlich sicher bei mir selbst und sah mich in der Lage, mich vor Schaden zu bewahren.

Nach ein paar Jahren der Partnersuche, komplett mit all den üblichen Geschichten von gebrochenen Herzen und sauer gewordenen Romanzen, wurde ich der sich ständig wechselnden Freundinnen-Situation müde. Ich sehnte mich nach etwas Festem, einem Menschen, mit dem ich eine ernsthafte Verbindung eingehen könnte. Ich war so weit, dass ich sesshaft werden wollte. Ich suchte jemanden, der klug und witzig, talentiert und ehrgeizig, zuverlässig und weise war. Ich wollte jemanden, der meine ziemlich traditionellen Werte in Sachen Heirat, Geld, Bildung und Kindererziehung teilte. Leider traf man diese Art Frauen nicht in der nächsten Bar.

Solche Frauen begegneten mir nirgends in L.A., und ich fing an, die Stadt dafür verantwortlich zu machen. »Ich bin von der Ostküste«, sagte ich mir. »Vielleicht sollte ich Frauen von der Ostküste treffen.« Ich überlegte mir ernsthaft, ob es an der Zeit wäre, meinen Job, meine Freunde, alles, was ich mir in L.A. aufgebaut hatte, an den Nagel zu hängen, nur um an der Ostküste die richtige Frau zu treffen! Ich war so überzeugt, dass ein Umzug zurück meine einzige Hoffnung sein könnte, dass ich wieder anfing, mit Gott zu feilschen. »Gott«, betete ich. »Wenn du mir nicht bald eine anständige Frau schickst, dann geh ich weg von hier. Ich mein es ernst! Ich ziehe am Ende des Monats um!«

Ein paar Tage später saß ich in meinem Büro im Zentrum der Theatergruppe, als ich von nebenan Fetzen einer Unterhaltung mithörte. Meine Freundin Monika war am Telefon mit einer ihrer Freunde – einem Mann, der für die Organisation der amerikanischen Regisseure arbeitete und am Tag zuvor scheinbar eine enttäuschende Verabredung mit einer Frau erlebt hatte. »Oh, das tut mir so leid, Bob!«, hörte ich Monika sagen. »Ich weiß, du mochtest sie sehr. Ich kann gar nicht glauben, dass sie sich als lesbisch geoutet hat.«

Ich weiß nicht, was mich geritten hat, aber ich war sofort in Monikas Büro. »Lesbisch?«, fragte ich. »Wer ist lesbisch? Ich will sie treffen!«

Und obwohl ich weder Bob kannte noch die Lesbe, um die es ging, arrangierte ich schnell ein Blind Date mit einer Frau, über die ich nicht das Geringste wusste.

Es war mein erstes Blind Date. Ich hatte keine Ahnung, was mich erwartete.

Die Nacht vor dem Date konnte ich nicht schlafen, aber nicht, weil ich nervös war. Ich war angespannt vor Erwartung. Ich wusste einfach, dass diese mysteriöse Frau mein Leben verändern würde.

Auf Chris zu treffen veränderte mein Leben. Wir waren von

Anfang an unzertrennlich, und es war klar, dass wir wie füreinander geschaffen waren. Nicht nur, weil sie klug und witzig und abenteuerlich und ehrgeizig war und mich zum Lachen brachte, sondern weil es alle möglichen verrückten Anzeichen gab.

Eines Tages öffnete sie zum Beispiel den Kofferraum ihres Autos und holte ein Bündel Broadwaynoten heraus. *Evita. A Chorus Line. They're Playing Our Song.* Lauter Shows, die ich liebte. Sie konnte die von mir am heißesten geliebten Lieder von Marvin Hamlisch auf dem Klavier spielen, hatte in ihrer Schulzeit Musik vorgetragen und war in Theatergruppen gewesen, genauso wie ich.

Als ich zum ersten Mal in ihrer Wohnung war, glitt mein Blick wie selbstverständlich über ihr Bücherregal. Einen prominenten Platz – liebevoll mit einer Plastikhülle geschützt – hatte *The Official Preppy Handbook.* Sie konnte es Wort für Wort zitieren.

Trotz dieser seltsamen Ähnlichkeiten kamen Chris und ich aus sehr unterschiedlichen Familienverhältnissen. Sie war die Tochter von Filipino-Einwanderern und in Cleveland aufgewachsen. Ihre Eltern waren Ärzte und arbeiteten hart, um sich einen Platz in der amerikanischen Mittelschicht zu sichern. Sie schickten ihr einziges Kind auf eine Privatschule und bezahlten ihr Collegestudium.

In vielerlei Hinsicht war Chris wie Steve. Beide waren sie Kinder aus gut situierten Familien, gewöhnt an teure Schulen, an Reisen ins Ausland und mit Eltern, die von ihren Kindern beruflichen Erfolg erwarteten. Der Unterschied war: Steve war Teil der Kultur, in der er wohnte; er passte sofort rein in den Club. Chris dagegen war eine Außenseiterin auf ihrem Weg in die Welt der Weißen. Kinder auf dem Schulhof nannten sie Schlitzauge und machten sich über das »stinkende« philippinische Essen lustig, das sie mitbrachte.

Deshalb war das *Preppy Handbook* so wichtig für Chris. Wie auch ich verschlang sie die Lehren darüber, wie man sich als erfolgreiche Amerikanerin zu verhalten hatte. Obwohl es eine Persiflage war, lasen wir beide es in einem Alter, in dem man leicht beeinflussbar ist – und es machte zweifellos Eindruck auf uns! Wir wuchsen beide mit dem Traum von dem Tag auf, an dem wir einen Labradorhund und einen Volvo hatten und beides vorzeigen konnten.

Es muss nicht betont werden, dass die Preppy in mir sich sofort zu Chris hingezogen fühlte. Wir teilten die gleiche konservative Einstellung zu Geld, Kindern und Ehe. (Ich verstehe durchaus, dass das Wort »konservativ« seltsam klingen mag, wenn es um ein homosexuelles Paar geht, aber wir wuchsen auf mit dem Wunsch, so zu sein wie die Kinder in der Fernsehserie *Drei Mädchen und drei Jungen*. Wie alle anderen auch.) Die Schriftstellerin in mir war ebenfalls hin und weg. Chris hatte gerade den Uniabschluss in einem Schriftstellerkurs absolviert, bevor sie nach Hollywood zog, um eine Karriere beim Film anzustreben. In ihrem Job als leitende Angestellte fürs Fernsehen arbeitete sie jeden Tag mit Schriftstellern und half ihnen dabei, ihre Arbeit zu verbessern. Ich lernte schnell, dass Chris ein Genie in Erzählstruktur war, was sie zu einem perfekten Resonanzboden für die kreativen Ideen meiner Schriftstellerei machte.

Ach, und habe ich schon erwähnt, dass sie sehr süß ist?

Obwohl es von Anfang an klar war, dass Chris meine Auserwählte war, begegneten wir durchaus großen Problemen. Eheberater sagen gerne, dass beide Partner den gleichen Teil an Verantwortung übernehmen sollen, aber mich traf in diesem Fall eindeutig die größte Schuld. Ich stieg in diese Beziehung mit mehr Problemen ein, als in dem Klatschheft *People* zu finden sind, und mit einer Besetzung von Charakteren in meinem Kopf, die sich schneller veränderten als Doctor Who.

Meine vielfältigen Probleme hatten sich schon in vorherigen Beziehungen bemerkbar gemacht. Als ich Chris traf, schienen mehrere meiner Persönlichkeiten der Ansicht zu sein, es sei Partyzeit. Ich habe dieses Phänomen auch im Leben meiner Klienten bemerkt; all ihre Unsicherheiten und ihr schlechtes Benehmen drängen sich nach vorne, wenn sie endlich den Richtigen treffen. Ich glaube, das ist so, weil wir Verletzten annehmen, wenn jemand Teil der Familie wird, muss er oder sie genauso sein wie die beschissenen Familien, aus denen wir stammen. Um uns vor einer Wiederholung zu schützen, suchen wir nach Problemen und stellen unsere Partner unendlich auf die Probe. Wir glauben: *Ich weiß, dass er mich schlagen wird, wenn ich nur den Mund aufmache (genauso wie mein Vater es getan hat).* Und dann benehmen wir uns so lange mies, bis unser Partner keine andere Wahl hat, als unsere Vermutung zu bestätigen.

Gegenüber Chris habe ich mich auf unterschiedliche Weise schlecht benommen! Ich erinnere mich, dass ich ein paar Monate, nachdem wir angefangen hatten zusammen auszugehen, einen Streit vom Zaun brach, als wir für ein romantisches Wochenende nach Idyllwild fuhren. Chris sprach über ihre Freunde von der Schule, an der Uni und in Hollywood, als ihr klar wurde, dass sie alle aus wohlhabenden Familien kamen. »Natürlich kommen sie aus wohlhabenden Familien«, stellte ich fest. »Menschen tendieren dazu, sich mit den Leuten zusammenzutun, die aus den gleichen Kreisen stammen.«

»Aber ich komme nicht aus einer wohlhabenden Familie«, sagte Chris unschuldig. »Mein Vater kam mit vierzig Dollar in der Tasche in Amerika an.«

Statt Chris' Familie angesichts der Schwierigkeiten, die sie überwunden hatte, Respekt zu zollen, wurde ich wütend. All die Wut in mir, weil ich aus armen Verhältnissen kam, für meinen Weg durch die Uni selbst hatte aufkommen müssen und keine Familie hatte, auf die ich hätte zählen können, explodierte in einer Tirade gegen »reiche Kinder, denen alles geschenkt wurde im Leben« und die »es immer leicht hatten und sich nie über etwas Sorgen machen mussten«. Chris versuchte zu protestieren, aber ich steigerte mich nur noch mehr hinein und warf ihr vor, sie sei ein verzogenes reiches Kind, das keine Vorstellung davon habe, wie schwer das Leben sein könne.

Während ich so richtig in Selbstgerechtigkeit badete, vergaß ich völlig, dass auch Chris eine schwere Kindheit gehabt hatte. Aber im Gegensatz zu mir war sie über ihre Erfahrungen nicht verbittert. Chris war ein bescheidener, rücksichtsvoller, großzügiger Mensch, der in der Regel jeden mochte. Ich war diejenige mit dem dunklen Herzen. Ich war diejenige, die verzogen war.

Ich war auch diejenige, die eine Hingabe auf dem Niveau von *Eine verhängnisvolle Affäre* verlangte. Ein heftiges Bedürfnis nach Aufmerksamkeit und Vergewisserung ist nicht ungewöhnlich bei Erwachsenen, die als Kinder missbraucht oder vernachlässigt wurden. Wir haben ein so großes Defizit in Sachen Liebe, dass wir, wenn wir sie finden, nie genug davon kriegen können. Leider können uns andere Erwachsene – so sehr sie uns auch lieben mögen – die selbstlose, grenzenlose Liebe, die wir von unseren Eltern nie erhielten, nicht ersetzen. In allen Beziehungen haben Partner ihr eigenes Leben und ihre eigenen Bedürfnisse zu befriedigen.

Als ich Chris traf, hatte sie einen anspruchsvollen Job, Hobbys, Freunde und eine große, weitläufige Familie. Und um all das musste sie sich kümmern. Ich fand es toll, dass sie ein so reiches und aktives Leben führte, aber ich sah das auch als Gefahr. *Ich* wollte Chris' Nummer eins sein. Ehrlich gesagt, um mich sicher zu fühlen, verlangte ich, die einzige Person in ihrem Leben zu sein. Jeder, der einmal mit jemandem ausgegangen ist, der von einem anderen abhängig ist (oder selbst von jemandem abhängig ist), weiß, welche Konflikte daraus entstehen können. Ich schmollte, wenn Chris auch nur versuchte, das Haus zu verlassen, selbst wenn es mit der Arbeit zu tun hatte. Ich verlangte, dass sie mich zu Treffen nach der Arbeit mitnahm. Ich wollte ihr immer nahe sein. Ich wollte mir sicher sein, dass sie mir gehörte, mir allein.

Selbst nach fast drei Jahren zusammen fühlte ich mich immer noch sehr unsicher und bedürftig – und so verhielt ich mich auch. Die Sache eskalierte am Memorial Day, als Chris ein Familiengrillfest besuchte. Wir hatten uns schon öfter über ihre Familie gestritten. Chris hatte ihrer Familie gegenüber ihre Homosexualität nicht eingestanden und konnte schon deshalb ihre Freundin nicht mitbringen. Ich blieb also allein zu Hause, während sie einem nicht endenden Strom an Familienpflichten nachkam. An diesem speziellen Wochenende hatte ich genug. Chris war schon an Thanksgiving, Weihnachten, Ostern und zu Silvester bei ihrer Familie gewesen. Ich meinte, sie müsste nicht auch noch den Memorial Day mit ihnen verbringen.

Chris musste die Schürzenbänder durchschneiden, mit denen sie an ihre Familie gebunden war. Daran gab es nichts zu deuten. Aber das ist nicht der Punkt bei der Geschichte. Der Punkt ist, was passiert, wenn eine Person mit Verlassensängsten einen Psychowutanfall hat. Nachdem Chris unsere Wohnung verlassen hatte, fühlte ich mich so wütend und hilflos, dass ich in ihren Ankleideraum ging und wie wild an ihren Kleidern zu reißen begann. Schreiend und weinend riss ich alles von den Bügeln und ließ es in einem großen Haufen in der Mitte des Ankleidezimmers liegen. Ich hätte wahrscheinlich den Haufen angezündet und die Wohnung gleich mit und mich darin verbrannt, aber Chris kam früher zurück als erwartet und stoppte mich.

Sie war sehr aufgebracht wegen ihrer Kleider.

Aber sie war auch erleichtert, dass sie wenigstens kein Kaninchen hielt.

Trotz meiner wiederholten dramatischen Szenen blieben Chris und ich zusammen. Die ganze Anerkennung dafür gebührt ihr. Sie ist die loyalste, bedachteste, verlässlichste und großzügigste Partnerin, die man sich nur vorstellen kann. Von Anfang an hatte Chris Verständnis für das, was ich durchmachte. Sie verstand, was für miese Karten mir im Leben zugeteilt worden waren und wie mich das emotional, gesellschaftlich, kreativ und finanziell verkrüppelte.

Ihre Liebe konnte mich jedoch zunächst nicht wieder heilen. Nun, schon fast dreißig, verzweifelte ich mehr und mehr darüber, dass es mit den Problemen in meinem Leben niemals besser zu werden schien. Regelmäßig zu schreiben, eine Karriere aufzubauen oder zu lernen, mit Leuten auszukommen – alles sehr schwierig. Meine Gefühle waren ein nie endendes Wechselbad von Depressionen, Ängsten, manischer Begeisterung und Wut, und ich schien immer in einer Art Krise oder Kampf zu stecken. Die Höhen und Tiefen trieben die Leute, die mich liebten, in den Wahnsinn. Ich war so unberechenbar, dass Chris oft witzelte, dass ich multiple Persönlichkeiten haben müsse oder so was.

Zudem trieb ich mich selbst in den Wahnsinn, denn wie hart ich auch arbeitete und wie viel ich auch erreichte, ich schien es nie zu schaffen, eine Bodenhaftung im Leben zu finden. Jedes Mal, wenn mir etwas Gutes widerfuhr, schaffte ich es, alles zu ruinieren. Mit der Zeit begann ich mich wie eine echte Versagerin zu fühlen und verlor alle Hoffnung, dass ich jemals mein Potenzial erreichen oder ein lang anhaltendes Glück finden würde.

Rückblickend ist es leicht zu sehen, dass meine Unfähigkeit voranzukommen das Ergebnis meiner Unfähigkeit war, mich mit meiner Vergangenheit auseinanderzusetzen. Ich investierte so viel geistige Energie darin, vor meinen Erinnerungen und Gefühlen davonzulaufen, dass mir nichts mehr blieb für die Gegenwart oder die Zukunft. Das ist nicht ungewöhnlich für Menschen, die ein Kindheitstrauma erlebt haben. Um überleben zu können, werden wir so geschickt darin, unsere Gefühle zu unterdrücken, dass Verleugnung zur Lebensentscheidung wird. Aber mit der Zeit verhindert dieses Verleugnen unserer wahren Gefühle und Erfahrungen, dass wir wachsen oder vorankommen. Wir stecken in der Vergangenheit fest.

Das klingt alles sehr eindeutig, ich weiß. Aber es ist lange nicht so klar, wenn man es durchmacht. Jeden Tag sehe ich Klienten in meiner Praxis, die frustriert und ohne jede Hoffnung sind. Sie zeigen die gleichen ungesunden Muster, über und über, manchmal jahrzehntelang. Dennoch können sie die Muster, die sie bremsen, nicht erkennen – und sie können auch nicht akzeptieren, dass ihre Probleme von einem Trauma herrühren, das weit in der Vergangenheit liegt, beispielsweise Vernachlässigung durch die Mutter oder Alkoholismus des Vaters. Sie sehen nur, dass sie unglücklich sind. Nichts scheint zu klappen in ihrem Leben, und ihnen ist nicht klar, warum das so ist.

Kurz gesagt: Das war ich. Ich versuchte ständig mein Glück zu finden, indem ich mein Umfeld veränderte – neuer Job, neue Freunde, sogar eine neue Wohnung (ich zog in sechs Jahren zehn Mal um!). Aber das Problem war nicht mein Umfeld, das Problem war ich selbst. Ich wusste nicht, wer ich war. Woher hätte ich das auch wissen können? Ich hatte nicht mal wirklich Zugang zu meinen Erinnerungen! Die Furcht davor, mich meiner Vergangenheit zu stellen, hinderte mich daran, mich meinen Gefühlen darüber zu stellen, und hielt mich davon ab, zu erkennen, wie weit ich psychologisch und emotional geschädigt war.

Um den Talkmaster Dr. Phil zu zitieren: »Man kann nicht ändern, was man nicht erkennt.« Und ich erkannte gar nichts! Weder das Ausmaß meines Missbrauchs noch meine diesbezüglichen Gefühle. Weder mein verrücktes Verhalten noch meine

Launen. Ich erkannte nicht, wie mies ich Leute behandelte, vor allem Chris und Steve. Ich wusste nichts von all dem Mist, aber ich war zum Teufel noch mal wütend darüber, dass die Welt mich verarschte!

In diesen Jahren ohne Ziel driftete ich in Therapien hinein und wieder hinaus, und so lief es auch mit Jobs und Wohnungen. Dass ich Javier als Therapeuten wählte, den Mann, der mir kaltschnäuzig gesagt hatte, dass ich wiederkommen solle, wenn ich genügend Geld hätte, ist ein Beleg für mein geringes Selbstbewusstsein. Sechs Jahre lang bin ich mit Unterbrechungen zu Javier gegangen. Wir sprachen über mein Liebesleben, meine kreativen Ambitionen, meine persönlichen Probleme mit Freunden und Kollegen. Wir sprachen ein wenig über meine Erinnerungen und die Wut gegen meine Eltern, aber wir haben nie wirklich tiefgründige Arbeit geleistet. Teil des Problems war ich; ich hatte nicht den Mut, meinen Dämonen eindeutig gegenüberzutreten.

Aber nach sechs Jahren war das Problem, wie ich zugeben muss, zum Großteil Javier. Ihm fehlte einfach das Handwerkszeug.

Das Handwerkszeug eines Therapeuten ist die Fähigkeit, eine therapeutische Umgebung zu schaffen. Eine Umgebung, in der der Klient sich sicher genug fühlt, um sein wahres Ich freizulegen, damit er genesen und wachsen kann. Um das zu erreichen, muss der Therapeut offen und ehrlich sein, Empathie zeigen, unvoreingenommen sein und dem Klienten mit bedingungslosem, positivem Respekt gegenübertreten. Klingt einfach, nicht wahr? Ist jedoch viel schwerer, als es klingt. Und das erklärt, warum die meisten Therapeuten ihre Fähigkeiten überschätzen.

Ja, ich glaube, Javier überschätzte seine Fähigkeiten. Und zu dem Zeitpunkt tat ich das auch. Er schien freundlich und warm, wusste etwas über Kindesmissbrauch und war ein netter Kerl. Damit kam er besser weg als die meisten anderen Therapeuten, die ich konsultiert hatte. Aber im Nachhinein begreife ich, dass ich Javier nie ganz vertraute, wahrscheinlich, weil ich spürte, dass er mir nicht traute.

Um jemandem dabei zu helfen, sein Trauma zu überwinden, ist es sehr wichtig, dass man glaubt, genau das tun zu können. Ich weiß, das klingt äußerst logisch. Dennoch ist es traurig zu sehen, wie oft Therapeuten nicht an ihre eigenen Patienten glauben, besonders, wenn sie durch und durch verrückt wirken, so wie ich damals. Ich war impulsiv, launisch, verängstigt, verärgert, unberechenbar – alles Eigenschaften, die für viele Therapeuten unter *unheilbar* eingeordnet sind. Sie waren die Symptome des Missbrauchs, den ich erlitten hatte, aber Javier machte einen allzu häufigen Fehler. Er nahm an, dass meine Symptome *ich* waren. Das Ergebnis war, dass er bevormundend, voreingenommen und meinen Entscheidungen gegenüber respektlos auftrat. Zum Beispiel nahm er an, dass sowohl Chris als auch Steve schlecht für mich sein müssten, ungeachtet der gegenteiligen Beweise. Obwohl ich schon so viel überstanden und überwunden hatte, glaubte der Mann nicht an mich.

Ein Therapeut, der im Stillen nicht daran glaubt, dass ein Klient geheilt werden kann, ist wie ein Lehrer, der nicht glaubt, dass sein Schüler lernfähig ist, oder ein Trainer, der nicht glaubt, dass sein Athlet gewinnen kann. Für einen Klienten/Studenten/ Athleten, der alles daransetzt, erfolgreich zu sein, ist der Pessimismus des Mentors reines Gift. Leider konnte ich die Dinge damals nicht so klar erkennen. Wenn Veränderungen in der Therapie auftraten, so brachte mein fehlendes Selbstvertrauen mich dazu, zu glauben, dass der Fehler bei mir lag. Und Javier tat nichts, um mich von dieser Einstellung abzubringen. Wie viele arrogante Therapeuten (und Lehrer und Trainer) glaubte er, der ausbleibende Fortschritt beruhe darauf, dass seine Schülerin die wertvolle Lehre nicht annehmen wollte.

Menschen, die mich liebten, sahen das nicht so. In all den Jahren beknieten Chris und Steve mich, dass ich mir jemand anderen suchen sollte. Schließlich gab ich nach und machte einen Termin mit einer Partnerschafts- und Familientherapeutin, die ich im Telefonbuch gefunden hatte. Sie war Mitte dreißig und kam frisch von der Uni. Sie hatte ein einfaches, angenehmes Sprechzimmer und ein dazu passendes einfaches, angenehmes Gemüt. Vor jedem Termin goss sie sich eine heiße Tasse Tee auf, machte es sich gemütlich in ihrem Sessel und nippte an dem Tee, während ich ihr meine Probleme darlegte, wie bei einem Gespräch zwischen Geschwistern. Sie war nett, aber nicht sehr gescheit. An der Uni und in meinen Praktika habe ich eine Menge Therapeuten wie sie getroffen: Leute, die es gut meinen, von schlichter Herkunft, die nicht viel in ihrem Leben erlebt haben und sicherlich philosophisch denken. Das Ergebnis ist, dass ihnen die Weisheit fehlt. Das mag bei manchen Klienten gut funktionieren, aber es reichte mir nicht.

Sollten Sie mitgezählt haben: Das war das Ende von Therapeutin Nr. 6.

Ich weiß, ich gehe hart ins Gericht mit meinem Berufsstand, und ich ruiniere sicherlich meine Chance, auf der nächsten Versammlung der *American Psychological Association* zur Ballkönigin gewählt zu werden. Aber nach sechs Therapeuten in fünfzehn Jahren habe ich gewiss das Recht, verärgert zu sein über eine Reihe von Helfern, die nicht halfen! Ich bin mir sicher, dass meine ehemaligen Therapeuten mich selbst für den ausbleibenden Fortschritt verantwortlich machten. Wir Seelenklempner sind schnell dabei, zu betonen, dass Menschen sich erst dann ändern, wenn sie dazu bereit sind, es zu tun. Das stimmt ja auch. Aber ich denke, dass ein Mensch in der Gegenwart eines ausgezeichneten, engagierten, leidenschaftlichen Therapeuten dazu bereit gemacht *werden* kann. Großartige Therapeuten wie auch großartige Lehrer oder Trainer inspirieren Menschen, die lernen und wachsen wollen.

Denken Sie nur an den Film *Good Will Hunting*. Darin kann ein junger Mann namens Will sein volles Potenzial nicht nutzen, weil er aufgrund einer traumatischen Kindheit bestimmte Symptome zeigt. Als Pflegekind, das regelmäßig geschlagen wurde, wächst Will mit wenig Selbstvertrauen und der Angst vor einer unbekannten, generellen Wut auf. Und er kann niemandem vertrauen. In die Therapie gezwungen, demonstriert Will seinen Unwillen darüber, sich für eine Reihe von Therapeuten aufzugeben. Alle diese Therapeuten kapitulieren schließlich. Dann trifft Will auf den Mann, der von Robin Williams gespielt wird: einen Psychologen, der nicht nur erkennt, dass Wills Widerstand das Symptom von Trauma ist, sondern der auch ausreichend engagiert ist, um ihn zur Veränderung zu bewegen.

Gott sei Dank ist die Unterhaltungsbranche reich an Geschichten von leidenschaftlichen Therapeuten, die gequälte Seelen retten können. Hätte es nicht diese erfundenen Darstellungen von Therapeuten in Heldenrollen gegeben, ich hätte wahrscheinlich jede Hoffnung aufgegeben. Aber so wusste ich, dass ich trotz der Reihe mittelmäßiger Therapeuten, die mich für unheilbar hielten, eines Tages mein Happy End erreichen würde. Ich musste nur den richtigen Therapeuten finden – den, der geschickt genug und gescheit genug und engagiert genug war, mich in ein gesundes Leben zu geleiten.

Ich hatte in meinem Kopf ein Bild von dem perfekten Therapeuten. Es war Judd Hirsch in *Eine ganz normale Familie*. Ich hatte *Eine ganz normale Familie* als Kind gesehen, kurz vor meinem ersten Selbstmordversuch. Die Geschichte eines Teenagers, der selbstmordgefährdet ist, fand Widerhall in mir. Ich konnte mich mit seinem Schmerz und seiner Einsamkeit, die er spürte, identifizieren. In dem Film spielt Judd Hirsch den Therapeuten des Jungen – einen intelligenten, sehr gütigen Mann und dennoch jemand, der kein Blatt vor den Mund nimmt. Ich war sofort von seinem Geschick und seiner Einfühlsamkeit berührt; seine Hingabe war wirklich überzeugend für mich. Gegen Ende des Films, als der Junge vollkommen verzweifelt ist, ruft er Judd Hirsch außerhalb der Sprechstundenzeiten an. Da der Therapeut fühlt, dass der Junge am Ende ist, besteht er nicht auf der Einhaltung des Protokolls. Er sagt dem Jungen nicht, dass er innerhalb der Sprechzeiten anrufen oder zur nächsten Notaufnahme gehen soll. Stattdessen versteht Judd Hirsch, dass der Junge ihn wirklich braucht, und er erklärt sich bereit, sich noch in derselben Nacht mit ihm zu treffen.

Mit dreizehn wusste ich nichts von Therapie, aber ich verstand instinktiv, dass ich eines Tages einen hingebungsvollen Therapeuten wie Judd Hirsch brauchen würde, um wirklich genesen zu können. Meine Geheimnisse waren so dunkel und meine Selbstmordgefühle so stark, dass ich ihnen ohne einen vertrauenswürdigen Therapeuten nie hätte gegenübertreten können.

Leider können wir es uns nicht immer aussuchen, wann wir unseren Dämonen gegenübertreten. Shit happens. Und 1997 war ich an der Reihe. Ich erhielt einen Anruf von meiner Mutter. Wir hatten fünf Jahre lang nicht miteinander gesprochen.

»Shell?«, fragte sie mit einer zaghaften Stimme.

»Ja?«, sagte ich vorsichtig.

»Ich wollte dir nur sagen, dass Gary tot ist!« Ich konnte hören, wie sie in Tränen ausbrach.

Ich dankte ihr für den Anruf und legte, so schnell ich konnte, auf, allerdings erst, nachdem ich erfahren hatte, dass er im Alter von vierundfünfzig Jahren einen Herzanfall erlitten hatte. Gary hatte schon lange Diabetes. Ich erfuhr später, dass er im Laufe der Jahre, seit ich ihn das letzte Mal gesehen hatte, infolge der Krankheit zuerst einen Zeh, dann einen Fuß und schließlich ein ganzes Bein verloren hatte und dass die Krankheit ihn am Ende das Leben kostete.

Es war ein seltsames Gefühl, diesen Anruf zu bekommen. Ich wusste nicht, was ich empfinden sollte. Während meiner Kindheit hatte ich gebetet, dass Gary tot umfallen würde. Jetzt war es endlich passiert, aber ich war mir nicht sicher, wie oder ob das für mich Sinn ergab.

Eines war sicher: Es machte mich krank zu hören, wie meine Mutter den Tod dieses Monsters beweinte und wie sie ihn betrauerte.

Obwohl ich mehr als zehn Jahre lang nicht viel mit ihm zu tun gehabt hatte, öffnete der Tod von Gary Lundquist in meiner Psyche eine staubige Gruft. All die Erinnerungen und Gefühle, die ich seit Jahren eingemauert hatte, strömten heraus. Es war wie während meines vermasselten Praktikums bei *Zeit der Sehnsucht*.

Ich nehme an, dass einige sich wundern, wie der Tod meines Missbrauchstäters eine emotionale Krise verursachen konnte. Immerhin war der Mann ein Monster; ich hätte feiern sollen. Und ich war ja auch allemal erleichtert über seinen Tod. Aber an der Art dieser Erleichterung konnte man auch das Problem sehen. Obwohl Gary schon seit Jahren nicht mehr Teil meines Lebens war, fürchtete ich ihn und das, was er mir eines Tages antun könnte, immer noch. Die Furcht stand Wache über meine Psyche; sie hielt alle möglichen schmutzigen Erinnerungen zurück. Jetzt war die Furcht vor Gary verschwunden. Es gab keine Bedrohung von außen mehr, die mich daran hinderte, mich an die Vergangenheit zu erinnern. Und das war der größte Terror an der ganzen Sache.

Ich fürchtete mich vor meinem eigenen Erkenntnisvermögen und dem, was es mir zeigen würde. Und aus diesem Grund ergriff eine lähmende Angst Besitz von mir. Mehrere Jahre lebte ich schon mit Chris in ihrer Eigentumswohnung, und wir waren recht glücklich dort. Als Gary gestorben war, änderte sich jedoch alles. Der Nachbar zwei Stockwerke unter uns liebte es, tagsüber Gitarre zu spielen. Er tat dies schon eine ganze Weile, aber auf einmal trieb es mich in den Wahnsinn – so sehr, dass ich es in der Wohnung nicht mehr aushielt und die Flure auf und ab tigerte, bis er aufhörte. Abends hörte ich auf einmal den Fernseher des Nachbarn direkt unter uns. Dann fiel mir auf, dass sein Hund mitten in der Nacht bellte und ohne Vorwarnung meinen Schlaf störte. Die Schlaflosigkeit wurde so schlimm, dass ich verlangte, die Betten aus dem erst vor Kurzem gestrichenen großen Schlafzimmer in das kleine ein paar Türen weiter zu räumen.

Meine scheinbar unsinnige Überempfindlichkeit Lärm gegenüber ergab keinen Sinn für die allzu vernünftige Chris. Sie hatte meine PTBS nie in vollem Umfang erlebt und konnte nicht verstehen, warum ich auf einmal so nervös war. Um Lärm auszuschließen, verlangte ich, dass wir ständig das Zimmer wechselten oder ein weißes Rauschen einschalteten. Oder dass wir die Wohnung verließen. Sie musste glauben, ich sei verrückt.

Und ich war ja auch verrückt, obwohl ich nicht verstehen konnte, warum. Ich begriff nicht, dass mich jedes Mal, wenn meine Erinnerungen eine Gelegenheit erspähten, zum Vorschein zu kommen, die Angst überfiel. Dann wurde ich unruhig. So war es gewesen, als ich von zu Hause weg in die Uni ging, als ich nach L.A. umzog, und jetzt, nach Garys Tod, ging es wieder los. Seit mich die ersten Erinnerungen an Gary und an die Abtreibung sieben Jahre zuvor überwältigt hatten, hatte ich heroisch daran gearbeitet, den Rest – die S/M, die Prostitution und die

Pornografie – unter Verschluss zu halten. Das war keine bewusste Entscheidung. Man kann nicht bewusst wählen, seine Erinnerungen zu verleugnen, wenn man nicht mal weiß, dass sie existieren. Aber mein Unterbewusstsein wusste, dass sie da waren. Und genau wie Jack Nicholson in *Eine Frage der Ehre* wusste ich, dass ich an der Wahrheit zerbrechen würde.

So schickte mir mein Unterbewusstsein ständig Fantasien, ähnlich den Fantasien, die ich hatte, als ich jung war. Die Natur dieser Fantasien war immer dunkel und sexuell mit detaillierten, unveränderten Handlungsabläufen. In einem Szenario wurde ich zu einer abgelegenen Hütte gebracht, wo ein Hirschgeweih über dem Kamin hing. Die Hütte hatte einen Keller, wo ich alle möglichen S/M-Folterpraktiken über mich ergehen lassen musste, ausgeführt von verschiedenen Männern. In einem anderen Szenario wurde ich von einem verrückten Professor eingesperrt, der mich in einem Käfig gefangen hielt und schmerzhafte Experimente an mir durchführte, die den Gebrauch von Nadeln und Elektroschocks umfassten. In einem dritten ging es um eine Gruppe von Männern, die mich entführt hatten, mich in einem Motelzimmer gefangen hielten und mich wiederholt vergewaltigten.

Natürlich waren diese »Fantasien« eigentlich keine Fantasien, nur dünn verschleierte Erinnerungen. Sie blieben verschleiert, weil ich nicht stark genug war, um mich mit meiner Vergangenheit zu befassen. Ich verstand jedoch, dass das Zeug, das durch meinen Kopf ging, nicht normal war. Ich meine, so viel ich wusste, hatte ich niemals perversen Sex gehabt oder Hardcore-Pornofilme angeschaut. Warum musste ich also immer an solches Zeug denken? Ich kam zu dem Schluss, dass ich pervers war.

Da ich nicht funktionieren konnte, musste ich Hilfe suchen, und die Person, an die ich mich instinktiv wandte, war Javier. Ich hatte mit ihm länger als mit allen anderen Therapeuten gearbeitet; er kannte mich besser als alle anderen. Ich steckte in einer

Krise, da hatte ich keine Zeit, nach einem Seelenklempner zu suchen oder den ganzen Hintergrundmist über mich ergehen zu lassen. Javier und ich machten uns sofort an die Arbeit.

Ich erzählte ihm von meinen Tagträumen – über die Hütte mit dem Hirschkopf über dem Kamin und dem Keller, in dem die Folterung stattfand. Plötzlich hatte ich eine Eingebung. Ich erinnerte mich daran, dass in Garys altem Haus ein Hirschkopf über dem Kamin gehangen hatte. Ich erinnerte mich an den großen Keller! Zum ersten Mal kam mir der Verdacht, dass meine »Tagträume« Erinnerungen waren.

Die Vision eines Folterinstruments schoss mir in dieser Zeit in den Kopf. Ich konnte es klar sehen, wusste trotzdem nur, dass es mir Angst machte. Aber ich wusste nicht, was es war. Javier bat mich, ein Bild zu zeichnen von dem, was ich sah. Ich zeichnete eine Schachtel mit zwei Stacheln an einem Ende. Ich sagte ihm, dass die Stacheln unglaubliche Schmerzen verursachten, wenn sie meine Haut berührten. Als Javier die Skizze sag, erkannte er das Ding sofort als Elektroschocker, und das ergab sehr viel Sinn. Als ich ein Kind war, wusste ich, dass Gary einen Taser besaß. Mir war sogar das Wort bekannt, aber ich hatte es nie im Zusammenhang mit der gefürchteten kleinen Schachtel gehört. Jetzt aufgrund der Therapie trafen das Wort, das Bild und die Erinnerung aufeinander, und das alles ergab viel Sinn.

Wir haben es hier mit einem tiefgehenden Teil der Traumatherapie zu tun. Therapeut und Patient arbeiten zusammen, um alle möglichen aufkommenden Bilder, Gefühle und Gedanken zu verarbeiten, um die Geschichte jener herauszukristallisieren, die so etwas durchlebt haben, und ihnen dabei zu helfen, sie zu verstehen. In einem Fall wie dem meinen, wo Dissoziation und eine Menge schmerzlichen Missbrauchs involviert sind, ist der Prozess langsam und schmerzhaft. Berücksichtigt man zudem die Geschichte meiner Selbstmordversuche, ist er auch sehr gefährlich.

Für den Therapeuten muss der Hauptfokus während der Trauma-Arbeit Sicherheit sein, was dadurch erreicht wird, dass man emotionale Reaktionen der Patientin im Griff behält. Kommen die Erinnerungen zu schnell hintereinander oder werden die Gefühle zu stark, dann wird die Patientin wahrscheinlich überwältigt von dem Schmerz und wird aufs Neue traumatisiert. Die Aufgabe des Therapeuten besteht also darin, ständig die emotionale Temperatur der Patientin zu beobachten und sie darin zu unterweisen, wie sie die Situation abkühlen kann, wenn es zu heiß wird. Das ist sehr schwer zu erreichen, wenn man es mit brisanten Erinnerungen zu tun hat, weshalb die Arbeit mit Traumapatienten immer wieder mit dem Ausführen eines Tigers verglichen wird.

In meinem Fall war Eindämmung schon immer eine ernste Sache. Jedes Mal, wenn der Missbrauch in mein Bewusstsein drang, brach es aus wie ein Vulkan und verbrannte alles entlang des Weges. Flashbacks liefen ab, ohne je ein Ende zu finden, ich wurde von Gefühlen überwältigt und verlor die Fähigkeit, im Alltag zu funktionieren. Diesmal war es nicht anders. Als die Erinnerungen aufkamen, waren sie schnell und schrecklich und brachten all die üblichen Gefühle von Angst, Schmerz, Wut und Traurigkeit mit sich. Zudem gehört es zur Dissoziativen Identitätsstörung, dass verschiedene Erinnerungen den unterschiedlichen alternativen Persönlichkeiten zugeordnet sind. Jedes Mal, wenn eine unterdrückte Erinnerung in mein Bewusstsein drang, wurde sie von einer alternativen Persönlichkeit begleitet. Der rasante Wechsel von Persönlichkeiten war äußerst beunruhigend, und ich bin mir sicher, dass er mich sogar noch verrückter erschienen ließ als ohnehin schon.

Ich war dankbar dafür, dass in dieser Zeit nicht zu viele Menschen um mich herum waren. Wegen eines Nervenzusammenbruchs arbeitete ich mal wieder nicht. Chris sorgte für uns beide, indem sie achtzig Stunden die Woche arbeitete. Verborgen von neugierigen Augen, fühlten sich meine alternativen Persönlichkeiten sicher, kamen zum Vorschein und »nahmen komplett Besitz« von meinem Körper. Das passierte ohne mein bewusstes Wissen, aber der Wechsel hinterließ eine Menge Spuren.

Chris kam oft spät am Abend nach Hause und fand dann die Stereoanlage aufgedreht auf volle Lautstärke vor, den Fernseher und alle Lichter an. Ein halb fertiges Abendessen konnte auf der Anrichte stehen, eine halb umgetopfte Pflanze auf der Veranda, ich jedoch war nirgends zu sehen. Es war so seltsam und kam so häufig vor, dass Chris anfing, die Vorfälle eine »Entführung durch Außerirdische« zu nennen. Es machte sie wahnsinnig, dass ich das Haus in einem derartigen Zustand verließ. Sie hörte nicht auf sich zu beschweren, dass ich unbedacht handelte, wenn ich das Licht nicht löschte und auch keine Notiz hinterließ, bevor ich aus dem Haus ging. Wie konnte ich ihr erklären, dass ich nicht mal wusste, dass ich das Haus verlassen hatte? Wie konnte ich erklären, dass ich mir nicht mal sicher war, wo ich den ganzen Tag gewesen war … oder *wer* ich war?

Im Laufe der Wochen nahm meine Verstörtheit zu. Die Flashbacks kamen ohne Unterlass, die Gefühle strömten auf mich ein, aber Javier half nicht, sie in Schach zu halten. Wenn ein Klient in einer Krise steckt, sollte der Therapeut vor allem mehr Termine anbieten. Einmal die Woche reicht für eine normale Therapie, aber extreme Zeiten verlangen extreme Maßnahmen. Ich hätte Javier zwei oder drei Mal die Woche treffen sollen.

Leider war Javier kein Judd Hirsch. Statt mir mehr Sitzungen anzubieten, fing er an, sie abzusagen. Oft rief er ein oder zwei Stunden vor unserem wöchentlichen Termin an, um zu sagen, dass er mich nicht treffen könnte, weil er mit einem anderen Projekt zu beschäftigt war. Einmal fuhr ich zur vereinbarten Zeit die ganze Strecke zu seiner Praxis und saß eine ganze Stunde lang im Wartezimmer, bevor ich begriff, dass er vergessen hatte zu kommen!

Wenn wir uns sahen, machte ich ihm unmissverständlich klar, dass mein psychischer Zustand sich verschlechterte. Wie schon zuvor wuchsen sich meine Angstzustände zu einer Depression aus, und ich wurde suizidgefährdet. Ich sprach zu Javier über meine Selbstmordgelüste, und er schlug vor, dass ich Antidepressiva nehmen sollte. Daraufhin suchte ich einen Psychiater auf, und er verschrieb mir ein relativ neues Medikament namens Effexor.

In vielen Fällen bewirken psychotrope Medikamente eine gute Linderung der Trauma-Symptome. Im Laufe der Jahre waren sie ein Lebensretter für mich. Aber es dauert, bis das richtige Medikament und die richtige Dosis gefunden sind. Es kann auch dauern, bis man mit den anfänglichen Nebenwirkungen eines Medikaments fertigwird.

Zu diesem Zeitpunkt fehlten mir leider die Reife und die Geduld, um mich mit meinem Seelendoktor zu besprechen, damit ich mein Medikament verantwortlich handhaben würde. Das Ergebnis war, dass Effexor nicht halb so effektiv war, wie es hätte sein können, und dass ich unnötig unter den vielen Nebenwirkungen litt, beispielsweise Kopfschmerzen, unkontrolliertes Gähnen und Mundtrockenheit. Letzteres wurde so schlimm, dass ich nicht mehr sprechen konnte.

Die schlimmste Nebenwirkung (die ich hätte vermeiden können, wenn ich meinen Arzt angerufen hätte) war jedoch Schlaflosigkeit. Schlaflosigkeit ist tödlich für eine verstörte Seele. Die ganze Nacht lief ich in der Wohnung auf und ab und kämpfte mit der Stimme in meinem Kopf, die mir zuflüsterte: »Stirb! Stirb! Stirb!«

Wenn ein Klient suizidgefährdet ist, bietet ein Therapeut gewöhnlich Notfallunterstützung an. Generell bedeutet das, dem Klienten anzubieten, dass er zwischen den Terminen anrufen kann, sollte dies nötig sein. Der Therapeut versucht nicht, eine übermäßige Abhängigkeit zu unterstützen, aber der Klient soll wissen, dass ein ausgebildeter Profi zur Stelle sein wird, um ihn auf dem Weg den Abhang hinunter zu begleiten. Nach einem Termin, bei dem ich zugab, dass ich mich sehr selbstmordgefährdet fühlte, hielt sich Javier an das Protokoll und erinnerte mich daran, dass ich ihn anrufen könne, wenn ich mich in einer ausweglosen Lage befand. Ich hatte noch nie einen Therapeuten in einem Notfall angerufen, und schon deshalb erschien mir das Angebot sinnlos. Aber ich hatte auch schon zwei Mal versucht, mir das Leben zu nehmen.

Vielleicht wäre es besser, diesmal etwas anderes auszuprobieren.

Vielleicht sollte ich diesmal um Hilfe bitten, wenn ich sie brauchte.

Vielleicht sollte ich diesmal jemandem vertrauen.

Das erste Mal, als ich Javier anrief, war ich in einem schrecklichen Zustand. Da ich von meiner Vergangenheit besessen war, holte ich ein paar Briefe von meinen Eltern hervor. Als ich sie las und all ihre Lügen schwarz auf weiß geschrieben sah, regte ich mich sehr auf. Da ich mich fühlte, als würde ich in einen Abgrund stürzen, hinterließ ich eine Nachricht auf Javiers Anrufbeantworter. Es dauerte sechs Stunden, bis er zurückrief.

Während dieser Stunden des Wartens passierte etwas Seltsames in meinem Kopf. Statt des »Stirb! Stirb! Stirb!« fühlte ich den starken Drang zu fliehen. Ich war davon überzeugt, dass ich etwas Geld besorgen, den nächsten Reisebus besteigen und irgendwo anders hinfahren sollte. Egal wohin; ich musste nur einfach weg. Ich hatte schon eine Tasche gepackt und war fast zur Tür raus, als Javier endlich zurückrief. Er erklärte, dass es so etwas wie eine Dissoziative Fugue gab. Ein Zustand, in dem Menschen unter Stress einfach wegfahren und vergessen, wer sie sind. Javier meinte, dass ich in Gefahr war, in eine solche Fugue zu fallen. Er empfahl mir, dass ich aufhören sollte, Briefe zu lesen, die mich beunruhigten, und dass ich sie ihm beim nächsten Termin übergeben solle.

Ich gab Javier die Briefe, aber es machte keinen großen Unterschied. Mein Problem waren nicht ein paar Briefe. Mein Problem war meine Kindheit mit schrecklichen Erinnerungen und Gefühlen, die herauswollten. Sie quälten mich Tag und Nacht, und ich fühlte mich hilflos in dem Versuch, sie zu stoppen. Mein Gedächtnis war eine Waffe, die ich nicht besiegen konnte. Und deshalb musste ich fliehen. Ob in einen Bus oder ein Grab, war egal: Ich musste weg. Ich konnte den Schmerz nicht mehr länger ertragen.

An einem Freitagnachmittag beschloss ich, dass es genug sei. Ich hatte ja schon die Möglichkeit – eine volle Flasche von Effexor –, und ich war mehr als bereit, die Tabletten zu nehmen. Aber ich hatte Javier versprochen, dass ich anrufen würde, bevor ich etwas Gefährliches unternahm. Das tat ich also. Und dann saß ich in einem verdunkelten Zimmer und wartete auf den Rückruf.

Ich wartete den ganzen Freitag und auch den Samstag, bis ich endlich begriff, dass Javier nicht die Absicht hatte zurückzurufen. Er hatte angeboten, dass er für mich da sein würde, hatte mich förmlich bekniet, dass ich ihm vertrauen sollte. Und jetzt ließ er mich im Stich, wie alle anderen in meinem Leben. Ich, meine Gefühle, ob ich lebte oder starb, war ihm in Wirklichkeit egal. In meinem kranken Geist war Javier nicht besser als meine miesen Eltern.

Das war mehr, als meine geschundene Psyche ertragen konnte. In mir wuchs das Verlangen nach einem Therapeuten, der sich wirklich um mich bemühte, um die dunklen Zeiten mit mir durchzustehen, und mich dann in ein gesundes Leben entlassen würde. Javier scherte sich einen feuchten Dreck um mich, nicht mal genug, um zurückzurufen. Das trieb mich zur Verzweiflung.

Sonntagabend schluckte ich die Tabletten. Ich verschwendete nicht viel Gedanken darauf. Ich war an einem sehr dunklen Ort, und ich schluckte alles, was noch in der Flasche war. Chris war nicht zu Hause. Niemand hatte einen Besuch angekündigt und würde mich »aus Versehen« finden. Ich hatte es aufgegeben, Hilfe zu suchen. Ich hatte *mich* aufgegeben.

Ironischerweise rief Javier genau in diesem Moment an. Erst einmal beklagte ich mich darüber, dass er sich so lange Zeit gelassen hatte. Zwei Tage! Er verteidigte sich und erklärte, dass er bestimme, wann er zurückrufen würde.

»Nun, du hättest früher zurückrufen sollen«, sagte ich vorlaut. »Du hättest mich erreicht, bevor ich die Pillen geschluckt habe.«

»Pillen? Was für Pillen?«, fragte Javier.

Aha, *jetzt* hatte ich seine Aufmerksamkeit.

Nachdem er herausgekitzelt hatte, was, wann und wie viel ich genommen hatte, fragte Javier, ob jemand bei mir sei. Er wollte, dass jemand mich ins Krankenhaus brachte. Wenn ich niemanden finden könnte, würde er die Polizei rufen. Ich dachte daran, die Wohnung zu verlassen und in die Nacht hinauszulaufen. Die Polizisten würden mich nicht finden, wenn sie nicht wüssten, wo sie suchen sollten. Aber am Ende übernahm das brave Mädchen in mir, und ich tat, was man mir sagte.

Ich rief meinen Freund Dan an, der einen Block weiter wohnte.

Als er eintraf, sagte Javier mir, dass ich ihm den Hörer reichen sollte.

»Dan«, sagte Javier. »Michelle hat gerade eine gefährlich große Anzahl an Pillen geschluckt. Sie müssen sie in die Notaufnahme bringen.«

In der Notaufnahme war es die gleiche Szene wie Jahre zuvor. Mir wurde ein Bett zugewiesen, und ich sagte dem Arzt, was ich genommen hatte. Sie gaben mir aufgelöste Kohletabletten zu trinken, um das Medikament aufzusaugen. (Es ist so ekelhaft, wie es klingt.) Aber man musste sich wirklich keine Sorgen machen. Effexor ist selten tödlich, selbst wenn man eine große Dosis einnimmt.

Das war nur ein kleiner Trost für die Menschen, die mich liebten. Dan rief Chris und Steve an, und alle drei standen Wache um mein Bett. Das war ganz anders als zu früheren Zeiten, als ich versucht hatte, mir das Leben zu nehmen – die Zeiten, als meine Eltern schamlose Gleichgültigkeit an den Tag legten darüber, ob ich lebte oder starb. Jetzt gab es Menschen in meinem Leben, die bestürzt waren über das, was ich getan hatte. Und da ich begriff, dass mein Handeln andere Menschen berührte, fühlte ich mich zum ersten Mal im Leben schuldig und beschämt darüber, dass ich mir das Leben nehmen wollte.

Ein weiterer Unterschied war diesmal das Krankenhauspersonal. Als ich ein Kind war, tat ich allen Ärzten und Schwestern leid, und sie waren sehr nett zu mir. Als ich als Erwachsene nach einem Selbstmordversuch in die Notaufnahme kam, musste ich lernen, dass das Personal wenig Mitgefühl hatte. Die Leute im Krankenhaus glauben, dass alle Selbstmordpatienten theatralisch und egoistisch sind und dass sie ihre wertvolle Zeit verschwenden.

Der Arzt war kalt, die Schwestern kurz angebunden, die Sozialarbeiterin, die geschickt wurde, um mit mir zu reden, zeigte offene Verachtung.

»Warum haben Sie das gemacht?«, fragte sie.

»Ich leide unglaublich viel«, sagte ich. »Ich kann das Leben nicht mehr ertragen.«

Der Mensch, den ich wirklich in der Notaufnahme sehen wollte, war Javier. Obwohl ich verärgert war darüber, dass er meinen Anruf nicht zeitnah beantwortet hatte, glaubte ich immer noch verzweifelt daran, dass er sich um mein Wohlbefinden sorgte. Ich erlebte eine Menge Übertragung, was Seelenklempnerjargon dafür ist, dass ich Javier als Vaterersatz sah. Übertragung kommt in der Therapie häufig vor. Wenn ein Klient von den eigenen Eltern vernachlässigt oder missbraucht wurde, ist dies eine ernst zu nehmende Sache.

Diese ernst zu nehmende Sache kann für den Therapeuten von großem Vorteil sein, wenn er besorgt, verlässlich und vertrauenswürdig ist, wie es ein guter Vater oder eine gute Mutter sein würde. In dieser Art von gesundem Verhältnis erfährt der Klient, was es bedeutet, umsorgt und geliebt zu werden – oft zum ersten Mal im Leben. Und genau wie ein Kind, das von den Eltern umsorgt und geliebt wird, beginnt der Klient zu genesen und zu wachsen.

Ich tat meinen Teil dazu; ich glaubte an Javier. Nach sieben Jahren der gemeinsamen Arbeit vertraute ich ihm. Leider war Javier kein Therapeut, der sich Mühe gab, das ihm entgegengebrachte Vertrauen zu schätzen. Er bemühte sich nicht, zu den angegebenen Terminen zu erscheinen; er bemühte sich nicht, meine dringenden Anrufe zu beantworten; und er bemühte sich schon gar nicht, mich im Krankenhaus zu besuchen, nachdem ich versucht hatte, mir das Leben zu nehmen, obwohl Chris ihn anrief und ihn anflehte, dies zu tun.

Javiers Gleichgültigkeit war vernichtend, aber sie war auch ein Weckruf. Zum ersten Mal sah ich ihn so, wie er wirklich war, und ich begriff, dass seine Art »Therapie« mir mehr schadete, als dass sie mir guttat. Ich schwor, ihn nie wieder aufzusuchen.

Stattdessen wollte ich nichts dringender, als zurück in die Wohnung, meinen Hund knuddeln und neben meiner Freundin ins Bett kriechen. Als sich mein nicht wirklich vorliegender Notfall dem Ende zuneigte, stieg ich aus dem Bett, wandte mich an Chris und sagte: »Ich bin wirklich müde. Lass uns nach Hause gehen.«

Sie nickte, öffnete den Vorhang und suchte den Gang nach einer Krankenschwester ab.

Just in diesem Moment kam die Sozialarbeiterin vorbei, die mich zuvor so grob angesprochen hatte. »Wo wollen Sie denn hin?«, fragte sie.

»Wir versuchen, jemanden zu finden, der mich entlässt«, erklärte ich. »Ich bin so weit, dass ich nach Hause gehen will.«

»Nach Hause?«, kicherte sie. »Sie gehen nicht nach Hause. Sie werden in die geschlossene Psychiatrie überführt. Sie sind eingewiesen worden.«

Durch Liebe erlöst

Ich muss aufs Klo. Ich kann es nicht mehr aushalten. Ein Liter aufgelöste Kohletabletten hat sich durch meinen Körper gearbeitet und will raus. Und zwar jetzt.

Das Bad ist nur wenige Schritte entfernt. Ich kann das Klo sehen. Es ist nicht weit. Aber um dorthin zu gelangen, muss ich aus dem Bett steigen. Das bedeutet, ich muss vor den Schwestern zugeben, dass ich wach bin. Noch schlimmer, ich muss vor mir selbst zugeben, dass ich hier bin, eingesperrt in der verdammten Klapse.

Sie haben mich letzte Nacht in einem Krankenwagen hierhergebracht. Alles daran war demütigend. Die Art, wie die Sozialarbeiterin mit einem harten Blick mein Urteil verkündete, die Art, wie ein neunzehnjähriger Rettungssanitäter dramatisch reagierte, als Chris mitfahren wollte. »Auf keinen Fall. Nee. Da wo *sie* hinfährt, können Sie nicht hin.« Die Art, wie die Empfangsschwester mir eine billige Zahnbürste und billige Socken gab und mir gleichzeitig sagte, dass es mein Recht sei, auf der Station meine eigene Kleidung zu tragen, aber dass ich nicht hinausdürfe mit den anderen Patienten, da ich »nicht aus freien Stücken« hier sei.

Die größte Demütigung bestand in dem Grund für meinen unfreiwilligen Aufenthalt. Wie sich herausstellte, ging alles auf Javier zurück. Während er mich in der Notaufnahme ignorierte und Chris mehr oder weniger abwies, sprach er ausgiebig mit der Sozialarbeiterin, um ihr darzulegen, dass ich eingewiesen werden müsse. Ich sage hier nicht, dass diese Empfehlung grundlos gewesen wäre. Immerhin hatte ich versucht, mich umzubringen. Aber jemanden einzuweisen – ihm die Entscheidungsbefugnis und die Freiheit zu nehmen –, das ist eine sehr harte Entscheidung und sehr traumatisch, besonders, wenn die Kindheit des Betroffenen von Versklavung geprägt ist.

Heute, da ich selbst Therapeutin bin, nehme ich meine Macht, jemanden einzuweisen, sehr ernst und würde dies nur tun, wenn es sich nicht vermeiden ließe. Und das ist noch nie vorgekommen. Wann immer ich einen Patienten hatte, der in eine Anstalt eingewiesen werden musste, habe ich mit ihm gesprochen und vorgeschlagen, dass er sich selbst freiwillig in die Klinik begeben sollte. Bei diesem Vorgehen behält der verletzte Patient seine Würde und Kontrolle in dunklen Zeiten. Es stärkt zudem unsere therapeutische Beziehung, statt sie zu zerstören.

Javier war leider kein Therapeut, dem das Ausmaß seiner emotionalen und psychologischen Macht über seine Patienten klar war, und ich glaube auch nicht, dass er jemals stark eingebunden sein wollte. Javier war ein Therapeut, der nach dem Lehrbuch handelte. Und das Buch sagte: Wenn jemand eine Gefahr für sich selbst darstellt, ist es das Beste für ihn, weggesperrt zu werden.

So kam ich in eine psychiatrische Klinik: eine offiziell als verrückt bescheinigte Person. Ein Mündel des Staates. Dieser neue Status war schockierend und demütigend. Wie zum Teufel hatte ich nur so tief sinken können?

Total ausgerastet, wie ich war, weigerte ich mich, das Bett zu verlassen, was die Schwestern zu verärgern schien. Sie hatten schon mehrmals versucht, mich zu wecken, und sagten, es sei Zeit fürs Frühstück, Zeit für die Gruppentherapie, Zeit fürs Mittagessen. Aber allein der Gedanke daran, aufstehen, in meinen schmutzigen Kleidern durch die Gänge schlurfen und mit einer Gruppe von psychisch Kranken essen zu müssen, war zu viel für mich.

Ich war nicht psychisch krank. Ich gehörte nicht hierher.

Doch nun wurde die Situation immer dramatischer, weil die Kohle nicht länger warten konnte. Da ich das Gefühl hatte, dass ein Unfall kurz bevorstand, rannte ich zum Klo, das bald darauf wie ein Grillgerät aussah. Ich will hier keinen Ekel erregen, aber ich muss die Erniedrigung veranschaulichen, die ich empfand, als ich mich auf der Toilette einer psychiatrischen Station vor Schmerzen wand, während ich Briketts schiss.

In meinem Unterbewusstsein war mir durchaus klar, dass ich diese Unannehmlichkeiten zu Recht durchmachte. Ich hatte immerhin versucht, mich umzubringen, was mich juristisch gesehen unfähig machte, eigene Entscheidungen zu treffen. Aber in einer Anstalt eingesperrt zu sein war auch nicht hilfreich. Wenn überhaupt, bewirkte es, dass meine Verzweiflung zunahm.

Das Geräusch der Spülung veranlasste die Schwester, in mein Zimmer zu kommen. Sie stand vor mir, bevor ich auch nur meine Hose hochziehen konnte. »Die Zeit fürs Mittagessen ist fast rum«, sagte sie etwas kurz angebunden. »Sie holen sich besser was. Bis zum Abendessen ist es eine Weile hin.«

Ich hatte zwar Hunger, aber ich konnte mich nicht dazu aufraffen, mein Zimmer zu verlassen. Eingesperrt zu sein, von Leuten, die für mich sorgen sollten, erniedrigt und herzlos behandelt, das erinnerte mich zu sehr an meine Kindheit. Und genau wie in meiner Kindheit war das Einzige, was ich tun konnte, mich zu verstecken. Als ich die enge Spalte zwischen dem Bett und der Wand bemerkte, tat ich, was ich unzählige Male in den Motelzimmern getan hatte: Ich kauerte mich dort auf den Boden, zog meine Knie an meine Brust und wiegte mich vor und zurück.

Da ich durch die Matratze verdeckt war und nicht gesehen werden konnte, fühlte ich mich sicher und unsichtbar. Dazu hatte das Wiegen eine beruhigende Wirkung. Mir war damals nicht bewusst, dass die Wiegebewegung eine der Methoden war, mit denen ich mich in eine dissoziative Trance versetzte.

Ich weiß nicht, wie lange ich auf dem Boden saß, aber ich bin mir sicher, dass ich auf die Schwestern und Patienten, die reinkamen, wie jemand wirkte, der mehr als nur ein paar Schrauben locker hatte.

Das Seltsame daran ist: Hätte mich jemand gefragt, dann hätte ich es vehement von mir gewiesen, in diese Klinik zu gehören. Aber auf einen Beobachter wirkte ich sicherlich wie die verstörteste Patientin auf der Station.

Die Stunden vergingen, das Licht, das durchs Fenster drang, veränderte sich, ich aber rührte mich nicht vom Fleck – nicht, um zu essen, nicht, um mich zu strecken, für nichts. Es ist schwer zu beschreiben, was in diesen langen Stunden in mir vorging. Ich war wie ein Zombie. Aber unter der Fassade war ich total verängstigt. Darüber, dass ich in einer Anstalt war, natürlich. Aber ich war auch verängstigt, weil ich so total allein war.

Nach Javiers Verrat hatte ich niemanden mehr, den ich um Hilfe hätte bitten können.

Wen konnte ich jetzt noch finden? Und wie zum Teufel konnte ich noch einmal jemandem vertrauen?

Eine Schwester kam herein. Chris folgte ihr im Schlepptau. Ich nehme an, dass es Besuchszeit war, aber ich hatte dies weder bemerkt, noch kümmerte es mich sonderlich. Chris war entsetzt darüber, mich in diesem Zombiezustand auf dem Boden kauernd vorzufinden. »Hey, Schnörrchen«, sagte sie leise. »Ich habe jemanden für dich mitgebracht. Es ist Leah. Darf sie reinkommen?«

Leah war die Therapeutin von Chris, die ich vom Hörensagen kannte, aber nie persönlich getroffen hatte. Chris wurde nicht müde, ein Loblied auf sie zu singen. Aber ich sagte ja auch immer Gutes über Javier.

Leah kam rein und setzte sich sanft aufs Bett. Selbst in meinem hypnotischen Zustand war ich mir ihrer Gegenwart bewusst. Sie war schmal, hatte ein gutmütiges Gesicht und lange lockige Haare, die sie wie eine Göttin aussehen ließen. Sie strahlte eine Aura aus, die von Liebe und Güte nur so strotzte. Unser erstes Treffen kam in meiner Vorstellung einem Treffen mit dem Dalai Lama gleich.

»Michelle«, sagte sie sanft und mit einer Sicherheit ausstrahlenden Stimme. »Chris hat mich darum gebeten, dass ich mitkomme, um dich heute zu besuchen. Ich will hier bei dir bleiben, aber ich gehe, wenn dir das lieber ist. Du brauchst es mir nur zu sagen.«

So einfach ist das – man muss nur jemanden fragen, was er oder sie will, und die Antwort wirklich ernst nehmen. Das kommt erstaunlich selten vor in der Psychiatrie.

Immer noch nicht ganz bei mir, brachte ich es fertig, zu nicken, und gab Leah damit zu verstehen, dass sie bleiben konnte. Ihre Anwesenheit strahlte eine Ruhe aus, in der ich mich sicher fühlte. Wir sprachen nicht viel. Sie saß einfach nur am Ende des Bettes und lächelte mich an, die Essenz von Mitgefühl und Güte.

Nach einer Weile hörte ich auf, mich zu wiegen. Mein Geist kehrte in meinen Körper zurück und entschloss sich, wieder teilzuhaben an der Welt. Sobald ich mich konzentrieren konnte, erklärte Leah mir die Regeln einer Einweisung. Ich war hier für eine Frist von zweiundsiebzig Stunden. Wenn die Anstalt mich länger dabehalten wollte, war dazu ein Gerichtsbeschluss notwendig. In der Zwischenzeit war es das Beste, zu kooperieren, indem ich an der Gruppentherapie teilnahm und die Treffen mit dem Psychiater absolvierte. Wenn ich nach Hause gehen wollte, sollte ich den Arzt informieren. Bei ihr klang das alles ganz einfach.

Nach ungefähr zwanzig Minuten musste Leah gehen. Es war eine kurze Begegnung, aber sie hinterließ einen tiefen Eindruck. Da war etwas Heilendes in der Art, wie sie mit mir sprach, als wäre ich gesund, obwohl ich es offensichtlich nicht war. Im Gegensatz zu allen anderen in der Anstalt und zu Javier sprach Leah nicht abwertend mit mir oder beurteilte mich danach, was ich getan hatte.

Ich glaube, dass wir alle die Tendenz haben, die Erwartungen erfüllen zu wollen, die andere in unserem Umfeld in uns setzen. Als ich wie eine Verrückte behandelt wurde, handelte ich wie eine Verrückte. Aber als Leah mich wie einen Menschen behandelte, der Verantwortung übernehmen konnte, tat ich genau dies.

Kurz nachdem sie gegangen war, wurde die Gruppentherapie angekündigt. Auf einmal kam ich mächtig in Fahrt und fügte mich in das Umfeld ein. Zum ersten Mal seit meiner Einweisung verließ ich mein Zimmer und trat in die Welt der psychiatrischen Station ein.

Die Gänge glichen so ziemlich denen in allen Krankenhäusern. Sie waren breit, sauber und hell. Ärzte und Patienten liefen herum. An der Schwesternstation ging es rege zu. Die Gruppentherapie war in einem kleinen Konferenzzimmer angesetzt, in dem Klappstühle zu einem Kreis aufgebaut waren. Ich nahm Platz neben den anderen Patienten. Da waren Männer und Frauen, junge und alte. Ich erfuhr, dass eine psychische Krankheit keine Unterschiede macht. Sie trifft alle Typen von Menschen.

Eine junge Frau betrat den Raum kurz nach mir und setzte sich hin. Ich erkannte sie sofort. Sie war meine Zimmergenossin, allerdings hatten wir uns noch nicht offiziell vorgestellt. Ich war zu beschäftigt damit gewesen, mich hin und her zu wiegen.

Eine ältere Frau kam herein und erklärte, sie sei die Sozialarbeiterin. Sie sagte, dass es Zeit sei, mit der Gruppentherapie zu beginnen. Sie bat jeden, sich vorzustellen und zu sagen, warum er in der Anstalt sei. Ich hob sofort meine Hand, da ich die erste sein wollte. Ich war richtig in Fahrt – ein kompletter Kontrast zu dem hoffnungslosen Fall von vor ein paar Minuten.

Rückblickend wird mir klar, dass Leah einen Wechsel meiner Persönlichkeiten ausgelöst hatte. Ich war seit Wochen depressiv gewesen, nervös, verängstigt, langsam. Jetzt auf einmal war ich die Frau, die alles in die Hand nimmt. Das ist ein gutes Beispiel für die unmerkliche und eindeutige Weise, wie DID funktioniert.

Wenn eine neue Persönlichkeit die Führung übernahm, machte ich nichts Auffälliges. Ich sprach nicht plötzlich mit einem anderen Akzent oder gab einen anderen Namen an. Es bewirkte jedoch eine dramatische Änderung meiner Gemütslage, meiner Einstellung und der Art, wie ich der Welt begegnete. Ich war wortwörtlich ein anderer Mensch. Wenn andere nicht spezifisch nach DID suchen, werden sie allerdings die Veränderungen eher nicht so definieren. Wenn ein Arzt mich an diesem Tag in der Anstalt beobachtet hätte, dann hätte er die Gemütsschwankungen sicherlich als ein Symptom für eine Bipolare Störung interpretiert – eine häufige Fehldiagnose bei Menschen, die an DID leiden.

Anders als das verängstigte Bündel, das in der Nacht zuvor eingeliefert worden war, zeigte diese neue Persönlichkeit ein geradezu dreistes Selbstvertrauen. »Hallo, ich bin Michelle. Ich wurde letzte Nacht eingeliefert, weil ich versucht habe, mir das Leben zu nehmen.«

»Warum hast du das getan?«, versuchte die Sozialarbeiterin herauszufinden.

»Ich weiß es nicht. Ich nehme an, dass ich depressiv war«, sagte ich ohne das geringste Anzeichen von Emotion. »Und mein Therapeut wollte nicht zurückrufen.«

»Warum bist du depressiv?«, fragte sie weiter.

»Weil ich von meinem Vater sexuell missbraucht wurde«, gab ich an, als handelte es sich um den Wetterbericht.

Meine Zimmergenossin fing an zu weinen und wischte sich mit dem Handrücken ungeschickt die Tränen vom Gesicht.

»Alma«, sagte die Betreuerin und wandte sich ihr zu. »Trifft die Geschichte von Michelle einen Nerv bei dir? Willst du deine Erfahrungen mit uns teilen?«

»Ich bin hier, weil auch ich depressiv bin«, flüsterte Alma, wobei sie nie aufsah. »Ich kam hierher, weil ich Hilfe gesucht habe. Mein Vater hat mich in meiner Kindheit missbraucht, und wenn ich daran denke, dann …« Alma fing wieder an zu weinen.

Obwohl ich mich selbst noch vor nur einer Stunde wie ein Zombie aufgeführt hatte, kam Alma mir vor wie eine Heulsuse. Diese ganze Heulerei führte doch zu nichts! Ihre Schwäche fand ich abstoßend. Depression war was für Weichlinge.

Direkt nach der Sitzung sagte mir eine Schwester, mein Psychiater wollte mich sehen. Das war der Mann, der die Macht hatte, über mein Schicksal zu entscheiden. Ich war bereit zu kämpfen.

Als ich ihr den Gang entlang folgte, sah ich einen winzigen Mann ein Elektromobil fahren. Er war mindestens hundert Jahre alt, und wie das Schicksal es wollte, war er mein Seelenklempner Dr. Zippy. Ich folgte ihm in sein Büro, wo ich stehen musste, da das Elektromobil es unmöglich machte, einen Stuhl in den engen Raum zu stellen.

Er begann, meine Krankenakte zu lesen.

»Oje, hier steht, dass Sie letzte Nacht versucht haben, sich das Leben zu nehmen«, sagte er. »Warum haben Sie das nur getan, meine Liebe?«

»Ich war wütend auf meinen Therapeuten«, sagte ich trotzig. »Er hat nicht zurückgerufen, und dann hat er mich in diesen beschissenen Ort gesteckt.«

Ein flüchtiges Lächeln huschte über das Gesicht des alten Mannes. Dann sah er mich ein wenig belustigt an.

»Mir scheint, Sie sind verärgert«, sagte er.

»Ja, ich bin verärgert! Ich will verdammt noch mal nicht hier sein!«

»Na, dann schicken wir Sie nach Hause«, sagte er, während er etwas in meine Krankenakte schrieb.

Wie bitte? Was? Nach all dem Drama, einschließlich dessen, dass ich weggeschlossen wurde, schickten sie mich nach weniger als vierundzwanzig Stunden – ohne Begutachtung, ohne medizinische Behandlung, ohne alles – einfach so nach Hause?

Ich musste ungefähr eine Stunde lang auf Chris warten, bis sie zur Anstalt zurückgekehrt war. Als sie ankam, öffnete die Schwester einfach die Sicherheitstür und schickte mich hinaus.

Ein paar Wochen später trudelte eine hohe Rechnung der Klinik über meinen unfreiwilligen und scheinbar unnötigen Aufenthalt ein.

Im Nachhinein gesehen versetzten mich die Selbstmordversuche in eine Phase der Wiedergeburt. Nach meinem ersten Versuch im Alter von vierzehn Jahren schüttelte ich die Depression ab und meisterte die Highschool im Sturm wie Tracy Flick in *Election*. Nach meinem zweiten Versuch mit achtzehn Jahren wandelte ich mich von einer Universagerin zu einer Einser-Studentin. Doch diesmal war es anders. Ich war nicht mehr in der Schule, es ging nicht um Noten, es gab keinen klar vorgegebenen Weg zum Erfolg. Im Gegenteil, ich war eine Versagerin, und dies schon seit Jahren. Ich konnte mich in keinem Job halten, konnte meinen Unterhalt nicht verdienen, und trotz der unzähligen Chancen, konnte ich als Schriftstellerin nicht Fuß fassen. (Es wäre sicher leichter gewesen, wenn ich etwas geschrieben hätte!)

Mit einer reichen Erfahrung an Arbeitslosigkeit hatte ich eine Menge freie Zeit, und die füllte ich mit Lesen. Ich las über Depression. Ich las über Ängste. Ich las über psychologische Traumata und Kindesmissbrauch und Selbstmord und psychotrope Medikamente. Der Zweck meiner Lektüre war Selbsthilfe. Ich versuchte verzweifelt zu verstehen, warum ich so viele Probleme hatte und warum ich sie nicht in den Griff bekam. Da ich in der Nähe der UCLA wohnte, verbrachte ich meine Tage damit, in der Unibibliothek Antworten zu finden – und dabei eine Menge über Psychologie zu lernen.

Ehrlich gesagt, war ich schon immer an Psychologie interessiert. Ich suchte ständig nach Antworten, und schon in der Highschool waren Selbsthilfebücher meine liebste Lektüre. (Ich bin mir ziemlich sicher, dass ich der einzige Teenager in meiner Klasse war, der eine Ausgabe von Gail Sheehys *In der Mitte des Lebens* mit sich herumtrug!) Fasziniert von dem Geist und dem Prozess der Psychotherapie hätte ich schon einmal beinahe mein Hauptfach von Schreiben zu Psychologie gewechselt. Doch die Schriftstellerin hatte alles über den Haufen geworfen.

Vergessen Sie nicht, bei DID übernehmen unterschiedliche Identitäten normalerweise die Verantwortung für unterschiedliche Funktionen. In meinem Fall war die Preppy verantwortlich für alle internen Dinge, während die Schriftstellerin für die professionellen Ziele einstand. Das Problem ist, alternative Persönlichkeiten tendieren dazu, statisch zu bleiben. Das Ergebnis war, dass die Schriftstellerin sich nie veränderte, nie entwickelte, nie erwachsen wurde. Mit dreißig war sie immer noch dabei, ihre Kariere mit dem begrenzten Verstand eines Teenagers anzugehen. Die Schriftstellerei funktionierte nicht; sie brachte weder Erfolg noch Glück. Aber die Schriftstellerin wusste nicht, wie man neue Chancen ergreifen oder neue Pläne machen konnte. Sie steckte in einer Sackgasse fest.

Kurz nach dem Selbstmordversuch wurde mir einiges klar. Krisen haben es so an sich, dies zu tun; sie leiten Veränderungen ein. Als ich von der Anstalt nach Hause kam, konnte ich endlich erkennen, dass meine versessene Entschlossenheit, mich als

Schriftstellerin zu etablieren, mich unglücklich machte. Es war höchste Zeit herauszufinden, wer ich zum Teufel wirklich war.

Etwa um diese Zeit hatte ich meinen ersten Termin bei Leah, die mir mit Chris' Einverständnis anbot, mich zu behandeln. So beeindruckt ich nach ihrem ersten Besuch in der Klinik war, so war ich auch nervös, eine Therapie mit jemand Neuem anzufangen. Ich war tatsächlich so verängstigt bei dem ersten Termin, dass ich nur flüsterte und jeden Blickkontakt vermied. Doch selbst angesichts dieser Widrigkeiten bewirkte Leah Wunder. Sie sprach sanft und strahlte Güte aus, und ich entspannte mich langsam.

An eine Sache erinnere ich mich im Zusammenhang mit dem ersten Termin: daran, wie Leah versuchte, mir zu helfen, meinen Blick in die Zukunft zu richten. Sie fragte mich, was ich mit meinem Leben anfangen wollte. Bevor ich richtig wusste, was ich da sagte, verkündete ich: »Ich will das machen, was du machst. Ich will Therapeutin werden.«

Ich konnte sie nicht mal ansehen, als ich das sagte. Ich meine, die Idee war absurd! Ich kam gerade aus einer psychiatrischen Anstalt, hatte meinen dritten Selbstmordversuch hinter mir. Ich war nicht dafür geschaffen, Ärztin zu sein. Ich war dazu verdammt, Patientin zu bleiben.

Aber Leah sah das anders. Sie glaubte ganz und gar nicht, dass die Idee absurd war. »Der einzige Unterschied zwischen mir und dir sind die vielen Jahre der Ausbildung«, sagte sie.

Ich glaubte ihr natürlich nicht. Aber ich war auf jeden Fall dankbar dafür, dass sie uns als gleichwertig betrachtete. Die Dynamik war nicht Doktor/Patient, sondern mehr wie Lehrer/Schüler oder Mentor/Schützling (oder Yoda/Anakin, wenn man meine dunkle Seite bedenkt!). Leahs Vertrauen in mich – so unberechtigt es sein mochte – gab mir eine Hoffnung, die ich in all den Jahren zuvor nie erfahren hatte. Anders als die anderen Therapeuten gab sie mir nicht nur das Gefühl, dass ich lernen würde, die Psychose in den Griff zu kriegen oder ein befriedigendes Leben zu führen. Sie sagte auch, dass ich meine Verrücktheit so bewältigen könnte, dass ich eines Tages selbst andere Menschen behandeln könnte! Das war eine Offenbarung.

Obwohl ich anfangs etwas skeptisch war, was Leahs Optimismus anging, so lernte ich mit der Zeit doch, dass er das Ergebnis ihrer einmaligen Einstellung war. Wenn die meisten Therapeuten einen Patienten wie mich treffen – verärgert, impulsiv, anfällig für unvermittelte Gemütsveränderungen, unfähig zu funktionieren –, dann erkennen sie sofort eine Persönlichkeitsstörung. Ich wurde mit »Borderline« oder einer »ängstlich-vermeidenden« oder »selbstzerstörerischen« Persönlichkeitsstörung diagnostiziert, je nachdem, wie ich mich verhielt – was, zu dem Zeitpunkt noch unentdeckt –, davon abhing, welche meiner Persönlichkeiten zur Therapie antrat.

Das Problem mit Diagnosen dieser Art ist, dass sie sehr subjektiv und sehr verurteilend sind. Es gibt keinen Bluttest für Borderline, Persönlichkeitsstörung (oder Bipolare Störung oder ADHS). Wenn jedoch einmal eine Diagnose in den Krankenblättern eines Patienten auftaucht, dann ist er damit fürs Leben gezeichnet. Bis heute sieht die psychiatrische Gesundheitsindustrie einen chronischen Zustand statt eines Individuums mit bestimmten Problemen und Bedürfnissen. Das Ergebnis ist, dass Patienten, die mit hartnäckigen Störungen diagnostiziert wurden, oft in einer Weise behandelt werden, als ob eine Besserung nicht möglich wäre.

Leah war anders. Sie befasste sich nicht mit Diagnosen oder damit, Zustände zuzuordnen oder irgendwie zu verurteilen. Von dem Moment an, in dem ich ihr Sprechzimmer betrat, hatte ich das Gefühl, dass sie *mich* sah – nicht die Geschichte meiner Psychose. Es war erfrischend, zum ersten Mal wirklich *gesehen* zu werden.

Wir machten weiter, und ich lernte Leah besser kennen. Ich bemerkte auch, dass sie sehr viel über psychologische Traumata wusste. Die meisten Seelenklempner, die ich getroffen habe, hatten keine Vorstellung von Trauma und wie es auf die Betroffenen wirkt. Sie hatten das gar nicht auf dem Schirm. Das ist nicht überraschend; die meisten Universitäten bieten keine Kurse in diesen Themenbereichen an, nicht mal Wahlfächer. Die wenigen Therapeuten, die ich getroffen hatte und die eine Vorstellung von Trauma hatten, wie Javier, schienen dieses Konzept erst durch den Umgang mit Patienten kennengelernt zu haben. Auch das ist nicht überraschend, da eine große Anzahl von Klienten mit der Diagnose »Psychose« in ihrer Kindheit Missbrauch oder Vernachlässigung erlebt haben.

Leah wusste etwas über Trauma – weil sie es selbst erlebt hatte. Sie hatte die lange, harte Arbeit der Genesung durchgemacht. Dann ging sie an die Uni, um an der USC zu promovieren. Dort führte John Briere, einer der wichtigsten Experten für psychologisches Trauma, eine Klinik für Opfer. Sie las seine Veröffentlichungen, saß in seinen Vorlesungen und nahm all diese profunden Forschungserkenntnisse in ihre Arbeit auf – sowie auch andere ausgezeichnete Forschung. Mit jemandem zu arbeiten, der direkt Bescheid wusste über viele meiner Probleme – zumal aus eigener Erfahrung –, war ein Geschenk Gottes.

Das erste Mal, als ich bemerkte, dass Leah die Sache anders anging, war nur ein paar Wochen nach Beginn der Behandlung. Ich saß auf ihrer Couch und betete all die Gründe runter, warum aus mir im Leben nie etwas werden könne. Ich erklärte Leah, dass ich launisch sei und impulsiv, wütend und kontrollversessen. Ich sagte ihr, ich käme nicht mit Menschen zurecht und sei immerzu schreckhaft.

Leah hörte mir konzentriert zu, als ich all meine Fehler auflistete. Dann lächelte sie freundlich, nachdem ich mein letztes Laster ausgeschöpft hatte. »Michelle«, sagte sie, »ich verstehe, dass du eine Menge Probleme hast. Aber die Launen, das Bedürfnis, die Kontrolle zu haben, die Sozialisierungsprobleme: Das sind alles Auswirkungen von Kindesmissbrauch. Es sind Symptome. Das bist nicht *du*.«

Wenn ich jetzt, fast zwanzig Jahre später, daran zurückdenke, bin ich immer noch mit Dankbarkeit erfüllt. Mein ganzes Leben lang wurde mir implizit und explizit gesagt, ich sei ein schrecklicher Mensch, weil ich launisch, manipulativ, rechthaberisch, egoistisch und unhöflich sei. Meine Eltern, meine Lehrer, meine Therapeuten, sie alle verurteilten mich für diese Charakterzüge. Und jetzt war hier Leah, die mir sagte, dass dies eigentlich gar keine Charakterzüge seien; es seien einfach nur Symptome. Das war ein gewaltiger Unterschied – nämlich der Unterschied, mit grüner Haut geboren worden zu sein oder von einem herrschsüchtigen Menschen mit einem Eimer grüner Farbe beworfen worden zu sein. Beides machte mich unattraktiv. Aber die Farbe, ungleich wie dick sie aufgetragen ist, kann abgeschrubbt werden. Grüne Haut dagegen ist in den Genen verankert. Das kann nicht verändert werden; das ist permanent. Ich hatte mich immer als böse Hexe verstanden, aber Leahs Bemerkung gab mir die Hoffnung, dass ich mich ändern könnte.

Das war der Wendepunkt, an dem endlich meine Heilung einsetzte – sechzehn Jahre, nachdem meine Reise durch das System der Psychiatrie seinen Anfang genommen hatte, nach sieben Therapeuten, drei Selbstmordversuchen und einer Einweisung in die Psychiatrie.

Selbst nachdem ich eine kompetente, gütige und engagierte Therapeutin gefunden hatte, dauerte die Heilung noch Jahre. Wie auch in der Vergangenheit, fand das Wachstum in Schüben statt, wobei die Therapie mir zuweilen dabei half, im Leben voranzukommen, und das Leben mir zuweilen dabei half, in der Therapie Fortschritte zu machen.

In den ersten paar Jahren nach der Einweisung traf ich mich mit Leah einmal die Woche. Ich fuhr zu ihrer winzigen Praxis in Santa Monica, saß ihr gegenüber und sprach über was auch immer. Ich schreibe »was auch immer«, weil ich mich wirklich nicht mehr an die meisten dieser frühen Termine erinnern kann. Rückblickend ist mir klar, dass meine alternativen Persönlichkeiten zur Therapie antraten. Deshalb erinnere ich mich an nichts.

In den frühen Phasen der Therapie von jemandem, der an DID leidet, kommen in der Therapie oft die alternativen Persönlichkeiten ohne das Wissen der Gastgeberpersönlichkeit zum Vorschein, weil das Persönlichkeitssystem glaubt, dass die Gastgeberpersönlichkeit nicht stark genug ist zu hören, was sie zu sagen haben. Es ist jedoch interessant, dass meine alternativen Persönlichkeiten meines Wissens in den Behandlungen mit Javier nicht zum Vorschein traten. Anders als ich waren meine alternativen Persönlichkeiten klug genug zu wissen, wem sie vertrauen konnten.

Leah hat mir später gesagt, dass ich in diesen frühen Behandlungen routinemäßig ankündigte: »Ich muss gehen«, und dann einfach zur Tür hinauslief. Ich erinnere mich nicht daran, aber mir ist seitdem bewusst, dass die Phrase »Ich muss gehen« etwas ist, was meine alternativen Persönlichkeiten sagen, bevor sie die Kontrolle über meinen Körper abgeben. Sie verabschieden sich sozusagen, bevor sie sich in mein Unterbewusstsein zurückziehen und einer anderen Persönlichkeit die Kontrolle überlassen.

Ich weiß, das klingt alles seltsam. Ehrlich gesagt fühlte es sich zu der Zeit auch sehr seltsam an. Ich war äußerst dissoziativ in dieser Zeit meines Lebens, und oft fühlte ich mich, als liefe ich in einem Betäubungszustand der Hypnose herum. Obwohl meine alternativen Persönlichkeiten mehr als sonst zum Vorschein kamen, war mir immer noch nicht bewusst, dass ich sie hatte. Wenn Leah es bemerkte, sagte sie es mir nicht, weil sie, anders als viele andere Therapeuten, behutsam vorging, um mein Verleugnungssystem nicht herauszufordern. »Wir sollten es respektieren«, sagte sie. »Es gibt einen guten Grund dafür.«

Dieser interventionsfreie Ansatz bildete den Kern von Leahs Therapiestil. Während andere Therapeuten Behandlungspläne schreiben oder Konfrontationen entwickeln oder ihre Klienten auf bestimmte Ziele hinlenken, hörte Leah einfach nur sehr aufmerksam zu, bot echtes Mitgefühl und gelegentlich ein wenig Input an, wenn sie den Eindruck hatte, dass es hilfreich sei. In Expertenkreisen wird das, was Leah machte, »nicht-direktive« Therapie genannt, was so viel bedeutet wie, dass sie den Klienten nicht in irgendeine Richtung drängt oder zieht. Stattdessen arbeitet sie so, dass sie eine warme, unvoreingenommene Atmosphäre schafft, in der der Klient sich sicher genug fühlt, um sich zu öffnen und selbst zu ergründen. Der Inhalt der Behandlungssitzungen, die Geschwindigkeit des Fortschritts und der Genesungsprozess, all das hängt vom Klienten ab. Dieser Ansatz setzt voraus, dass der Klient eine innere Weisheit besitzt und dass er, wie eine Blume, die angeborene Fähigkeit hat, in der richtigen Umgebung zu wachsen.

Unter Leahs Führung begann ich aufzublühen. Es fing mit einer Art Putsch an. Wie schon gesagt, wurde die Schriftstellerin, die immer meine dominante Persönlichkeit gewesen war, dazu gezwungen, den Rücktritt anzutreten. In ihrer Abwesenheit bekamen endlich einige meiner eher passiven Persönlichkeiten die Chance, nach vorne zu treten und anzufangen, mein Leben zum Besseren zu verändern.

Wenn das schwer zu verstehen ist, dann stellen Sie sich Multiple Persönlichkeiten als eine Geschwistergruppe vor. Jedes Geschwisterkind verfolgt seine eigenen Interessen, Ziele und Bedürfnisse. Aber genauso wie in Familien wird nicht jedes Kind die gleiche Aufmerksamkeit erfahren. Die lauter schreienden, rechthaberischen und selbstsicheren Kinder tendieren dazu, die Situation zu dominieren, während die stilleren, passiven Kinder gezwungen sind, in den Hintergrund zu treten.

In meinem Persönlichkeitssystem war die Schriftstellerin immer dominant. Und genau wie eine egozentrische Schwester handelte sie, als ob die anderen nicht existierten. Die Schriftstellerin fällte Lebensentscheidungen, ohne auch nur einen Gedanken darauf zu verwenden, wie diese Entscheidungen die anderen beeinträchtigten. Wenn sie versuchten, etwas einzuwenden, unterdrückte die Schriftstellerin sie. Wie sie das machte? Meistens, indem sie abfällig über sie redete.

Wenn die Preppy ein Kind wollte, zum Beispiel, dann nannte die Schriftstellerin – die kein Interesse an Kindern hatte – sie eine »lahme Versagerhausfrau«. Dann erinnerte die Schriftstellerin die Preppy daran, dass sie eine schreckliche Mutter abgeben würde, weil sie eine »hilflose, verrückte Kuh« sei.

Dieser Art Austausch spielte sich in meinem Kopf täglich ab. Eine Persönlichkeit äußerte einen Gedanken, Plan oder Wunsch (»Oh, was für ein süßes Baby! Ich denke, ich werde auch einmal so ein Baby haben.«), und eine andere Persönlichkeit sagte ihr, dass das, was sie wolle, scheiße sei (»Warum zum Teufel willst du ein Baby? Die behindern dich doch nur.«). Das klingt ungefähr wie ein Dialog in einer unglücklichen Familie, nicht wahr? Die Art, bei der jeder gemein ist zum anderen und die Herrschsüchtigen sich unfairer Taktiken bedienen, um die Kontrolle zu behalten. Das ist so, weil ein Persönlichkeitssystem ein Spiegelbild der dysfunktionalen Familien ist, in denen es aufgewachsen ist.

Als ich eine Weile mit Leah gearbeitet hatte, wurden meine

passiven Persönlichkeiten mutiger. Das Ergebnis war, dass die hausbackene Preppy die Führung übernahm. Das war ein interner Identitätswechsel, der anderen gegenüber unbemerkt geschah; nur ich bemerkte es. Wenn Sie mich damals gekannt hätten, wäre der Effekt auch Ihnen aufgefallen. Alles in meinem Leben begann sich zu verändern.

Als Erstes hörte ich auf zu schreiben, die einzige Aktivität, von der ich glaubte, dass sie mich interessierte. Dann fing ich an, Hobbys nachzugehen, die ich früher als Zeitverschwendung ansah, wie Nähen, Stricken und Raumausstattung. Die Freizeitbeschäftigung, die mich jedoch wirklich packte, war Gartenarbeit. Als ich in den Wehen der Selbstmordgedanken lag, fragte Javier mich einmal, was mir Trost verschaffte. Zuerst wusste ich nicht, was ich antworten sollte. Aber dann sah ich meine Oma vor mir. Obwohl sie sehr arm und überfordert mit ihren vielen Kindern war, schaffte sie es immer, den schönsten Garten hinterm Haus zu haben. Als kleines Kind rannte ich ihr stundenlang hinterher, wenn sie Unkraut rupfte und die verwelkten Blüten abschnitt. Die Zeit, die ich mit Oma zwischen ihren Iris und Chrysanthemen verbrachte, stand für reine Freude und weckte eine Erinnerung, die mir Frieden brachte.

Da ich verzweifelt nach einer Besänftigung für mich suchte, begann ich, auf unserer Dachterrasse meinen eigenen Garten anzulegen, und bemerkte, dass mich diese Tätigkeit heiter stimmte.

Nicht lange danach wurde das schicke städtische Penthouse, in dem Chris und ich wohnten – und das perfekt war für die Schriftstellerin –, verkauft. Es wurde durch ein hübsches Cape-Cod-Haus mit einem großen Garten hinterm Haus ersetzt, das sich der Seiten von *The Official Preppy Handbook* als würdig erwiesen hätte.

Ich steckte viel Zeit in das neue Haus, suchte die Farben aus, nähte die Vorhänge, pflanzte Lavendel und Narzissen – so sehr, dass Chris dazu überging, mich Martha zu nennen. Da mein Ziel im Leben nun die typische Connecticut-Hausfrau war, betrachtete ich den Spitznamen als Kompliment.

Die Schriftstellerin war jedoch beleidigt. Ich erinnere mich, wie ich in unzähligen Therapiesitzungen saß und mich über die »beschissene Connecticut-Hausfrau« beklagte, die in mir lebte. Ich meckerte, dass sie schwach sei und abhängig und keine Ambitionen habe. Ein anderes Mal saß ich auf der Couch und beklagte mich mit dem gleichen Elan über die Schriftstellerin, die mich wie eine Versagerin aussehen ließ dafür, dass ich mein Heim versorgte, und mich immer unter Druck setzte, um mehr Erfolg zu erzielen.

Seltsamerweise war mir trotz der häufigen Gespräche mit Leah, Chris und Steve immer noch nicht bewusst, dass ich eine Dissoziative Identitätsstörung hatte. Mir war bewusst, dass widersprüchliche Mächte in mir wohnten; das war mir ja schon seit der Mittelschule klar. Aber multiple Persönlichkeiten? Das war so seltsam und angeblich auch so »selten«, dass ich es nicht mal auf meinem Schirm hatte.

Die Erleuchtung kam endlich 2001, im Alter von dreiunddreißig Jahren. Wir lebten nun seit über einem Jahr im Cape Cod, und wie so viele Hausbesitzer bemerkten wir, dass unsere kleine Bleibe allmählich unser finanzielles Budget sprengte. Ich hatte seit dem Selbstmordversuch nicht mehr gearbeitet, eine Tatsache, die sich auf unserem Bankkonto zeigte. Also dachte ich darüber nach, welche Arbeit ich machen könnte, die mir sowohl Erfüllung als auch einen adäquaten Lohn einbrachte.

Zu der Zeit studierte ich schon Psychologie an der UCLA. Ich hatte mit einem Einführungskurs angefangen – in Sorge darum, dass ich dem akademischen Druck nicht gewachsen wäre. Als ich eine Eins erhalten hatte, belegte ich den nächsten Kurs und dann wieder den nächsten, bis ich alle Kurse für den ersten Abschluss zusammenhatte, und das mit guten Noten. Trotz des Auftriebs für mein Selbstvertrauen kam es mir aber nicht in den Sinn, Psychotherapeutin zu werden, als es darum ging, einen neuen Berufsweg einzuschlagen. Ich fühlte mich psychisch krank und glaubte ganz fest daran, dass eine Psychotherapeutin erst ihren eigenen Mist in Ordnung bringen sollte, bevor sie versucht, anderen zu helfen.

Über einen Freund hörte ich, dass in Los Angeles Lehrermangel herrschte. Das erlaubte mir, ohne die geringste Ausbildung oder Erfahrung, eine Stelle im Schulwesen zu bekommen, um an einer Highschool Englisch zu unterrichten. Obwohl mich der Gedanke, Englisch an der Highschool zu unterrichten, faszinierte, machte er mir doch auch große Angst. Das Gefühl von Terror ist, verständlicherweise, mein größter Trigger. Unterrichten würde also zweifelsohne Ängste hervorrufen.

Letztlich war es jedoch nicht die Angst, die mir am Ende dabei half, meine alternativen Persönlichkeiten zu akzeptieren.

Es war die Liebe.

Es begann an einem Nachmittag, als ich in Leahs Sprechzimmer saß und weinte. Es war der Sommer, bevor ich anfangen sollte zu unterrichten, und ich kam gerade aus einer verstörenden Besprechung mit dem medizinischen Direktor von L.A. Unified. Neue Lehrer mussten sich vor Antritt ihrer Unterrichtstätigkeit einer ärztlichen Untersuchung unterziehen. Auf einem Formular wurde nach »vorherigen Leiden« oder Medikamenten, die ich einnahm, gefragt. Mein Arzt hatte angegeben, dass ich psychiatrische Medikamente gegen meine Angstzustände einnahm.

Jetzt, da ich selbst Psychologin bin, kann ich mit Bestimmtheit sagen, dass mehr als 20 Prozent aller Amerikaner wenigstens eine Art von psychiatrischen Medikamenten einnimmt. Dennoch sind psychische Störungen stigmatisierend, und angesichts meiner Vorgeschichte verlangte der Arzt von L.A. Unified, mehr über meine »psychiatrischen Probleme« zu erfahren. Insbesondere verlangte er Akteneinsicht über meine gesamte Therapie, was bedeutet, dass ein völlig Fremder mit Entscheidungsmacht über meine Einstellung die intimen Details über meinen sexuellen Missbrauch und die Selbstmordversuche lesen würde.

Ich war erschüttert. Ich meine, ich unternahm gerade den Versuch, eine Anstellung zu finden, ein nützliches Mitglied der Gesellschaft zu werden, in meinem Leben voranzukommen. Es hatte sechs Monate gedauert, bis ich alle nötigen Tests abgelegt und die zusätzlichen Bedingungen erfüllt hatte, um Lehrerin zu werden. Die Ungerechtigkeit übermannte mich. Ich weinte voller Verzweiflung und war überzeugt davon, dass ich nie in der Lage sein würde, meine Vergangenheit zu überwinden, um ein erfüllendes Leben zu führen.

Leah bewahrte Ruhe. Obwohl ich darauf bestand, dass sie die Therapieakte faxen sollte, weigerte sie sich. Sie sagte, es sei falsch von der Schulbehörde, ihre persönlichen Akten zu beantragen. Dann sagte sie sehr wohlgesinnt: »Ich weiß, du verstehst das alles nicht, aber ich schon. Und es ist meine Pflicht, dich zu schützen.«

Und dann nahm sie ein Blatt Papier. Ich sah ihr zu, wie sie einen Brief an den medizinischen Direktor schrieb und ihn für die unangemessene Nachfrage nach den Dokumenten kritisierte. Sie fuhr fort, dass sie seit vier Jahren meine Therapeutin sei, und sie versicherte dem Arzt, dass ich sehr wohl in der Lage sei, Schüler der Highschool zu unterrichten.

Kurz gesagt, Leah ging ein Risiko für mich ein. Sie schützte nicht nur meine persönlichen Daten, sie bürgte für mich – und setzte damit ihren eigenen Ruf aufs Spiel. Dies war ein Wendepunkt; kein Therapeut hatte so etwas je zuvor für mich getan.

Als ich auf Leahs Sofa saß und ihr dabei zusah, wie sie den

Brief faxte, konnte ich spüren, wie sich etwas in meiner Psyche bewegte. Auf einmal fühlte ich mich, als ob ich in dem Raum schwebte, während ein anderer Teil von mir Leah genau beobachtete und dachte: *Mensch! Wir können ihr wirklich vertrauen!*

In dem Moment veränderte sich alles. Mein ganzes Leben lang hatte ich jemanden gesucht, der mir helfen konnte. Wenn man bedenkt, wie elend ich mich fühlte, war selbst mir klar, dass ich einen außergewöhnlich starken und loyalen Menschen brauchte, der mir zur Seite stehen musste, komme, was da wolle. Mit Leahs einfachem Akt, den Brief zu schreiben (nach vier Jahren von nie wankender Güte und Verlässlichkeit), hatte ich endlich den Beweis dafür, dass sie sich um mich sorgte und mich beschützen würde – vor der Welt und vor mir selbst. Zum ersten Mal, seit ich ein kleines Kind gewesen war, fühlte ich mich sicher.

Ich fühlte, dass ich geliebt wurde.

Wenn Kinder missbraucht werden, insbesondere von Pflegepersonen, dann verlieren sie grundlegend die Fähigkeit zu vertrauen. Dies ist ein erschütternder Rückschlag, da Vertrauen eine Vorbedingung dafür ist, eine normale und gesunde Beziehung aufzubauen.

Ich hatte seit meinem achten Lebensjahr niemandem mehr vertraut. Das Ergebnis war, dass ich die Fähigkeit zu lieben verloren hatte. Das war mir natürlich nicht bewusst. Ich dachte, was ich für Chris und Steve fühlte, sei Liebe, aber in Wirklichkeit war es das nicht. Liebe verlangt, dass man sein Herz öffnet. Mein Herz war durch den Missbrauch eingefroren, und ich hatte die Fähigkeit verloren, einer anderen Person gegenüber Wärme und Dankbarkeit oder Empathie zu fühlen.

Ehrlich gesagt, ich hatte fast die Fähigkeit verloren, überhaupt etwas zu fühlen, abgesehen von Wut und Angst.

Jetzt mit einem Mal schmolz mein Herz. Von einem Moment zum anderen durchströmte mich eine Flut von warmen Gefühlen für Leah, und mein Herz erweiterte sich in meiner Brust. Es war derart dramatisch und einfach. Ich spürte Leahs Liebe zu mir, und ich fühlte sofort auch meine Liebe für sie. Und einfach so begann mein Herz wieder zu arbeiten. Meine Fähigkeit zu fühlen war wiederhergestellt.

Ich wünschte, ich könnte sagen, dass ich von dem Moment an nichts außer ungezügelter Freude empfand. Doch leider funktioniert Trauma so nicht. Wenn sich jemand verletzt, aber nicht sicher fühlt, den eigenen Emotionen freien Lauf zu lassen, bleiben diese unausgesprochenen Gefühle eingefroren im Körper und warten darauf, freigelassen zu werden.

Ich hatte einen Berg von fünfundzwanzig Jahren Schmerz in mir aufgestaut. Als ich wieder anfing zu fühlen, verschaffte sich als Erstes dieser Schmerz Luft. Zum ersten Mal seit meiner Kindheit weinte ich – um den Verlust meiner Kindheit und die Vergewaltigung meiner Unschuld, um die lebenslange Einsamkeit und das Gefühl, mich nie geliebt zu fühlen, um all die Dinge, die mir gestohlen worden waren, und all die verschwendeten Jahre, die ich verloren hatte. Ich weinte um all das. Dann weinte ich noch mehr.

Um wahrhaftig genesen zu können von irgendeinem Trauma, muss der Betroffene letztlich erkennen, was er verloren hat, und muss darum trauern. Trauerarbeit ist unabdingbar, wenn man Fortschritte machen will. Und doch glaube ich, dass es dies ist, was meine Klienten am meisten fürchten. Sie sagen: »Ich will nicht anfangen zu weinen. Wenn ich anfange, dann höre ich nicht mehr auf.« Oder sie sagen: »Ich will nicht weinen. Wozu soll das gut sein?«

Ich verstehe das nur zu gut. Lange habe auch ich keinen Sinn darin gesehen, zu weinen. Als Kind weinte ich. Aber was hat es mir gebracht? Gewöhnlich eine Ohrfeige. Wie sagt das Monster? – »Halt's Maul, oder ich geb dir was zum Heulen!«

Damals war ich ein Opfer. Wenn ich weinte, fühlte ich mich verzweifelt und allein. Aber als jemand, der das überwunden hat, mit einer liebenden Therapeutin, die mich tröstete, lernte ich, dass Weinen sich gut anfühlt! Seit mehr als zwanzig Jahren hatte ich die Last der schrecklichen Gefühle mit mir herumgetragen, ohne die Möglichkeit, mir Luft zu verschaffen. Jetzt ließ ich auf einmal alles raus. Was für eine wundervolle Katharsis. Welche Befreiung!

Als ich endlich den ganzen aufgestauten Kummer rausließ, bemerkte ich, dass meine dunkle Weltanschauung sich erhellte. Ohne jede Anstrengung fiel mir ein gewaltiger Stein vom Herzen. Ich war weniger wütend, weniger nachtragend, weniger zurückhaltend. Und da ich nun Menschen gegenüber offener war, begann ich, sie in einem anderen Licht zu sehen. Während ich bisher gedacht hatte, jeder sei nur darauf aus, mich zu hintergehen, konnte ich jetzt erkennen, dass die meisten Menschen nett und gut waren.

Zum ersten Mal konnte ich sehen und fühlen, dass ich von liebenden Menschen umgeben war, die mir helfen wollten. Und ich fühlte mich dankbar und demütig für ihre Gegenwart in meinem Leben.

Ich war auch Gott sehr dankbar für all seine Gnade, die er mir erwiesen hatte. Früher hatte ich nur das sehen können, was man mir angetan hatte, und ich machte Gott dafür verantwortlich. Jetzt konnte ich über die Jahre hinweg unzählige Gelegenheiten erkennen, bei denen der Heilige Geist in meinem Interesse eingegriffen hatte – die Selbstmordversuche, von denen ich gerettet worden war, die Eingebungen, die ich erfahren hatte, die wunderbaren Helfer, die mir geschickt worden waren. Ich begann zu begreifen, dass Gott wirklich einen Plan hatte. Nehmen wir zum Beispiel die Episode, als ich durch die Pleite des Theaterzentrums in Los Angeles meine Arbeit verlor. Hätte es nicht diesen

Verlust gegeben, dann wäre ich nicht zum CTG gegangen. Und das heißt, ich hätte Chris – und später Leah – nicht kennengelernt. Auf einmal war mir klar, dass Gott mich die ganze Zeit über beschützt hatte.

Diese ganze Genesungsphase verlief sehr schnell. Innerhalb weniger Wochen hatte ich mich von einem wütenden, nachtragenden, argwöhnischen Opfer in eine offenherzige, dankbare, hoffnungsvolle Überlebende verwandelt. Von außen mag es so aussehen, als wäre Leahs Brief eine magische Kugel gewesen. Aber die Wahrheit ist, dass es in der Therapie keine magischen Kugeln gibt. Es gilt nur, Woche um Woche anzutreten, zu arbeiten und ab und an auf einen Durchbruch zu hoffen.

In meinem Fall und in den Fällen vieler anderer, die unter Traumata leiden, war die harte Arbeit damit verbunden, Vertrauen zu lernen. Meine Fähigkeit, mich an eine andere Person zu binden und zu lieben, war durch den Missbrauch völlig zerstört worden. Ich brauchte das vor allem anderen, um in der Therapie gesund zu werden.

Das trifft für fast alle Traumatisierten zu, insbesondere für Opfer von Kindesmissbrauch. Viel wichtiger als die Auseinandersetzung mit schlechten Erinnerungen und besorgniserregenden Symptomen ist die harte Arbeit daran, zu lernen, dass es Sicherheit gibt. Und dass man anderen Menschen vertrauen kann.

Aus diesem Grund glaube ich in der Regel nicht, dass es für Menschen möglich ist, ein Trauma aus eigener Kraft zu überwinden. Dies muss im Kontext einer gesunden, heilenden Beziehung geschehen. Die Bindung, die sich zwischen einem fähigen Therapeuten und einem Klienten entwickelt, ist offensichtlich ideal für den Genesungsprozess, jedoch kann jede Beziehung zwischen zwei Menschen, die miteinander Wärme, Ehrlichkeit, Einfühlungsvermögen und Vertrauen teilen, therapeutisch sein.

Medikamente und damit verbundene Therapien, wie Augenbewegungsdesensibilisierung (EMDR), Neurofeedback und somatisches Erleben, können sehr hilfreich sein, wenn es darum geht, bestimmte Symptome von PTBS zu mildern. Ich bin jedoch davon überzeugt, dass diese Methoden allein nicht ausreichen, um die Wunden von Traumata zu heilen, weil sie nichts dazu tun, ein gebrochenes Herz zu heilen.

Das kann nur die Liebe.

Meine vielen Gesichter

Letztlich war es Leahs Liebe, die mir am Ende den Mut gab, mich meinen multiplen Persönlichkeiten zu stellen. Es gilt als allgemeiner Grundsatz in der DID-Therapie, dass alternative Identitäten sich sicher fühlen müssen, bevor sie sich ganz offenbaren können. Dadurch, dass Leah über sich hinausging, um mich zu beschützen, hat sie bewiesen, was in ihr steckt. So fühlten sich meine Persönlichkeiten sicher genug, um aus der Deckung zu kommen – in der Therapie und in der Welt!

Es fing just an diesem Tag in Leahs Sprechzimmer an, als sie den Brief faxte. Ich fühlte, dass ich wegschwebte, als ein anderer Teil für einen Moment von meinem Körper Besitz ergriff. Danach kam es mir oft so vor, als ob ich von der Ferne aus beobachtete, wie mein Körper Dinge sagte und tat, die keinen Sinn ergaben. Manchmal fand ich mich in einem Spielzeuggeschäft wieder, wo ich Malbücher und Fingerfarben oder Puppen kaufte, mit denen ich später zu Hause spielen würde. Ein anderes Mal ertappte ich mich dabei, wie ich vor dem Spiegel sang und zu Liedern tanzte, die ich zuletzt gespielt hatte, als ich zwölf war. Eines Tages, als ich vor dem Spiegel sang, war ich ganz verstört, weil ich dachte, ich sähe gar nicht aus wie ich selbst. Bevor ich begriff, was ich tat, hatte ich eine Schere in der Hand und säbelte an meinen Haaren herum, bis ich einen Pony hatte wie als kleines Kind.

Obwohl ich schon seit vier Jahren bei Leah in Behandlung war, wurden meine Gefühle für sie auf einmal unerklärlich intensiv. Sie in der Therapie zu sehen war der Höhepunkt meiner Woche, und ich dachte stundenlang darüber nach, was ich sagen und was ich anziehen würde. Wenn ich nicht in ihrem Sprechzimmer war, dachte ich ständig an sie. Ich fantasierte, dass sie zur Premiere eines meiner Stücke im Publikum saß oder bei meiner Hochzeit oder einer Party, um meine Errungenschaften zu feiern. In diesen Fantasien war Leah stolz auf mich und strahlte – genauso, wie eine gute Mutter es tun sollte.

Bis zu einem gewissen Grad verstand ich, dass solche Fantasien normal waren. Ich hatte genug Psychologiebücher gelesen, um zu wissen, dass Klienten mit Bindungsproblemen in ihrem Therapeuten oft einen Ersatzvater oder eine Ersatzmutter suchen; dies ist Teil des Übertragungsprozesses. Allerdings erklärt das nicht, warum ich in Leahs Sprechzimmer ging und die Stimme eines kleinen Mädchens annahm. Es erklärte nicht, warum ich manchmal mit einem McDonald's Happy Meal auftauchte, mich auf Leahs Fußboden niederließ und anfing, mit Stiften zu malen, die sie mir gab. Manchmal kam ich einfach zur Tür rein, rollte mich auf dem Sofa zusammen und schlief!

Wenn ich, die erwachsene Michelle, in diesen Zeiten Herrin über meinen Körper gewesen wäre, dann wäre nichts von dem passiert, was noch kommt. Ich neige dazu, zugeknöpft und zurückhaltend zu sein, und ich empfand die Dinge, die ich tat, als beschämend. Dennoch war ich machtlos, konnte es nicht stoppen. Obschon ich es beobachten konnte, wenn es passierte, konnte ich es doch nicht kontrollieren. Es war, als würde ich mein eigenes Leben von einem Sitz in den hinteren Reihen eines Kinos verfolgen.

Kaum zu glauben, dass ich Leah eines Tages ganz frech bat, mir ein Geschenk zu kaufen. Die Woche darauf gab sie mir einen riesigen Teddybären, den ich mit großer Freude knuddelte.

Ohne dass ich verstehen konnte, warum, war es auf einmal lebenswichtig, dass der Teddybär immer bei mir war – auf dem Sofa, im Bett, auf dem Beifahrersitz im Auto. Der Teddy gab mir ein Gefühl von Wärme und Sicherheit, war ein Ersatz für Leah, genau wie das Lieblingsstofftier oder die Sicherheitsdecke eines Kindes Ersatz für die Mutter ist. Bloß: Ich war dreiunddreißig Jahre alt – eine Tatsache, die die Sicherheitsbeamtin genau bemerkte, als ich versuchte, meinen Teddy nur ein paar Wochen nach den Terroranschlägen am 11. September mit in ein Flugzeug nach London zu nehmen. Stellen Sie sich das mal vor: Eine erwachsene Frau klammert sich an einen riesigen Teddybären, während nervöse Polizisten versuchen, ihn ihr aus den Armen zu reißen, weil sie glauben, darin sei eine Bombe versteckt.

Wirklich wahr! Meine Verrücktheit löste fast einen internationalen Zwischenfall aus!

Der Begriff »Verrücktheit« beschreibt diese Phase meines Lebens sehr gut, denn ich dachte, fühlte und tat ständig ungeheuerliche Dinge. Mit dem Wachsen meiner Obsession für Leah ertappte ich mich oft dabei, dass ich zu ihrer Praxis fuhr und vor ihrem Haus saß, nur um ihr nahe zu sein. Später schaffte ich es durch reine Psycho-Beharrlichkeit, ihre Privatadresse ausfindig zu machen, damit ich mitten in der Nacht vor ihrem Haus parken konnte. Einmal packte ich aus Gründen, die ich nicht verstand, eine Tasche, nahm ein Bündel Geld und ging zum Busbahnhof. Ich wollte einfach wegfahren, aber Leah machte den Plan zunichte, indem sie plötzlich anrief und mich davon überzeugte, wieder nach Hause zu fahren.

Warum tat ich diese Dinge? Ich hatte keinen blassen Schimmer! Ich hatte den Drang, unerklärliche Dinge zu tun, ich konnte das weder stoppen noch verstehen. Ich fand mich oft an irgendwelchen Orten wieder, ohne zu wissen, wie ich dorthin gekommen war. Manchmal fand ich Zeichnungen und Schriftstücke über den Missbrauch, den ich erlitten hatte, aber ich erinnerte mich nicht daran, sie angefertigt zu haben.

In den Therapiesitzungen, an die ich mich manchmal erinnerte und manchmal nicht, sagte ich Leah wiederholt, dass ich glaubte, meine Psyche versuchte mir etwas zu sagen. Als wollte sie mich irgendwie testen. »Sie will, dass ich etwas herausfinde«, sagte ich ihr immer und immer wieder.

Aber was?

Was?

Dann, eines Nachmittags, fand ich mich unerklärlicherweise in der Eingangshalle von Leahs Praxisgebäude wieder, aber ich konnte mich nicht erinnern, wie ich dorthin gekommen war. Auf einmal stand Leah vor mir. Angeblich hatte ich sie angerufen, aber auch daran konnte ich mich nicht mehr erinnern. Als wir zu ihrer Praxis liefen, fühlte ich mich verstört und desorientiert, als würde ich aus einem Traum herauslaufen. All der Blödsinn der letzten paar Monate fing an, mir durch den Kopf zu gehen – komische Stimmen, seltsames Verhalten, der Verlust meiner Erinnerungen. Auf einmal ergab es alles Sinn.

»Leah«, sagte ich vorsichtig, »ich glaube, ich habe multiple Persönlichkeiten.«

Sie lächelte allwissend, fast als sei sie erleichtert, und fragte: »Wie kommst du denn darauf?«

»Nun, ich fühle mich ständig so, als seien da verschiedene Menschen in mir, verschiedene Menschen, die mich kontrollieren … und ich erinnere mich nicht mehr daran, wie ich hierhergekommen bin.«

»Du denkst also, dass du multiple Persönlichkeiten hast«, stellte sie einfach fest. »Und ist das okay für dich?«

Das war eine gute Frage. Die Antwort war: Nein! Nein, es war nicht okay! Ich hatte genug über Psychologie gelernt, um zu wissen, dass Multiple Persönlichkeitsstörung eine sehr ernste

Diagnose war, vielleicht die schwerwiegendste Diagnose im ganzen verdammten Diagnostikbuch. Die Erkenntnis, dass ich eine ernste Psychose haben sollte, war erschütternd. Soweit ich wusste, konnten kranke Menschen keine Ambitionen haben. Sie konnten keine erfolgreichen Schriftsteller oder Ärzte werden. Sie konnten nichts werden, weil sie behindert waren. Multiple Persönlichkeiten zu haben bedeutete, dass mein Leben zu Ende war. Es fühlte sich an wie ein Todesurteil.

Meine Bedenken über Psychosen hatten mich jahrelang daran gehindert, mich meiner Störung zuzuwenden. Es war überwältigend, zu akzeptieren, dass ich nicht normal war und es nie sein würde.

Diagnose ist ein doppelseitiges Schwert. Auf der einen Seite kann es eine unglaubliche Erleichterung sein, all den mysteriösen Problemen und Symptomen, die man erlebt, endlich einen Namen geben zu können. Da war der wunderbare »Aha!«-Moment, als alles einfach Sinn ergab. Andererseits kann eine ernste Diagnose sich wie ein glühend heißes Stahlhalsband anfühlen, das das Leben einer Person gleichermaßen brandmarkt und bindet.

Zu oft schon habe ich psychiatrische Experten lebensverändernde Diagnosen fällen sehen, ohne dass sie auch nur einen Gedanken darauf verschwendet hätten, was solch eine Kennzeichnung mit dem Patienten macht. Zudem sind sie oft zu sehr daran interessiert, eine düstere Prognose mit den Patienten und der Familie zu teilen, da sie auf dem basiert, was sie als »Fakten« ansehen. Da es nicht immer möglich oder vernünftig ist, eine Diagnose zu ignorieren, sollten Psychologen und Psychiater sich über die Macht ihrer Worte bewusst sein. Wenn eine Autorität einem sagt, dass man dazu verdammt ist, ein eingeschränktes Leben zu führen, besteht die Möglichkeit, dass die Person es glaubt und sich in ihren Erwartungen einschränkt.

Ich werde Leah ein Leben lang dafür dankbar sein, dass sie

mir in ihrer unendlichen Geduld erlaubte, meine Diagnose selbst zu finden. Sie wusste offensichtlich, dass ich eine Multiple war; immerhin kaufte sie mir einen Teddy und Malstifte. Sie respektierte mein Verleugnungssystem und erlaubte mir, die Kraft zu entwickeln, um endlich die Wahrheit zu akzeptieren. Und zwar zu dem Zeitpunkt, als ich dazu in der Lage war.

Sobald ich verstanden hatte, dass ich eine Multiple war, ergaben eine Menge Dinge in meinem Leben auf einmal Sinn. Ich hatte mich seit Jahren in dem Kampf zwischen der Preppy und der Schriftstellerin aufgerieben, und jetzt war es eine Erleichterung, zu sehen, dass dieser innere Konflikt das Ergebnis von zwei Identitäten war, die ständig um die Kontrolle über mein Leben kämpften. Ich verstand auch, dass ich noch eine dritte Identität hatte – ein kleines Mädchen, auf das die Malbücher und der Bär zurückgingen. Obwohl sie ein Kind war, war diese Identität eine meiner Hauptpersönlichkeiten und sehr hartnäckig darin, ihre Bedürfnisse zu befriedigen. Ihr Ziel war es, sich immerzu sicher und geliebt zu fühlen. Und deshalb war sie auch hauptsächlich dafür verantwortlich, in meinem Leben vertrauenswürdige Menschen wie Leah, Chris und Steve zu finden.

Seit Jahren war ich mir der zerstörerischen Kraft in meinem Inneren bewusst – eine wütende, hasserfüllte Verfolgerin, die mich ständig herunterputzte, mich beschimpfte und mir sagte, dass ich mich umbringen solle. Diese Kraft war es, die mich dazu trieb, die Suizidversuche auszuführen. Sie war grausam, übergriffig und ungeheuer hartnäckig. Sobald ich erkannte, dass ich eine Multiple war, ergab diese innere Verfolgerin endlich Sinn. Sie war eine alternative Persönlichkeit, die mich, aus welchem Grund auch immer, hasste und lieber tot sehen wollte.

Ich war mir aber auch der gütigen Kraft in mir bewusst. Diese Beschützerin war von einem sehr jungen Alter an zugegen und fühlte sich väterlich an, fast gottähnlich. Es war die Kraft, die mich durch all die Jahre der Folter getragen hatte, die Kraft, die mich dazu trieb, zu überleben und zu gedeihen. Ich empfand diese Kraft als beschützende Präsenz in mir. Normalerweise bot sie mir eine stille Stärke. Aber ab und zu sprach sie ihre sachlichen Weisheiten aus. Sie war die Stimme, die mir sagte, dass meine Eltern mich niemals lieben würden und dass ich den Versuch aufgeben sollte, sie für mich zu gewinnen. Sie war die Stimme, die mir sagte, ich sollte meinen Eltern nicht mehr trauen, und das lange, bevor mein Bewusstsein wusste, warum. Diese gütige Identität schien meine ganze Geschichte zu kennen – eine Geschichte, an die ich mich selbst nicht erinnern konnte. Und ich spürte, dass sie bestimmte, mir die Wahrheit stückchenweise zu offenbaren, wann immer ich bereit war, damit fertigzuwerden.

Kaum, dass ich Leahs Sprechzimmer verlassen hatte, weniger als eine Stunde, nachdem ich verstanden hatte, dass ich multiple Persönlichkeiten hatte, konnte ich schon fünf davon identifizieren. Es bedurfte keiner besonderen Anstrengung, herauszuklamüsern, wer die Hauptakteure in mir waren.

Warum sollte es auch so sein? Ich hatte mich schließlich mein ganzes Leben lang mit ihnen beschäftigt!

Das Wissen, dass ich eine Dissoziative Identitätsstörung hatte, eine Psychose, war jedoch schwer zu akzeptieren. Ich war zutiefst beschämt, und in dem Gefühl der Demütigung nahm ich an, dass andere ebenso abgestoßen davon sein würden. Als ich nach Hause fuhr, fragte ich mich, wie ich es Chris beibringen sollte. Ich bereitete mich darauf vor, dass unsere sieben Jahre währende Beziehung nun zu Ende sei.

Als ich zur Tür eintrat, kochte sie gerade.

Ich bat sie, vom Ofen wegzutreten.

»Ich muss dir was sagen«, sagte ich. »Es wird dich aufregen. Ich glaube wirklich, du solltest dich hinsetzen.«

Widerwillig nahm sie am Küchentisch Platz.

Ich hockte mich auf den Stuhl gegenüber und versuchte, die richtigen Worte zu finden.

»Chris«, flüsterte ich. »Da ist etwas, was ich dir sagen muss, und es ist wirklich etwas Ernstes. Es könnte unser Leben total verändern. Ich war heute bei Leah, und es stellte sich heraus … Ich habe multiple Persönlichkeiten.«

Chris starrte mich müde an, dann rollte sie mit den Augen. »Wirklich, Schatz? Das ist deine große Neuigkeit?« Sie ging zum Ofen zurück und fing an zu kichern. »Also wirklich. Erzähl mir was, das ich noch nicht weiß!«

Steves Reaktion war ziemlich ähnlich. Weder er noch Chris waren überrascht. Besser noch, sie konnten beide sofort die meisten meiner Identitäten beschreiben, was total Sinn ergab. Sie hatten sich immerhin beide seit Jahren damit befasst.

Wenn ich dem normalen Verlauf von Psychotherapie gefolgt wäre, wäre diesem wichtigen diagnostischen Durchbruch eine Periode gefolgt, in der ich mehr über Dissoziative Identitätsstörung erfahren hätte. Ich hätte viele Stunden damit verbracht, meine alternativen Persönlichkeiten kennenzulernen – ihre Namen, ihr Alter, ihre Bedürfnisse, Ziele, Gefühle. Dann hätte ich daran gearbeitet, dass sie alle effektiver kooperierten. Kommunikation zwischen Identitäten war nötig, damit ich als Multiple effizient funktionieren konnte. Je besser die Alternativen miteinander auskommen, desto weniger Stress bereitet es dem Betroffenen.

Wenn sich das Personalitätssystem stabilisiert hat, kann die Trauma-Therapie gewöhnlich vorangetrieben werden. Sie erinnern sich, dass ich, obwohl mir bewusst war, eine Multiple zu sein, immer noch keinen Zugang zu allen meinen Erinnerungen hatte. Ich wusste, dass Gary mich missbraucht hatte, aber ich wusste immer noch nichts über den Pädophilenring und die Pornografie. Das war deshalb so, weil verschiedene Identitäten verschiedene Teile des Missbrauchs erlebt hatten und dann diese Erinnerungen für sich behielten. Um völlig gesund werden zu können, verlangt die DID-Therapie, dass jede Identität bei der Therapie zugegen sein und ihren Teil der Lebensgeschichte mit den anderen Identitäten teilen muss. Erst wenn alle Teile sich durch ihr individuelles Trauma durcharbeiten, kann die Genesung und Integration aller Erinnerungen stattfinden.

Leider bin ich dem vorgeschriebenen Verlauf der DID-Therapie aber gerade nicht gefolgt. Zum einen hatte Leah nicht die nötige Expertise für diese Art von Behandlung und schlug sie daher nicht vor. Aber selbst wenn sie sie gehabt hätte, bezweifle ich sehr, dass ich mitgespielt hätte. Die gesamte multiple Persönlichkeitssache machte mir große Angst. Und so tat ich, was ich schon unzählige Male zuvor getan hatte, wenn mich etwas beunruhigte. Ich befasste mich mehr als fünf Jahre lang nicht damit.

Ich vertiefte mich vielmehr ins Unterrichten, das sich als wunderbare Sache herausstellte. Welche Ängste ich auch immer über Stadtjugendliche aufgestaut hatte, sie schmolzen mit dem Moment dahin, als ich den Schülern gegenüberstand. Von Anfang an liebte ich all diese lieben, witzigen, intelligenten Kinder, und ich war überrascht, als ich bemerkte, dass sie mich auch liebten. Unterrichten war die beste Medizin für mich, die ich mir hatte erhoffen können, da sie mich dazu zwang, mich mit Dingen außerhalb meines Kopfes zu beschäftigen.

Mein ganzes Leben lang versuchte ich, gesund zu werden, indem ich auf mich fokussiert war: Ich, ich, ich. Aber es stellte sich heraus, dass die wahre Freude darin liegt, anderen zu helfen. Innerhalb weniger kurzer Monate verwandelte ich mich von einem dissoziativen Haufen, dessen Vollzeitbeschäftigung die Therapie war, in die Lehrkraft des Jahres an meiner Highschool!

Von dem Erfolg im Klassenzimmer getragen und da ich seit Jahren erstmals wieder meinen eigenen Lebensunterhalt verdiente, fühlte ich mich langsam besser. Mit meinem Selbstvertrauen wuchs auch meine Stimmung. Plötzlich sah die Welt rosig aus.

Ich gewann neue Freunde und fand alte wieder. Das Wichtigste war jedoch, dass ich mich wieder mit Chris verband. Obwohl wir nun schon seit acht Jahren zusammen waren, hatte ich immer eine Wand zwischen uns aufrechterhalten. Mein verborgenes Leid und die Bindungsschwierigkeiten machten es schwer für mich, mein Herz zu verschenken.

Jetzt, da mein Herz sich geöffnet hatte, empfand ich plötzlich eine neue Liebe für Chris. Ich hatte sie immer geliebt, aber meine Angst davor, verlassen zu werden, hielt mich davon ab, es mir selbst gegenüber einzugestehen. Um mich selbst sicher zu fühlen, spielte ich ein geistiges Spiel, bei dem ich immer mit einem Fuß vor der Tür stand. Jetzt musste ich mich nicht mehr vor der Liebe und vor Bindungen schützen. Ich war bereit, Verpflichtungen einzugehen.

2003, fast neun Jahre nach unserem ersten Rendezvous, hielten Chris und ich Hochzeit. Es war damals nicht legal, aber das war uns egal. Wir mieteten die gesamte Abteilung der öffentlichen Bibliothek von Los Angeles, zogen weiße Kleider an und schmissen eine Riesenparty! Mehr als zweihundert Freunde und Familienmitglieder kamen zu unserer Hochzeit, auch Steve, der mein Brautführer war. Leah war ebenfalls da und strahlte vor Stolz, genauso wie ich es mir in meinen Tagträumen immer vorgestellt hatte.

Nach ein paar Jahren Schuldienst bemerkte ich, dass der mir liebste Teil meiner Arbeit nicht darin lag, den Kindern Wissen zu vermitteln, sondern darin, ihnen im Leben zu helfen. Eine Menge meiner Schüler kam aus schwierigen Verhältnissen – Armut, Missbrauch, Gewalt in ihrem Viertel. Das Ergebnis war, dass sie Symptome von Trauma zeigten, darunter Ängste, Depression, Selbstverstümmelung und Suizidgefahr. Um nicht kaltschnäuzig zu erscheinen, wie meine eigenen Lehrer es gewesen waren, nahm ich mir die Zeit, die Dinge zu beobachten und mich der Betroffenen anzunehmen.

Ich wurde schnell als die Lehrerin bekannt, mit der die Kinder reden konnten, und ertappte mich oft dabei, den Nöten anderer zuzuhören und Rat zu erteilen. Schüler zu beraten, fühlte sich belohnend und natürlich an. Ich konnte erkennen, dass es mein wahres Talent im Leben war, anderen dabei zu helfen, mit Traumata fertigzuwerden. Endlich hatte ich das Selbstvertrauen gefunden, Psychologin zu werden, und ich verließ den Lehrberuf, um an die Uni zu gehen.

All mein Selbstvertrauen schien jedoch zu schwinden, als ich am ersten Tag in den Kurs kam. Wo immer ich hinkam, sprachen Intelligenzbestien über »epistemologische Probleme im Studium von Metakognition« und »heuristischen Ansätzen zu phänomenologischer Achtsamkeit.« – Hä?! Auf einmal kamen meine ganzen alten Unsicherheiten wieder auf, und ich war mir sicher, dass ich einen sehr großen Fehler gemacht hatte.

Wie hatte ich es nur jemals wagen können, zu denken, dass jemand wie ich – die ewige Versagerin mit einer Psychose – es zu einem Doktortitel bringen könnte?

Bei meinem ersten Treffen mit meinem Studienmentor Patrick brach ich in Tränen aus. »Ich kann das nicht«, heulte ich. »Ich bin schwach. Ich komme mit Druck nicht zurecht. Ich habe eine Menge Probleme.«

»Was für Probleme?«, fragte Patrick, der die Güte selbst zu sein schien.

»Ich … ich habe Multiple Persönlichkeitsstörung.« Jetzt war es raus, mein beschämendes Geheimnis.

Ich war mir sicher, dass sie mich von der Uni werfen würden.

»Wow«, sagte Patrick, während er mich intensiv ansah. »Weißt du, Michelle, das ist wirklich eine ernste Sache. Ich hatte ein paar Klienten, die das durchgemacht haben, deshalb weiß ich, dass es die Hölle ist. Wenn du mit Multipler Persönlichkeitsstörung fertigwerden kannst, dann würde ich mir an deiner Stelle über die Uni keine Sorgen machen. Es wird dir wie ein Spaziergang vorkommen.«

Ich nahm seine Ermunterung dankbar an, doch die Zeit an der Uni war *alles andere als ein Spaziergang!* Sie war fordernd und intensiv und verlangte, dass ich härter arbeitete als je zuvor in meinem Leben. Aber trotz Stress und der überwältigenden Menge an Arbeit verlor ich nie meinen Fokus. Jedes Mal, wenn ich einen dreißigseitigen Forschungsbericht beendet oder ein Examen bestanden oder mir eine Praktikantenstelle gesichert hatte, wuchs mein Glaube an mich selbst. Ich fing an, in mir mehr als nur eine Verrückte zu sehen. Ich begann mir vorzustellen, dass ich es vielleicht, einfach nur vielleicht, schaffen könnte, den Doktortitel zu bekommen.

Auch die Vorstellung, Mutter zu werden, festigte sich in meinem Kopf. Das war kein neuer Gedanke; ich hatte schon immer Kinder haben wollen. Aber in der Vergangenheit hatte ich mich zu instabil und zu verrückt gefühlt, um diese Verantwortung übernehmen zu können. Jetzt hatte ich mehrere Jahre ohne Drama hinter mir. Ich fühlte, dass ich endlich gesund genug war, um ein Baby großzuziehen.

Mit sechsunddreißig Jahren wurde ich mithilfe von IVF schwanger. Der Tag, an dem ich auf das Teststäbchen pinkelte, war der bis dahin glücklichste Tag in meinem Leben. Obwohl ich die gesamten neun Schwangerschaftsmonate lang unter morgendlicher Übelkeit litt, ertrug ich alles klaglos. Schwanger zu sein war das Beste, was mir im Leben passiert war. Jedes Mal, wenn ich das Baby in meinem Bauch spürte, glaubte ich, im siebten Himmel zu sein. Obwohl ich ihn noch nicht getroffen hatte, war Baby Mikey schon die große Liebe meines Lebens.

Das erste Mal, als ich meinen Sohn im Arm hielt, veränderte sich mein ganzer Ausblick auf alles, was noch kommen konnte. Ich weiß, dass die meisten Eltern das erleben, wenn sie ihr Kind zum ersten Mal im Arm halten. Alles, was mit mir früher passiert war, verlor auf einmal seine Bedeutung. Jetzt wollte ich nur noch eine gute Mutter sein für den perfekten kleinen Menschen in meinen Armen.

Für mich markierte dieser Moment eine Grenzlinie in Bezug auf meine psychische Gesundheit. Mein ganzes Leben lang war ich von Depressionen und Selbstmordgefühlen heimgesucht worden. Jetzt wusste ich, dass ich niemals wieder versuchen würde, mir das Leben zu nehmen. Ich fühlte mich so geehrt und demütig und gesegnet, Mikeys Mutter zu sein, dass ich wusste, ich könnte nie etwas tun, was ihm Schmerzen bereiten würde. Schon gar nicht, ihn verlassen.

Mein erstes Jahr als Mutter war das glücklichste meines Lebens. Ich nahm mir ein Jahr frei von der Uni, sodass ich meinem Sohn meine volle Aufmerksamkeit schenken konnte. Ich stillte ihn, wiegte ihn in den Schlaf und nahm ihn mit auf meine täglichen Spaziergänge durch den Park. Wir gingen zu Krabbelgruppen und zu Kindermusikklassen. Ich ging so sehr darin auf, Mutter zu sein, dass ich, als Mikey anfing, feste Nahrung zu sich zu nehmen, beschloss, all seine Nahrung selbst zuzubereiten. Dass ich bis dahin nicht einmal ein Spiegelei braten konnte, war Nebensache.

Ich sehe, dass ich eine ganz normale Situation beschreibe – den Prozess, in dem eine Mutter sich unglaublich intensiv in ihr Kind verliebt. Es ist eine Geschichte, die so alt ist wie die Welt. Aber für mich war es nicht weniger als ein Wunder. Ich habe nie zuvor eine solch reine, bedingungslose Liebe empfunden. Ich hatte es mir nie zuvor erlaubt, so ganz und gar eine Bindung zu jemandem einzugehen. Die Liebe, die ich für Mikey empfand, war Balsam für meine Seele. Sie heilte die Vergangenheit und hellte die Zukunft auf. Sie schien alles zu lösen.

Zufriedener, als ich es mir jemals vorgestellt hatte, dachte ich, meine dunklen Tage seien passé. Meine PTBS-Symptome waren schon lange Geschichte. Meine multiplen Persönlichkeiten blieben sicher in mir versteckt. Da ich nicht mehr depressiv oder verängstigt war, setzte ich meine Medikamente ab und ging nicht mehr zur Therapie. Meine Psychose gehörte der Vergangenheit an. Im Alter von siebenunddreißig Jahren dachte ich nicht mal mehr daran.

Dann verlor Chris ihre Arbeit, und ich verlor meinen Verstand. Beides waren lange, nicht enden wollende, schreckliche Ereignisse. Der Betrieb, für den Chris arbeitete, hatte finanzielle Schwierigkeiten. Der Präsident wurde gefeuert, sie kündigten dem Chef von Chris und schließlich der halben Belegschaft. Chris überstand die erste Runde von Kündigungen, aber es war nur eine Frage der Zeit, bevor das Gehalt ausbleiben würde.

Gewiss, Geldsorgen machen jedem zu schaffen, aber mich traf es besonders hart. Ich verrannte mich in die Vorstellung, dass Chris ihre Arbeit verlieren würde, und grübelte, wie wir den Verlust unseres Einkommens bewältigen würden. Entgegen jeder Vernunft glaubte ich, dass sie nie wieder eine Arbeit finden würde. Mit der Zunahme meiner Ängste kamen irrationale Visionen von Wohnungslosigkeit und Hunger, die mich nachts wach hielten. Eine dunkle Wolke schwebte über uns, und ich war mir sicher, dass unser Leben kurz vor dem permanenten Ruin stand.

Meine Reaktion war überspitzt, das steht außer Frage. Seine Arbeit zu verlieren, ist durchaus beängstigend, aber ich hatte nicht einfach nur Schiss; ich war in Panik. Geldmangel bewirkte, dass ich mich unsicher fühlte. Ich bangte um mein reines Überleben. Wann immer mir das passiert, löst es eine ganze Reihe von Triggern aus. Ich fühle mich ängstlich, hilflos und hoffnungslos, wie in meiner Kindheit. Meine schreckenerregende Vergangenheit vermischt sich mit der Gegenwart. Das ist so bei PTBS.

Damals konnte ich das jedoch nicht erkennen. Ich war so verängstigt, dass ich nicht richtig denken konnte. Die Furcht war unerträglich. Nach einer Weile konnte ich nicht mehr. Das war der Auslöser. Wenn ich die Furcht nicht mehr ertragen kann, fange ich an zu dissoziieren.

Am Anfang nahm meine Dissoziation die Form der altbekannten Tagträume an. Meistens lief ich herum wie ein Zombie, während ich lange vergessene Geschichten in meinem Kopf abspielen ließ. Ich war wieder die arme Prinzessin in einer arrangierten Ehe mit einem grausamen Prinzen. Oder eine entführte Gefangene, gefangen in einem Käfig, während ein verrückter Professor schreckliche Experimente an ihr vornahm. Diese Plots wiederholten sich immer und immer wieder, tagein, tagaus, über mehrere Wochen hinweg. Sie bewahrten mich davor, an meine schreckenerregende Zukunft zu denken, indem sie meinen Verstand in der Vergangenheit gefangen hielten.

Mit der Zeit wirkte sich meine Unfähigkeit, mich im Hier und Jetzt zu halten, negativ auf unsere Ehe aus. In meinem Kopf verloren, war es schwierig für mich, mit irgendjemandem ein Gespräch zu führen. Und das galt auch für Chris. Je mehr sie meine Aufmerksamkeit einforderte, desto mehr entzog ich mich ihr. Am Ende wollte ich nichts mehr mit ihr zu tun haben, weil ich, ehrlich gesagt, keinen Bezug mehr zu ihr hatte. Sie war mir völlig fremd geworden.

Da ich mich danach sehnte, allein zu sein, zog ich ins Gästezimmer um. Das war der Zeitpunkt, als es völlig verrückt wurde und ich anfing, ein untypisches Verhalten zu zeigen. Eines der seltsamsten Symptome war, dass ich die ganze Nacht Countrymusik hörte und Bier trank. Ich war nie zuvor ein Country-Fan gewesen, und ich hatte nie zuvor Bier getrunken. Aber hier ersäufte ich meine Sorgen in den Klängen von Reba und den Dixie Chicks.

Es dauerte nicht lange, bis ich anfing auszugehen. Spät in der Nacht, während Chris bei Mikey blieb, sprang ich in mein Auto und fuhr scheinbar ohne Ziel umher. Aber irgendwie endete ich immer in einer Country-und-Western-Bar. Es war, als ob ich wüsste, wo diese Orte waren, obwohl ich nie zuvor dort gewesen war.

In diesen Bars saß ich dann allein herum und trank. Auch das hatte ich nie zuvor getan. Ich war immer viel zu schüchtern gewesen und zu reserviert, um allein in eine Bar zu gehen. Und dennoch war ich hier, schüttete einen Drink nach dem anderen runter und machte die Männer an, als hätte ich mein ganzes Leben lang nichts anderes getan.

Nach einer dieser späten Nächte kam mir eine Idee. Als ich nach Hause kam, entkleidete ich mich und ging unter die Dusche. Ich griff nach einem Rasierer und rasierte alle meine Schamhaare ab. Ich wusste nicht, warum.

Als Nächstes ging ich zum Computer. Wir hatten nur einen damals. Er war im Wohnzimmer, bloß einige Schritte entfernt von dem schlafenden Mikey und von Chris. Ich öffnete einen Chat, meldete mich unter einem falschen Namen an und klickte auf den Link für »flüchtige Begegnungen«. Was zum Teufel war das? Ich drückte den Knopf und schrieb einen Eintrag und fing an zu tippen, ohne mir genau darüber bewusst zu sein, was ich da schrieb.

Sklavin mit frisch rasierter Fotze sucht Meister, der sie S/M lehrt. Ich bin sehr ungezogen. Aber mit der richtigen Disziplin kann ich lernen, gut zu werden. Willst du heute Nacht anfangen?

Kaum, dass ich den Eintrag weggeschickt hatte, kamen schon die ersten Antworten. Ein Mann tat sich besonders hervor. Er hatte eine bessere Rechtschreibung als die anderen, und sein Foto zeigte einen jungen, gut aussehenden Mann. Innerhalb weniger Sekunden war ich am Telefon und sprach mit ihm – und da bemerkte ich zum ersten Mal, dass diese künstliche sexy Identität einen Südstaaten-Akzent angenommen hatte.

Wir beschlossen, uns im Roosevelt Hotel in Hollywood zu treffen. Auf dem Weg dorthin schrie ich in meinen Gedanken: *Was machst du da? Wir können keinen fremden Mann zum Sex treffen! Das ist gefährlich!*

Aber wer auch immer jetzt meinen Körper kontrollierte, scherte sich einen feuchten Kehricht darum.

Der Weg vom Parkplatz zum Hoteleingang war unwirklich. Ich war mir über alles, was ich tat, voll bewusst, denn es fühlte sich so an, als ob ich einen Logenplatz in meinem Kopf hätte. Aber trotz meiner angestrengten Versuche, meinen Körper zu kontrollieren, vermochte ich es nicht. Die ganze Sache hatte etwas von dem absurden Film *Being John Malkovich*.

In der Bar in der Eingangshalle machte ich den jungen Mann aus. Wir setzten uns an einen Tisch und bestellten Getränke. Er fragte mich über meine Erfahrung mit S/M aus. Ich sagte ihm, dass ich in meiner Kindheit eine Sexsklavin gewesen sei und dass *es mir gefallen habe!*

Für den Teil von mir, der sich die Show ansah, war die Sexsklavinnensache neu. Ich wusste, dass Gary mich missbraucht hatte, aber ich konnte mich immer noch nicht an den S/M erinnern. Plötzlich traten all die dissoziativen Fantasien, die sich in meinem Kopf abspielten, in mein Bewusstsein. Mir wurde klar, dass sie alle Fesseln und Folter beinhalteten. Moment mal! Könnten meine Fantasien in Wirklichkeit *Erinnerungen* sein?

Der Mann sprach über seine Erfahrungen als Meister. Er

sagte, dass es ihm gefalle, Frauen wehzutun und sie zu erniedrigen, aber er war sich nicht sicher, warum er das tat.

»Ich nehme an, dass Sie Ihre Mutter nicht mögen«, hörte ich meine Stimme sagen. »Sie ist wahrscheinlich sehr streng und kontrollierend.«

Irgendwie nahm die Studentin die Gelegenheit wahr, sich in die Unterhaltung einzumischen, um ein bisschen Psychologie anzubieten.

Der Mann war beeindruckt von der akkuraten Beschreibung seiner Mutter. Er sagte, dass er der Meister-Sklavin-Beziehung nachgehen wollte. Wer auch immer meinen Körper kontrollierte, war dazu bereit, in ein Zimmer zu gehen. Und die ganze Zeit saß ich in meinem Hinterkopf in meinen Gedanken und schrie: *Nein, nein, nein! Man wird uns umbringen, oder im besten Fall können wir uns eine Krankheit einfangen!*

Aber wie mein Schicksal es wollte, war der Mann nicht bereit, die Sache weiterzuverfolgen. Er sagte, dass mein Training per E-Mail beginnen würde, mit einer Reihe von Fragen, die ich beantworten sollte. Die Persönlichkeit, die meinen Körper kontrollierte, war enttäuscht, aber ich war erleichtert. Wir waren gerade noch mal davongekommen!

Für mich waren die neuen Erkenntnisse schockierend. Ich hatte keine Ahnung davon, dass ich so extrem missbraucht worden war, und seit mir klar geworden war, dass meine Fantasien in Wirklichkeit Erinnerungen waren, befürchtete ich, dass es noch sehr viel mehr zu erfahren gab. Völlig überfordert, wurde ich in eine Krise katapultiert, die der ähnelte, als ich fünfzehn Jahre zuvor meine ersten Erinnerungen gehabt hatte. Eine ganze Flut von Gefühlen kam hoch – Wut, Demütigung, Angst, Traurigkeit und Ekel.

Dann hörte der Mann vom Roosevelt Hotel auf zu schreiben, und der Teil von mir, der eine Sexsklavin gewesen war, begab sich auf die Suche nach einem neuen Meister. Ich sprach mit einem Mann aus Santa Monica, der sich mit mir bei Starbucks treffen wollte. Ich machte mit, als die Sexklavin über fiese Sexpraktiken und Penisvergötterung sprach. Doch es passte nicht wirklich, und der Kerl verschwand hinter einer Wand von Gesichtern. Noch mal davongekommen. Danke, Gott.

Aber die alternative Persönlichkeit fand sogleich einen neuen Meister. Er war ein grässlicher alter Mann, der verlangte, dass ich ihm eine Reihe von speziellen Fotos schickte. Während Mikey in einem anderen Zimmer schlief, ertappte ich mich dabei, einen schwarzen BH und Höschen zu tragen. Dann schrieb ich mit rotem Lippenstift das Wort »Hure« auf meine Brust und ließ den Auslöser mehrere gewagte Aufnahmen machen.

Da der Mann die Bilder mochte, vereinbarte er das erste Training. Er erklärte mir sehr explizit, was er mit mir machen wollte. Kurz vor unserem ersten Treffen musste er jedoch absagen. Mensch! Zum dritten Mal davongekommen!

Mittlerweile hatte ich verstanden, dass nun all meine Schrauben locker waren. Ich musste etwas tun, um mich in Sicherheit zu bringen, bevor die Sexsklavin etwas unternahm, was unser beider Tod bedeuten würde. Ich beschloss, mich in eine Klinik einzuweisen – und zwar schnell –, da ich große Mühe hatte, auch nur den Anflug einer Kontrolle über das zu behalten, was ich tat.

Ich hatte von einer psychiatrischen Anstalt gehört, die sich speziell mit DID-Patienten befasste. Ich wusste, dass ich sofort dorthin musste. Es war mitten an einem Wochentag, der letzte Arbeitstag von Chris. Ich rief sie an und sagte ihr, dass ich mich selbst in eine Klinik einweisen wollte.

Da sie keinen blassen Schimmer davon hatte, was vor sich ging, bestand Chris darauf, mich zu begleiten. Sie organisierte einen Babysitter und den Transport. Während der langen Fahrt versuchte sie eine Erklärung aus mir herauszupressen. Verrückt wie ich war, fand ich es nicht leicht, zu kommunizieren. Ich sagte ihr, dass ich mich seltsam verhielt und dass ich mir um meine Sicherheit Sorgen machte. Den Rest der Zeit verbrachte ich damit, mich in einer dissoziativen Trance vor und zurück zu wiegen.

In der Klinik führte mein zombiehaftes Verhalten zu einer sofortigen Einweisung. Aber ich wurde nicht dem Trauma-Programm zugeteilt, wie geplant. Meine Versicherung brauchte mehr Informationen, bevor sie diese spezielle Behandlung genehmigen konnte. Obwohl die Tür für DID-Patienten direkt vor mir lag, wurde ich den Gang runter auf die allgemeine Station geschickt.

Mich freiwillig einzuweisen, fühlte sich anders an, als zwangseingewiesen zu werden. Zum einen wusste ich, dass ich zu jeder Zeit wieder gehen konnte. Zum anderen wusste ich auch, dass ich hier sein musste. Ich fühlte mich sicher darin zu wissen, dass ich an einem Ort eingesperrt war, an dem ich keinen Zugang zu perversen Männern hatte. Nun ja, theoretisch. Es stellte sich heraus, dass auf der gleichen Etage des Krankenhauses ein Programm für Sexsüchtige und Sexualstraftäter durchgeführt wurde. Sie boten mir immer Zigaretten an, wenn ich auf die Terrasse trat.

Dennoch war mein anfängliches Gefühl Erleichterung, als ich die Station betrat. Nach wochenlangem hilflosem Zuschauen, wie eine andere Identität mich in Gefahr brachte, war ich endlich an einem sicheren Ort! Ich machte es mir bequem in einem Vierbettzimmer, in dem eine bipolare und zwei schizophrene Frauen lagen. Anders als bei meinem ersten Klinikaufenthalt, als ich gemeint hatte, nicht in die Klapse zu gehören, wusste ich dieses Mal, dass es die richtige Entscheidung war.

An meinem ersten Tag dort schlief ich die meiste Zeit. Ich war erschöpft nach all den langen Nächten, in denen ich nach Männern gesucht hatte. Am zweiten Tag nahm ich an den Mahlzeiten teil, spielte Karten mit einer Gruppe von Alkoholikern auf Entzug und wartete auf meine Verlegung in das Trauma-Programm. Ich wartete ungeduldig darauf, verlegt zu werden, denn ehrlich gesagt, die allgemeinen Stationen in der Psychiatrie sind nicht so organisiert, dass sie eine große Hilfe bieten. Es sind zumeist Lagerräume für extrem instabile Personen, um sie ein paar Tage von der Straße zu holen. Die einzige »Hilfe«, die man erhält, sind Tabletten, die für Schizophrene und Bipolare Wunder bewirken können. Die Hauptbehandlung für DID ist jedoch die Gesprächstherapie. Ich musste an einen Ort, wo man Trauma verstand. Deshalb war ich so weit gefahren, um in dieser Fachklinik aufgenommen zu werden.

Mein dritter Tag, immer noch keine Verlegung – ich war frustriert. Ich rief die leitende Schwester und verlangte eine Erklärung. Sie sagte, sie warteten darauf, dass der Leiter des Trauma-Programms sich mit der Versicherung einigte, und dass ich Geduld haben müsse. Eine lässige Einstellung funktioniert, wenn ein Aufenthalt von Medicare bezahlt wird (was bei vielen Patienten in der Psychiatrie durchaus der Fall ist), die für lange Aufenthalte aufkommt. Ich wollte meinen Aufenthalt aber nicht damit verschwenden, einfach nur Siebzehnundvier zu spielen. *Ich war im Krankenhaus, damit mir geholfen wurde.* Stattdessen wurde ich vertröstet. Und das machte mich wütend.

An dem Nachmittag schlief ich irgendwann ein und wachte wieder auf, als ich die Stimmen der Krankenpfleger neben meinem Bett hörte. Als ich meine Augen öffnete, sah ich, wie meine schizophrene Zimmergefährtin zur Tür hinauslief.

»Sind Sie okay?«, fragten mich die Krankenpfleger. »Haben Sie Schmerzen?«

Meine Zimmergefährtin hatte anscheinend nach einem schweren Gegenstand gegriffen und ihn auf meinen Kopf geschlagen, während ich schlief. Glücklicherweise konnte sie nicht gut zielen.

So viel zu der Theorie, dass ich hier in Sicherheit war.

Ich stapfte ins Büro des Psychiaters und verlangte, entlassen zu werden. Er riet davon ab und meinte, ich sollte noch warten. Warten? Warten worauf? Auf den Leiter der Trauma-Abteilung, der am anderen Ende des Ganges arbeitete? Darauf, dass mir jemand den Schädel einschlägt? Nein, danke. Ich entließ mich selbst gegen jeden medizinischen Rat und organisierte den Transport nach Hause.

Mit neuer Energie erfüllt, fühlte ich mich wieder wie ich selbst. Ich sagte Chris, meine Verrücktheit sei vorbei, aber sie war nicht überzeugt. Um die Wahrheit zu sagen, sie schien ziemlich seltsam. Achtsamer und vorsichtiger als sonst. Ich nahm an, dass sie aufgewühlt war durch meinen Klinikaufenthalt. Chris bestand darauf, dass ich mich am nächsten Tag mit Leah treffen sollte.

In Leahs Sprechzimmer fühlte ich mich absolut okay. Ich gab ihr eine kurze Zusammenfassung meines Zusammenbruchs, verschwieg aber geschickt die fremden Männer und die Sache mit dem perversen Sex. Ich dachte, ich legte eine gute Show von geistiger Gesundheit hin, bis Leah die Bilder erwähnte, die ich schmutzigen alten Männern gemailt hatte. Anscheinend hatte Chris nach Babyfotos von Mikey gesucht, um mein Klinikzimmer aufzuhellen, und hatte dabei die obszönen Aufnahmen entdeckt. Und sie hatte sie Leah gezeigt. Die Bilder mit der Aufschrift »Hure« auf meiner Brust. Mein Gott!

Was immer ich an Vernunft vorspielte, war mit dieser Erniedrigung augenblicklich wie zerplatzt. Chris und Leah wussten beide von den würdelosen, gefährlichen Dingen, die ich nachts trieb. Ich fühlte mich zu Tode beschämt und so schuldig, dass ich sterben wollte.

Später am gleichen Tag, zu Hause, ging ich Chris aus dem Weg, indem ich mich ins Gästezimmer einschloss. Ich hörte keine Countrymusik und trank auch kein Bier mehr. Wer immer diese Persönlichkeit war, sie war schon längst über alle Berge. Nur ich war übrig – reserviert und konservativ – und erinnerte mich an all die schmutzigen, schrecklichen Dinge, die ich gemacht hatte. Auch wenn ich dabei keine Kontrolle über meinen Körper gehabt hatte, so war die Scham, die ich fühlte, doch erschütternd. Ich ging in dem Zimmer auf und ab wie eine Verrückte und fragte mich, wie ich nur so etwas Gefährliches, Grässliches hatte tun können.

Dann hatte ich auf einmal eine Eingebung. Und zwar die, die ich mein ganzes Leben lang hatte haben wollen. Ich sah, wie sich ein Vorhang vor meinem Gedächtnis lüftete, und von diesem Moment an erinnerte ich mich an *alles*: Garys Keller. Die Ausbildung zur Sexsklavin. Wie ich prostituiert und in die Pornografie gezwungen wurde. Ich verstand, dass all meine sogenannten Fantasien und Tagträume wirklich Erinnerungen waren. Menschen, Orte, konkrete Details strömten auf mich ein. Alles in meinem Leben ergab plötzlich Sinn.

Seit ich fünfzehn Jahre zuvor bemerkt hatte, dass ich unter Amnesie litt, wollte ich die gesamte wahre Geschichte meines Lebens kennen. Jetzt war sie da, und sie war *schrecklich*. Schlimmer, als ich es mir je vorgestellt hatte. S/M? Prostitution? Pornografie? Ich hatte all diese abartigen, schmutzigen Dinge getan. Angefüllt mit Selbstverachtung wollte ich mich auslöschen. Ich verdiente es zu sterben. Wo zum Teufel konnte ich nur eine Waffe herbekommen?

Suizid war jedoch keine Lösung mehr. Selbst in meinem aufgebrachten Zustand verstand ich, dass ich Verantwortung für Mikey trug. Ich war immer noch seine Mutter. Ich rief Chris und sagte ihr, dass ich zurückwollte in die Klinik. Sofort! Ich zitterte, war bleich und mir sicher, dass ich in meinem Schockzustand ohnmächtig werden würde.

Ich saß stumpfsinnig auf dem Sofa, und Chris griff zum Telefon. Das Nächste, was ich wusste, war, dass wir in die Klinik zurückgebracht wurden. Den ganzen Weg dorthin wiegte ich mich stumm vor und zurück wie eine Verrückte.

In der Klinik wurde ich diesmal schnell in die DID-Abteilung eingewiesen. (Mit Chris ist nicht gut Kirschen essen, wenn sie sich etwas in den Kopf gesetzt hat!) Vom ersten Moment an war dieser Klinikaufenthalt anders als meine bisherigen. Im Gegensatz zu den anderen Stationen, auf denen ich gelegen hatte und wo die Patienten unter Einfluss von starken Medikamenten wie Zombies herumliefen, waren die Frauen in der DID-Abteilung sehr laut und lebhaft. Sie spielten Gesellschaftsspiele, unterhielten sich in den Gemeinschaftsräumen und veranstalteten Matchbox-Autorennen in den Fluren.

Eine der ersten Patienten, mit denen ich mich anfreundete, war Suzy, eine Frau Mitte fünfzig. Suzys Geschichte ähnelte der vieler Frauen auf der Station. Als junge Frau war sie alleinerziehende Mutter mit einer guten Wohnung und einem Vollzeitjob. Das Leben meinte es gut mit Suzy, bis sie in ihren frühen Dreißigern anfing, Flashbacks von früherem, unterdrücktem sexuellem Kindesmissbrauch zu haben. Da sie damit nicht fertigwurde, entwickelte Suzy eine emotionale Instabilität und drehte im Piggly-Wiggly-Supermarkt schließlich durch. Die Polizei wurde gerufen, und Suzy wurde in die Psychiatrie eingewiesen, wo sie mehrere Monate verbrachte, während ihre Kinder bei Pflegeeltern lebten.

In der Klinik wurde Suzy mit Multipler Persönlichkeitsstörung diagnostiziert. Obwohl sie vor ihrem Zusammenbruch sehr gut zurechtkam, wurde ihr gesagt, dass ihre Prognose nicht gut sei. Die Ärzte erklärten, dass MPS eine sehr ernste psychische Erkrankung sei und dass Suzy damit rechnen müsse, über Jahre hinweg immer wieder Zusammenbrüche und Einweisungen zu erleben. Sozialarbeiter in der Klinik sorgten dafür, dass sie eine staatliche Behindertenrente beantragte, da sie mit Sicherheit nie mehr würde arbeiten können.

Da sie keinen Grund hatte, den Experten nicht zu glauben, lebte Suzy ihr Leben den Erwartungen entsprechend. Als sie aus der Klinik entlassen wurde, bewarb sie sich gar nicht erst für eine Arbeit, um ihre Kinder zurückzubekommen. Wozu, wenn sie doch wieder zusammenbrechen würde? Stattdessen holte sie jeden Monat ihre miese Behindertenunterstützung ab, lebte in einem kleinen Apartment und verbrachte die Zeit damit, zur ambulanten Therapie in für sie erschwinglichen Kliniken zu gehen, wo ihr alle sechs Monate ein neuer Studenten-Therapeut zugewiesen wurde.

Da Suzy eine Menge Zeit hatte, wurde die Diagnose bald zu ihrem Lebensinhalt. Sie las Bücher über DID, trat Selbsthilfegruppen für Überlebende von sexuellem Kindesmissbrauch bei und verbrachte die Zeit damit, alles nur Denkbare über ihre alternativen Persönlichkeiten zu erfahren. Kurz gesagt, DID wurde zu Suzys Arbeit. Sie war nun eine hauptberufliche Patientin.

Jeden Sommer verbrachte Suzy in einem geschlossenen Trauma-Programm, das von Medicare bezahlt wurde. Sie tat dies nicht, weil sie instabil war und eingewiesen werden musste. Sie tat dies, weil sie tatsächlich glaubte, dass sie die Welt aussperren und sich auf ihre Krankheit konzentrieren musste, um wirklich genesen zu können. Aber auch nach zwei Jahrzehnten obsessiven »Genesens« zeigte Suzy wenig Fortschritte. In ihrer Rolle als »Patientin« gefangen, nahm sie das mögliche Leben außerhalb der Psychose kaum noch wahr – eines mit einer Arbeit und einer Familie und einer Zukunft.

Als ich Suzys Geschichte hörte, wurde mir klar, dass es eine Falle sein kann, wenn man seine Diagnose zu ernst nimmt. Ja, ich war psychotisch. Ohne Frage! Aber selbst mitten in einem

Zusammenbruch musste ich mit aller Kraft glauben können, dass Besserung möglich ist und dass ich ein normales, erfolgreiches Leben führen kann.

Als ich die Krankenhaustherapeutin traf (Nr. 8!), hatte sie jedoch schlechte Nachrichten. Ohne lange herumzureden (und letztlich ohne mich zu kennen), sagte sie Chris und mir, dass Dissoziative Identitätsstörung eine chronische Behinderung sei, die mich unfähig machen würde, viel zu erreichen. Sie schlug vor, dass ich eine Behindertenrente beantragen sollte, und äußerte sogar Bedenken über meine Fähigkeit, meinen eigenen Sohn aufzuziehen!

Chris war am Boden zerstört. Als Leah davon hörte, schäumte sie vor Wut. Mich persönlich schien das alles nicht zu berühren. Ich kannte mich ja und wusste, dass diese sogenannte »Therapeutin« nur Blödsinn redete.

Müßig zu betonen, dass ich in der Klinik kaum individuelle Therapie erwarten konnte. So beschloss ich, mich auf die Gruppentherapie zu konzentrieren. Das Programm bestand aus einer zwölfköpfigen Frauengruppe, die sich oft traf. Aber als ich versuchte beizutreten, wurde mir gesagt, die Gruppe sei voll. Stattdessen wurde ich der Gruppe nebenan zugeteilt – einer Gruppe von Sexsüchtigen. Wie sich zeigte, waren zwei der Männer aufgrund eines Gerichtsbeschlusses dort, weil sie wegen Besitz von Kinderpornografie verurteilt worden waren. Es war zwar falsch von der Klinik, mich dieser Gruppe zuzuteilen, doch ich war erstaunt, als meine kindliche Identität hervortrat, um ihnen allen deutlich zu machen, wie es sich anfühlt, in die Pornografie gezwungen zu werden.

Es gab einige gute Dinge in dem Programm. So eignete es sich sehr gut dafür, mich mehr über DID zu lehren. Ich lernte, dass ich »mein System kartografieren« musste, um besser funktionieren zu können. Das bedeutete, dass ich die Identitäten, die in mir lebten, besser kennenlernen musste.

Die Preppy (alias Hausfrau oder Martha) und die Schriftstellerin waren mir schon gut bekannt. Was ich nicht wusste, war, dass die Schriftstellerin einen Namen hatte, Chelsey, und dass sie ein Teenager war, was die Wut, das grandiose Denken und die Impulsivität erklärte.

Meine süße Kind-Alternative, die ich schon kannte, hatte auch einen Namen: Sarah. Ich war schockiert zu erfahren, dass meine selbstzerstörende Alternative – diejenige, die mich beschimpfte und mir sagte, dass ich sterben sollte – auch ein Kind war! Es war ein zehnjähriger Junge namens Viscous. (Dies ist eine der seltsamen Besonderheiten von DID, denn sein Name wurde ausgesprochen wie *vicious – bösartig*. Aber als ich ihn als Kind in meinem Kopf kreierte, wusste ich wahrscheinlich nicht, wie ich ihn buchstabieren sollte. In der Ewigkeit eingefroren, fuhr er fort, seinen Namen falsch zu schreiben.)

Und dann war da diejenige, die mich in all dem Mist hatte landen lassen. Meine Südstaatenschönheit mit dem starken Sexualtrieb hatte keinen Namen. Als ich sie zeichnete, stellte sich heraus, dass sie eine nackte Wasserstoffblondine war, mit riesigen Brüsten. Sie sah genauso aus wie eine Darstellerin aus der Serie *Hee Haw Honeys,* und ich verstand sofort, wie mein kindlicher Verstand dieses Bild vom Fernseher dazu benutzt hatte, eine Identität zu kreieren, die für Sex gut geeignet war.

In der Klinik lernte ich, dass all diese Teile für einen bestimmten Zweck erfunden worden waren. Und der Zweck war stets derselbe: Schutz. Die *Hee-Haw-Honey* schützte das unschuldige Kind vor dem Schmerz und der Erniedrigung der Sexualakte. Die kleine Sarah, die von dem Missbrauch unberührt blieb, beschützte meine Fähigkeit zu lieben. Sogar die Sticheleien von Viscous dahingehend, dass ich mich umbringen sollte, waren eine Form von Schutz, obwohl töricht. Seine Aufgabe bestand darin, zu verhindern, dass ich mich an den Missbrauch erinnerte.

In der Klinik wurde ich an Methoden herangeführt, mit den Alternativen zu kommunizieren. Ich lernte, dass ich mir anhören musste, was jede der Identitäten wollte. Nur so konnte ich das Gefühl der Zerrissenheit aufhalten. Und ich musste Wege finden, sie alle glücklich zu machen. Das erwies sich als äußerst schwierig, weil sie oft gegensätzliche Bedürfnisse hatten. Dennoch lernte ich, dass ich sie alle lieben und respektieren muss – auch jene, deren Einstellung ich vehement widersprach.

Richtig gut an meinem Klinikaufenthalt war, dass ich andere Leute mit multiplen Persönlichkeiten kennenlernte. Sie wussten alle viel mehr über ihre Störung als ich. Während ich mich immer meiner Identitäten schämte, hatten die anderen Patienten die ihren akzeptiert und anerkannt, und sie lehrten mich, wie auch ich das erreichen könnte. Ich lernte, dass es für meine kindlichen Alternativen okay war, Spiele zu spielen und zu malen. Es war okay für meinen Teenager, etwas wild zu sein. Es war okay für *Hee-Haw-Honey*, sich Countrymusik anzuhören. Aber es war auch okay, sie einzuschränken – nichts Illegales, nichts Unmoralisches, nichts, was unser Leben gefährdete.

Ich blieb nur etwa zehn Tage lang in dem Programm, bevor meine Krankenversicherung mich sperrte. Leider erlauben unsere privaten Versicherungen selten, dass ihre Beitragszahler so lange in der Psychiatrie bleiben, wie es tatsächlich nötig wäre. Als ich nach Hause kam, nahm ich die Therapie mit Leah wieder auf. Endlich war ich bereit, über all meine Erinnerungen und Identitäten zu sprechen, und ich machte große Fortschritte. Ich war erstaunt, wie viele unterschiedliche Dinge ich jetzt spürte, da ich mich an die wahren Details meines Lebens erinnerte.

Der größte Durchbruch kam, als ich von der Prostitution sprach. Es war schwer für mich zu akzeptieren, wie willig ich mich mit Gary zusammengetan und da mitgemacht hatte. Es dauerte eine Weile, bis ich verstand, dass mein fehlender Widerstand auf Angst, Gehirnwäsche und Dissoziation zurückzuführen war – nicht auf den Wunsch, meinen Körper zu verkaufen. Als ich endlich verstand, dass die Schuld für all die sexuellen Dinge, die ich in meiner Jugend getan hatte, nicht bei mir lag, brach ich in Tränen aus. »Ich dachte immer, dass es meine Schuld war«, heulte ich bei Leah.

Mein ganzes Leben lang hatte ich mich geschämt und ein unerträgliches Schuldgefühl empfunden: wegen meines Handelns während des Missbrauchs. Ich hasste mich selbst für das, was ich getan hatte. Jetzt fühlte ich mich zum ersten Mal von der Verantwortung befreit. Nichts von alledem war meine Schuld. Weder Garys Gefallen an mir noch das Gefühl, von meiner Mutter betrogen zu werden. Weder die Sexualakte, die ich beging, noch das schlechte Benehmen, das ich wegen des Missbrauchs an den Tag legte. Ich musste mich nicht schuldig fühlen dafür, dass ich als Teenager gelogen und gestohlen hatte. Ich musste mich nicht schuldig fühlen für all den verrückten Mist, den ich als Erwachsene getan hatte. Ich musste mich nicht schuldig fühlen für meine Suizidversuche oder die Einweisungen oder die alternativen Identitäten. Ich musste mich meiner nicht schämen, denn *es war nicht meine Schuld.*

Ich war das *Opfer.*

Der Schuldige war *Gary Lundquist.*

Als ich das endlich verstanden hatte, verschwand mein Selbsthass.

Zum ersten Mal fühlte ich, dass ich *mich selbst* lieben konnte.

Einige Monate nach meiner Entlassung aus der Klinik ging ich zurück zur Uni. Ich schaffte es, das volle Pensum des Studiums mit dem vollen Pensum meiner Mutterpflichten zu vereinbaren, und arbeitete noch dreißig Stunden als Beraterin. Manchmal, wenn ich ein Lehrbuch las, während ich einen Topf mit Spaghetti umrührte und ein Baby auf meiner Hüfte trug, dachte ich an die idiotische Therapeutin, die mir bescheinigt hatte, dass meine psychische Behinderung es mir unmöglich machen würde, irgendetwas zu erreichen. Was für ein Blödsinn!

Ich erhielt auch einen erstaunlichen und bewegenden Brief von Suzy. Darin schrieb sie, die Begegnung mit mir, Chris und Mikey sei eine lebensverändernde Erfahrung für sie gewesen. Vor unserer Freundschaft sei es ihr nie in den Sinn gekommen, dass jemand mit DID auch ein normales Leben führen könnte. Nachdem sie die Klinik verlassen hatte, nahm Suzy sofort eine Arbeit auf, bezog keine Behindertenrente mehr und kehrte in die Welt der Lebenden zurück. In nur wenigen Monaten nahm sie 15 Kilo ab und ging zum ersten Mal nach zwanzig Jahren wieder aus!

Als es an der Zeit war, mein Thema für die Dissertation zu wählen, wusste ich sofort, was ich machen wollte. Ich wollte meine Geschichte des Missbrauchs erzählen. Erstens, um meine Erlebnisse von Anfang bis Ende aufzuschreiben. Zweitens, um das Thema *sexueller Kindesmissbrauch* zu erforschen und herauszufinden, warum und wie genau mir und anderen Frauen wie Suzy diese schrecklichen Dinge hatten passieren können. Mit dem Beistand meines mich unermüdlich unterstützenden Professors Robert McAndrews wählte ich eine Forschungsmethode, die man Autoethnografie nennt. Sie erlaubt jemandem, seine eigene Geschichte innerhalb eines kulturellen Kontextes zu studieren. Beispielsweise die Erfahrungen von Kindern, die in einer Welt mit wiederholtem sexuellem Kindesmissbrauchs leben.

Ich begann mit meiner Forschungsarbeit 2006 und beendete sie erst 2012. In diesen Jahren wurde mir klar, dass meine Geschichte, so extrem sie sich darstellte, gewiss nicht ungewöhnlich war. Überall in der Welt werden Millionen von Kindern missbraucht – sexuell und auch anders. Mit der Zeit wachsen diese Kinder zu Menschen heran, die unter Problemen wie geringem Selbstvertrauen, Essstörungen, Substanzmissbrauch, Sexsucht, Unfähigkeit zu vertrauen, Ängsten, Depressionen, Selbstverletzungstendenzen und Dissoziation leiden.

Als Therapeutin traf ich auf diese Menschen – meine Leute – von dem Moment an, als ich meine Praxis eröffnete. Sie füllten die Korridore der Kliniken, in denen ich als Beraterin tätig war. Sie kamen in Strömen zu den kommunalen Kliniken, in denen ich meine Praktika absolvierte. Während meiner Zeit als Praktikantin im psychiatrischen Büro der Uni hatten fast alle meine Klienten eine Missbrauchsgeschichte zu erzählen. Und genauso ist es in meiner eigenen Praxis.

Es gibt so viele Menschen, die damit kämpfen, Symptome zu überwinden, die durch ein Trauma in der Kindheit ausgelöst wurden. Leider sind sich viele dessen nicht bewusst. Sie bemühen sich darum, in der Welt etwas zu erreichen, dauerhafte Beziehungen einzugehen, Zufriedenheit und Freude zu empfinden, aber sie schaffen es nicht. Da sie den Zusammenhang zwischen dem Missbrauch und der Vernachlässigung einerseits und ihren derzeitigen Problemen andererseits nicht erkennen können, geben sie sich selbst die Schuld.

Meine Arbeit als Therapeutin ist es, Traumapatientinnen und -patienten dabei zu helfen zu verstehen, dass sie keine Schuld tragen. Sie sind nicht verantwortlich für die schlechten Dinge, die ihnen als Kinder widerfahren sind, und auch nicht für die persönlichen Probleme, die sie deswegen ausgebildet haben. Ihre Verantwortung ist es, diese Probleme zu reparieren. Das kann aber nur dann geschehen, wenn man sich der Vergangenheit mutig stellt, die Nachwirkungen identifiziert, die sie auf die Gegenwart hat, und daran arbeitet, sich durch das ganze schmerzliche emotionale Päckchen hindurchzuarbeiten, das ohne Zweifel kommen wird.

Es war nicht leicht, mich durch mein Päckchen zu arbeiten. Von Anfang bis Ende kostete es mich fünfzehn Jahre, acht Therapeuten und drei Einweisungen, um zu heilen. Es war teuer und ermüdend und unglaublich schmerzhaft. Dennoch bin ich froh, dass ich es getan habe.

Meine Belohnung für all die harte Arbeit ist ein erfolgreiches und zufriedenes Leben. Ich kann lieben und geliebt werden, Freude und Zufriedenheit empfinden, und ich bin weitgehend frei von Ängsten und Depressionen. Zur Zeit lebe ich im dritten Jahrzehnt einer liebevollen, guten und von gegenseitiger Akzeptanz geprägten Ehe. Ich habe wichtige Freundschaften, einige mit Menschen, die ich seit mehr als vierzig Jahren kenne. Und – habe ich das schon erwähnt? – ich habe den besten, klügsten und hübschesten Sohn der Welt!

Nachdem ich mich von meinen Dämonen befreit habe, erfüllt es mich ungemein, anderen Menschen dabei zu helfen, das Gleiche zu tun. Ich tue das, indem ich als Psychotherapeutin praktiziere, in Gruppen über meinen Weg zur Genesung spreche und jetzt gerade, indem ich über meinen Lebensweg schreibe. Ich bin auch die Gründerin und Leiterin von »Post-traumatischer Erfolg« (zu finden auf der Webseite: www.Post-TraumaticSuccess.com), einer gemeinnützigen Organisation, die sich damit befasst, Menschen, die von psychologischem Trauma betroffen sind, zu helfen und zu inspirieren.

Verstehen Sie mich nicht falsch, mein Leben ist nicht perfekt. Noch längst nicht. Es gibt immer noch Tage, an denen ich von Angstattacken gequält werde. Ich habe immer noch Phasen voller Stress und Selbstzweifel. Aber jetzt sind diese Gefühle erträglich und normal.

Ich führe ein normales Leben.

Was kann man mehr erwarten?

Danksagung

Es mag seltsam klingen aus dem Mund von jemandem mit meiner Vergangenheit, aber ich führe ein wunderbares Leben. Welches schlechte Schicksal auch immer mich als Kind befiel, es ist doppelt und dreifach wiedergutgemacht worden durch die erstaunlichen Chancen, die wundervollen Menschen und ein übervolles Maß an Lachen und Liebe.

Am Anfang meines Lebens wollte ich Schriftstellerin werden. Aber weil ich an missbrauchbedingten Symptomen litt, war es mir nicht möglich, mir diesen Traum zu erfüllen. Stattdessen musste ich mich darauf konzentrieren, mein Trauma zu bewältigen. Darüber entwickelte ich meine Leidenschaft für Psychologie und entdeckte, dass es meine wahre Lebensaufgabe ist, anderen bei ihrer Genesung zu helfen.

Mit der Veröffentlichung dieses Buches hat sich der Kreis geschlossen. Was für eine wundervolle Reise das Leben doch sein kann! Mir wurde die Gelegenheit gegeben, andere mit Trauma-Psychologie bekannt zu machen und sie dazu zu inspirieren, zu genesen – und all das, während ich meinen eigentlichen Kindheitstraum erfüllte.

Das wurde in erster Linie von meinem Literaturagenten Steve Ross ermöglicht. Steve erfuhr von meiner Geschichte durch einen gemeinsamen Freund und trat an mich mit einem Buchvorhaben heran. Da ich nicht wusste, worum es sich dabei handelte, schickte ich ihm das schlechteste Exposé aller Zeiten. Dennoch nahm Steve sich die Zeit, mehr über meine Geschichte zu erfahren und mich zu betreuen. (Wer tut so etwas heute noch?!) Von dem Tag an, als ich ihn traf, gewährte er mir seine unerschütterliche Unterstützung, seinen Enthusiasmus, seinen Schutz und seine Führung. Er ist einer der gütigsten, großzügigsten, intelligentesten und witzigsten Menschen, die ich je getroffen habe. Ich fühle mich geehrt, ihn meinen Freund nennen zu können.

Ohne Nell Scovells großzügige Hilfe – Nell ist seit zwanzig Jahren eine treue Freundin – hätte ich Steve niemals getroffen. Nell ist eine talentierte Schriftstellerin und war die Erste, die vorschlug, dass meine Geschichte den Stoff für ein gutes Buch abgeben würde. Sie fand nicht nur einen fähigen Agenten für mich, sie bot auch durchgehend Unterstützung und Rat an, während ich mehr über den Entstehungsprozess eines Buches lernte.

Ich muss zugeben, dass die Idee, meine Lebensgeschichte zu veröffentlichen, mir zunächst Angst machte. Ich wollte meine Geschichte durchaus dazu benutzen, zu lehren und andere in ähnlichen Situationen zu inspirieren. Aber es bereitete mir Sorgen, dass mein Lektor mich vielleicht dazu würde bringen wollen, ein Produkt zu kreieren, das übermäßig sensationsbewusst ist. Meine Befürchtungen wurden bald ausgeräumt, als ich Kerri Kolen traf. Selbst in meinen wildesten Träumen hätte ich mir keine bessere Lektorin wünschen können. Von Anfang an spornte Kerri mich an, meine Geschichte genauso zu schreiben, wie ich es für richtig hielt. Sie trat für meine Sache und meine Stimme ein und setzte sich unermüdlich für mich ein. Sie ist eine einsichtsvolle und umsichtige Lektorin, und dieses Buch ist durch ihren Einfluss tausend Mal besser geworden als ursprünglich gedacht.

Der ganze Prozess, das Buch zusammenzustellen, fühlte sich an wie ein Märchen. Wenn Kerri meine gute Fee ist, dann sind die Menschen bei Putnam die magischen Helfer. Sie haben es geschafft, dass ich mich wie eine Ballkönigin fühle. Seit meiner ersten Besprechung bei Putnam habe ich mich in die Belegschaft verliebt. Ich bedanke mich besonders bei Sally Kim, Alexis Welby, Carrie Swetonic, Ashley McClay und Anabel Pasarow. Ich schulde euch Damen und jedem Angestellten bei Putnam eine Runde Cosmos!

Wenn ich schon was zu trinken kaufe, dann muss ich auch etwas an Kiersten Robinson, Curt King, Wendy Luckenbill und Ramey Warren schicken. Sie alle haben mir geholfen, und dasselbe gilt auch für Martha Westman und Sari Lietzman, die mich beim Fotoshooting wie einen Filmstar fühlen ließen.

Ich bin auch der Saybrook-Universität dankbar und all den Professoren, die mich darin unterstützten, das Thema zu erforschen, speziell Robert McAndrews, Steve Pritzker, Tom Greening und Patrick Faggianelli.

Ich wäre heute keine Autorin ohne die frühe Unterstützung und Ermutigung von Gary Garrison und D.B. Gilles an der NYU, Nancy Bennet an der Delaware Township School, Stephen Sondheim und dem leider verstorbenen Marvin Hamlisch.

Ich fühle mich sehr geehrt, in einem Berufszweig arbeiten zu können, in dem es mir möglich ist, außergewöhnliche Menschen kennenzulernen und sie auf ihren Reisen zu begleiten. Ich bin all meinen Klienten dankbar dafür, dass sie es mir erlauben, Teil ihres Lebens zu sein. Nicht zuletzt bin ich auch meiner Vorgesetzten Dr. Sheryn Scott verpflichtet.

Natürlich wäre ich keine Psychologin – und wäre heute wahrscheinlich gar nicht mehr am Leben – ohne die unermüdlichen Bemühungen von Dr. Leah Matson. Zwei Jahrzehnte lang hat es meine außergewöhnlich engagierte Therapeutin zu keiner Zeit versäumt, meine Anrufe zu erwidern oder mir Termine anzubieten, wenn ich sie brauchte. Mit einer suizidgefährdeten Klientin zu arbeiten, die unter DID leidet, kann sehr schwierig und beängstigend sein. Ich habe Leah wirklich durch die Mangel gedreht! Trotz der ewigen Krisen, die ich in ihrem Leben verursachte, gab mir Leah nie das Gefühl, dass meine Bedürfnisse ein Problem darstellten. Ich weiß, dass ich ihr nie werde zurückgeben können, was sie für mich getan hat. Aber ich versuche in aller Demut, es gutzumachen.

Drei Jahrzehnte lang hat auch Steve Ansell mich ständig von den Abhängen heruntergeredet. Aber ungleich Leah hat der irre Typ das umsonst gemacht! Steve ist der ausgeglichenste Mensch der Welt – die Ethel für meine Lucy. Ich zähle auf ihn, wenn es darum geht, mich auf der rechten Bahn zu halten. Da Steve ein talentierter Filmeditor ist, war er der Erste, dem ich dieses Manuskript anvertraute. Seine Anmerkungen in den frühen Entwürfen sind unschätzbar.

Ich könnte ein Buch darüber schreiben, auf welch unterschiedliche Weise meine Frau Chris mir geholfen hat. Nein, warten Sie, das habe ich ja getan! Ich wünschte, jeder Mensch könnte die gleiche Art von selbstloser Liebe erfahren, wie ich sie von Chris erfahre. Sie hat immer meine Träume unterstützt, ungeachtet dessen, wie lange es dauerte, sie zu verwirklichen, wie teuer dies war oder wie verrückt sie klangen. Außerdem hatte meine Frau immer recht in allem (auch wenn ich das ihr gegenüber nie zugeben würde). Ich weiß nicht, wie ich sie verdient habe, aber ich bin so froh, dass ich sie habe und dass sie bei mir ist.

Schließlich muss ich noch dem jungen Mann danken, der alles für mich verändert hat – meinem lieben, liebevollen, großzügigen, wundervollen Sohn Mikey. Niemand hat jemals mehr Freude in mein Leben gebracht als dieser witzige Junge, und ich danke Gott jeden Tag dafür, dass ich seine Mutter sein darf. Sein ganzes Leben lang musste Mikey Zeit für mich opfern, während ich an dem Buch und davor an der Dissertation gearbeitet habe. Er hat das Klappern meiner Tastatur durch seine Klavierstunden, Skirennen und Karateübungen erduldet, ohne sich jemals zu beschweren. Ich fühle mich geehrt, einen solch liebevollen und hilfreichen Sohn zu haben, der mich spüren lässt, dass er stolz auf mich ist. Ich bin auch unglaublich stolz auf ihn.

Ich weiß nicht, warum ich so viel Glück habe, aber ich bin jeden Tag überwältigt von meinem wunderbaren Leben, das ich leben darf. Ich bete, dass jeder die Chance erhält, diese Art Lebensglück zu erfahren.

Anmerkungen

Vorwort

Ein wundersamer Abend

»Die der frühesten Jugend angehören«: Sigmund Freud: »The Aetiology of Hysteria« (»Die Ätiologie der Hysterie«). In: *The Standard Edition of the Complete Psychological Works of Sigmund Freud,* Bd. 3, Ed. James Stracey. London: Hogarth Press, 1962, S. 203.

»Widerrief Freud«: Es ist nicht abschließend bekannt, weshalb Freud seine Verführungstheorie fallen ließ. Einige Geschichtswissenschaftler glauben, dass er durch Druck vonseiten der medizinischen Gemeinschaft zum Widerruf gezwungen wurde, während andere meinen, dass Freud selbst Unbehagen angesichts der Idee eines weit verbreiteten Kindesmissbrauchs empfand.

Wunschdenken: Sigmund Freud: *An Outline of Psycho-Analysis* (*Abriss der Psychoanalyse*), New York: W. W. Norton & Company, 1949.

Eine von einer Million: Alfred Freedman, Harold Kaplan, Benjamin Sadock: *Comprehensive Textbook of Psychiatry*, Bd. 2, Baltimore: The Williams & Wilkins Company, 1975.

»Nicht einvernehmliche körperliche Kontakte«: Rebecca Bolen, Maria Scannapieco: »Prevalence of Child Sexual Abuse: A Corrective Metanalysis«. In: *Social Service Review* 73, Nr. 3 (1999), S. 281–313.

Anm.: Die Prävalenz von Kindersexualmissbrauch festzustellen ist schwierig wegen der Variationen in den Definitionen von Missbrauch und auch der Unwilligkeit der Menschen, zuzugeben, dass sie Opfer waren. Ich glaube, die besten Studien sind diejenigen, die Erwachsene über ihre Kindheitserfahrungen befragen (im Gegensatz zu den Studien, die sich auf Gesetzesvollzug und Statistiken des Sozialdienstes oder die Befragungen von Heranwachsenden berufen). Diese Statistiken stammen von einer weitreichend zitierten Meta-Analyse, die sich auf Befragungen von Erwachsenen berief: »Internationalen Berichten zufolge werden in einigen Regionen …«: Naomi Pereda, Georgina Guilera: »The International Epidemiology of Child Sexual Abuse: A Continuation of Finkelhor (1994)«. In: *Child Abuse and Neglect: The International Journal* 33, Nr. 6 (2009), S. 331–342.

Zur Bedeutung des Wortes *unaussprechlich*: Judith Herman: *Trauma and Recovery: The Aftermath of Violence – from Domestic Abuse to Political Terror*, New York: Basic Books, 1992, S. 1.

Teil I: Missbrauch

Stalins Huhn

Es gibt unterschiedliche Versionen der Geschichte von Stalins Huhn. Sie zeigen verschiedene Umfelder und Charaktere, aber die generelle Geschichte und Moral bleibt die gleiche. Diese Version ist die, die Gary am liebsten mochte.

Der Rattenfänger

»Zur Forschungslage an Pädophilen«: Michael Seto: »Pedophilia and Sexual Offenses Against Children«. In: *Annual Review of Sex Research* 15 (2004), S. 321–361.

»Kinderschänder sind dumm, zerrüttet …«: Gilian Tenbergen, Matthias Wittfoth, Helga Frieling, Jorge Ponseti, Martin Walter, Henrik Walter, Klaus Beier, Boris Schiffer, Tillman Kruger: »The Neurobiology and Psychology of Pedophilia: Recent Advances and Challenges«. In: *Frontiers in Human Neuroscience* 9 (2015), S. 344.

Situation in Haftanstalten: Dennis Stevens: *Inside the Mind of Sexual Offenders: Predatory Rapists, Pedophiles, and Criminal Profiles*. Lincoln, NE: iUniverse, 2001.

Polygraph-Test: Jan Hindman and James Peters: »Polygraph Testing Leads to Better Understanding Adult and Juvenile Sex Offenders«, *Federal Probation* 65, Nr. 3 (2001), S. 8–15.

»28 und 93 Prozent«: Ryan Hall/Richard Hall: »A Profile of Pedophilia: Definition, Characteristics of Offenders, Recidivism, Treatment Outcomes, and Forensic Issues«. In: *Mayo Clinic Proceedings* 82, Nr. 4 (April 2007), S. 457–471.

»Missbrauchte Missbrauchstäter«: Anna Salter: *Predators: Pedophiles, Rapists, & Other Sex Offenders*. New York: Basic Books, 2003.

»Liebe und Zuneigung bei Kindern suchen«: Gavin Ivey and Peta Simpson: »The Psychological Life of Paedophiles: A Phenomenological Study«. In: *South African Journal of Psychology* 28, Nr. 1 (1998), S. 15–20; Hall u. a.: »A Profile of Pedophilia«, S. 457–471.

»Fast alle männlich«: Centre for Sex Offender Management: »Female Sex Offenders«. Washington, D.C.: U.S. Department of Justice, März 2007.

Weibliche Täter: Deborah Boroughs: »Female Sexual Abusers of Children«. In: *Children and Youth Services Review* 26, Ausg. 5 (Mai 2004), S. 481–487.

Zum Thema Heterosexualität: Kurt Freund und Robin Watson: »The Proportions of Heterosexual and Homosexual Pedophiles Among Sex Offenders Against Children: An Exploratory Study«. In: *Journal of Sex & Marital Therapy* 18, Ausg. 1 (1992), S. 34–43.

Zur sozioökonomischen Zuordnung: Studie des FBI: »Crime in the United States: Arrests by Race« (2009). URL: <www2.fbi. gov/ucr/cius2009/data/table_43.html>.

Kinderschänder im Bekanntenkreis: Julia Whealin: *Child Sex Abuse*. National Centre for Post-Traumatic Stress Disorder, U.S. Department of Veterans Affairs. (2007). URL: <www. ptsd.va.gov/public/pages/child-sexual-abuse.asp>.

»Macht 50 bis 150 Kinder zu Opfern«: Gavin de Becker: Vorwort zu *Predators: Pedophiles, Rapists and Other Sex Offenders*, Ann Salter. New York: Basic Books, 2003.

Rückfallquote: Robert Prentky, Austin Lee, Raymond Knight, David Cerce: »Recidivism Rates Among Child Molesters and Rapists: A Metholodogical Analysis«. In: *Law and Human Behaviour* 21, Ausg. 6 (Dezember 1997), S. 635–659; R. Karl Hanson, Monique Bussière: »Prediting Relapse: A Meta-Analysis of Sexual Offender Recidivism Studies«. In: *Journal of Consulting and Clinical Psychology* 66, Ausg. 2 (1998), S. 348–362.

Präferenzielle Pädophile, Zugangswege/Dauer: Kenneth Lanning: *Child Molesters: A Behavioral Analysis*. Washington, D.C.: National Center for Missing & Exploited Children, 2001.

Beginn der pädophilen Aktivität: Hall u. a.: »A Profile of Pedophilia«, S. 457–471; John Murray: »Psychological Profile of Pedophiles and Child Molesters«, *The Journal of Psychology Interdisciplinary and Applied* 134, Ausg. 2 (April 200), S. 211–224.

Erkennen von Lügnern: Paul Ekman, Maureen O'Sullivan: »Who Can Catch a Liar?«. In: *American Psychologist* 46, Ausg. 9 (September 1991), S. 913–920.

»Ein Drittel aller Pädophilen«: Gene Abel, Judith Becker, Jerry Cunningham-Rathner, Mary Mittelman, Joanne Rouleau:

»Multiple Paraphilic Diagnoses Among Sex Offenders«. In: *Journal of the American Academy of Psychiatry and the Law* 16, Ausg. 2 (Juni 1988), S. 153–168.

Prostitution ist Kindersache

»Ihm wehzutun ist ein Gräuel«: Abel u. a.: »Multiple Paraphilic Diagnoses Among Sex Offenders«, S. 153–168.

»Die größte Liebesbezeugung«: Ivey u. a.: »The Psychological Life of Peadophiles«, S. 15–20; Matti Virkunnen: »Victim-Presipitated Pedophilia Offences«. In: *British Journal of Criminology* 15, Ausg. 2 (1975), S. 175–180.

»Sondern ein Kind wieder loszuwerden«: Lanning: *Child Molesters.*

Anschuldigungen gegen die Mütter: Rhonda Elliott McGee: »Controversial Maternal Roles of Intrafamilial Child Sexual Abuse Cases«. In: *Dissertation Abstracts International* 65, Ausg. 4:1548A; Mary Ellen Womack, Geri Miller, Pam Lassiter: »Helping Mothers in Incestuous Families: An Empathic Approach«. In: *Women & Therapy* 22, Ausg. 4 (1999), S. 17–34.

»Ihre Kinder zu schützen und zu unterstützen«: Kathleen Faller: »The Myth of the ›Collusive Mother‹«. In: *Journal of Interpersonal Violence* 3, Ausg. 2 (1998), S. 190–196; Ann Elliott, Connie Carnes: »Reactions of Nonoffending Parents to the Sexual Abuse of their Child: A Review of Nonoffending Parents to the Sexual Abuse of their Child: A Review of the Literature«. In: *Child Maltreatment* 6, Ausg. 4 (2001), S. 314–331.

Doppeldenk frei nach Orwell: Ich leihe mir den Gebrauch von Orwells Ausdruck Doppeldenk von Judith Hermans *Trauma and Recovery* aus.

»Entführungsfantasien« Goddess Lady D von Wisconsin, 2011. URL: <http://myforce.org/Lady_D.html>.

250 Millionen Dollar pro Jahr: Myra Panache: »The ›Scarface‹ of

Porn«. In: *The Panache Report*. URL: <http://panachereport. com/channels/more%20short%20stories/ScarfaceOfPorn. htm>.

»Mit jungen Kindern, die … ausübten«: »The Sexes: Child's Garden of Perversity«, *TIME*, 4. April 1977. URL: <www.time. com/time/magazine/article/0,9171,947868-2,00.html>.

»Über dem Tisch verkauft«: Charlayne Hunter: »Four Seized for Smut Involving Children«. In: *The New York Times*, September 20, 1975, A27. 264 unterschiedliche Zeitschriften: *Washington Post*: »Congress Is Urged to Join Battle on Pornography Using Children«, February 15, 1977, A7.

Clark: *Child Pornography and Sex Rings*. Lexington, MA: Lexington Books, 1984.

Teil II: Konsequenzen

Außer mir vor Angst

»Über eine Million«: United States Department of Health and Human Services: *Administration on Children, Youth and Families: Child Maltreatment 2006*. Washington, D.C., U.S. Government Printing Office, 2008.

»Der Moment des Horrors wiederkehrt«: Herman: *Trauma and Recovery*, S. 89.

»Erzählt der menschliche Verstand sich eine Geschichte«: Jessica Ryen Doylen: »Psychiatrist on Jaycee Dugard: Bonding with Captors Is Mind's Way of Safeguarding Itself.« Fox News, 28. August 2009. URL: <www.foxnews.com/ story/0,2933,544020,00.html>.

»Vernichtender Zerstörung«: Frank Putnam: *Diagnosis & Treatment of Multiple Personality Disorder*. New York: Guildford Publications, 1989, S. 49.

»DID kann sich auch ... entwickeln«: C. L. Anderson, P. C. Alexander: »The Relationship Between Attachment and Dissociation in Adult Survivors of Incest«. In: *Psychiatry: Interpersonal & Biological Processes* 59, Ausg. 3 (1996), S. 240–254; Malcolm West, Kenneth Adam, Sheila Spreng, Sarah Rose: »Attachment Disorganization and Dissociative Symptoms in Clinically Treated Adolescents«, in: *Canadian Journal of Psychiatry* 46, Ausg. 7 (2001), S. 627–631; Ruth Blizard: »Disorganized Attachment, Development of Dissociated Self States, and a Relational Approach to Treatment«. In: *Journal of Trauma and Dissociation* 4, Ausg. 3 (2003), S. 27–50.

»Imaginäre Freunde«: Rita Carter, *Multiplicity: The New Science of Personality*. New York: Little, Brown, 2008.

»Zwanzigfache«: Miriam Denov: »The Myth of Innocence: Sexual Scripts and the Recognition of Child Sexual Abuse by Female Perpetrators«. In: *The Journal of Sex Research* 40, Ausg. 3 (September 2003), S. 303–314.

»Ziemlich unwiderrufliche Beweise«: Guochuan Tsai, Don Condie, M. T. Wu, W. Chang: »Functional Magnetic Resonance Imaging of Personality Switches in a Woman with Dissociative Identity Disorder«. In: *Harvard Review of Psychiatry* 7, Ausg. 2 (Juli 1999), S. 119–122; Annedore Hopper, Joseph Ciorciari, Gillian Johnson, John Spensley, Alex Sergejew, Con Stough: »EEG Coherence and Dissociative Identity Disorder«. In: *Journal of Trauma and Dissociation* 3, Ausg. 1 (Januar 2002), S. 75–88.

»Dubiose Diagnose«: URL: <http://www.urbandictionary.com/author.php?author=Dr.+Fischer>.

»Opferrolle«: ebd.

Tommy, Can You Hear Me?

Selbstmord: *Centers for Disease Control and Prevention*; URL: <www.cdc.gov/injury/wisqars/index.html>.

Ein Teenager fällt aus der Rolle

Vorliebe für Gewalt: David Knopf, M. Jane Park, Tina Paul Mulye: »The Mental Health Information Centre«, University of California, San Francisco, Februar 2008.

Borderline-Persönlichkeitsstörungen: American Psychiatric Association, *Diagnostic and Statistical Manual of Mental Disorders*, 5 Aufl. Washington, D.C.: American Psychiatric Association, 2013, S. 766.

Selektive Anklage/Treibjagd: Lanning: *Child Molesters.* S. 130 f.

New York, New York …

Holocaust-Überlebende: Yoram Barak, Dov Aizenberg, Henry Szor, Marnina Swartz, Rachel Maor, Haim Knobler: »Increased Risk of Attempted Suicide Among Aging Holocaust Survivors«. In: *American Journal Geriatric* Psychiatry 13, Ausg. 8 (2005), S. 701–704.

»Versagt jeder andere Optimismus«: Art Spiegelman: *MetaMaus: A Look Inside a Modern Classic, Maus.* New York: Pantheon Graphic Novels, 2011.

»Schwere Depression«: Cheryl Lanktree, John Briere, Lisa Zaidi: »Incidence and Impacts of Sexual Abuse in a Child Outpatient Sample: The Role of Direct Inquiry«. In: *Child Abuse & Neglect* 15, Ausg. 4 (1991), S. 447–453; Julie Lipovsky, Benjamin Saunders, Shane Murphy: »Depression, anxiety, and Behavior Problems Among Victims of Father-Child Sexual Assault and Nonabused Siblings«. In: *Journal of Interpersonal Violence* 4 (1989), S. 452–468.

Selbstmordabsichten: Anne Rhodes, Michael Boyle, Lil Tonmyr, Christine Wekerle, Deborah Goodman, Bruce Leslie, Poilina

Mironova, Jennifer Bethell, Ian Manion: »Sex Differences in Childhood Sexual Abuse and Suicide-Related Behaviors«. In: *Suicide & Life-Threatening Behavior* 41, Ausg. 3 (June 2011), S. 235–254.

Bulimie: Teresa Hastings, Jeffrey Kern: »Relationships Between Bulimia, Childhood Sexual Abuse, and Family Environment«. In: *International Journal of Eating Disorders* 15, Ausg. 2 (1994), S. 103–111; Howard Steiger, Maria Zanko: »Sexual Traumata Among Eating-Disordered, Psychiatric, and Normal Female Groups«. In: *Journal of Interpersonal Violence* 5, Ausg. 1 (März 1990), S. 74–86.

Angstzustand: Ronald Kessler, Wai Tat Chiu, Olga Demler, Ellen Walters: »Prevalence, Severity, and Comorbidity of 12-Month DSM-IV Disorders in the National Comorbidity Survey Replication«. In: *Archives of General Psychiatry* 62, Ausg. 6 (Juni 2005), S. 617–627.

»Kognitive Verzerrung«: John Briere: *Child Abuse Trauma: Theory and Treatment of the Lasting Effects.* Newbury Park, CA: SAGE Publications, 1992, S. 23.

»Vorzeitig beendete Zukunft«: American Psychiatric Association: *Diagnostic and Statistical Manual of Mental Disorders*, 4. Aufl. Washington, D.C.: American Psychiatric Association, 2000, S. 468.

Teil III: Genesung

Schöne neue Welt?

Psychologischer Verfall: American Psychiatric Association: *Diagnostic and Statistical Manual of Mental Disorders.* 5. Aufl. Washington, D.C.: American Psychiatric Association, 2013, S. 294.

»Keine Erinnerung an den Missbrauch«: Ellen Bass, Laura Davis: *Trotz allem. Wege zur Selbstheilung für Frauen, die sexuelle Gewalt erfahren habene. Courage to Heal: A Guide for Women Survivors of Child's Sexual Abuse.* 1. Aufl. (1988). Anm.: Spätere Ausgaben veränderten einen Teil der Sprache in Bezug auf die Erinnerungen des Missbrauchs.

»Erinnerungen von schrecklichen Begebenheiten zu unterdrücken und sie später wiederzugewinnen«: American Psychiatric Association: *Diagnostic and Statistical Manual of Mental Disorders.* 5. Aufl. Washington, D.C.: American Psychiatric Association, 2013; Kozakiewicz: Nicole Egan: »Abducted, Enslaved – and Now Talking About It«, *People*, April 16, 2007, S. 115.

Jahrelange Fehldiagnosen: American Psychiatric Association: *Diagnostic and Statistical Manual of Mental Disorders.* 4. Aufl. Washington, D.C.: American Psychiatric Association, 2000, S. 528. Anm.: Die American Psychiatric Association besagt: »Die durchschnittliche Zeitspanne von der ersten Präsentation von Symptomen bis zur Diagnose (von DID) beträgt 6 bis 7 Jahre.«

Die Suche nach dem richtigen Therapeuten

Bedingungsloser, positiver Respekt: Carl Rogers: *Client-Centred Therapy: Its Current Practice, Implications and Theory.* London: Constable, 1951.

»Die meisten Therapeuten ihre Fähigkeiten überschätzen«: Deirdre Hiatt, George E. Hargrave: »The Characteristics of Highly Effective Therapists in Managed Behavioral Provider Networks«. In: *Behavioral Healthcare Tomorrow* 4 (1995), S. 19–22; Jeffrey Sapyta, Manual Riemer, Leonard Bickman: »Feedback to Clinicians: Theory, Research, and Practice«. In: *Journal of Clinical Psychology* 61, Ausg. 2 (2005), S. 145–153.

Ausführen eines Tigers: Peter Levine, Ann Frederick: *Walking the Tiger: Healing Trauma.* Berkeley, CA: North Atlantic Books, 1997.

Durch Liebe erlöst

Psychiatrische Medikamente: Medco Health Solutions, Inc.: »America's State of Mind« (2011). URL: <http://apps.who.int/medicinedocs/documents/s19032en/s19032en.pdf>.

Eine bewegende Geschichte über ein junges Mädchen, das sich einen Ausweg aus seiner düsteren Kindheit erkämpft.

Emma La Spina
NIEMAND TROCKNETE
MEINE TRÄNEN
Meine qualvollen Jahre
in einem Kinderheim und
wie ich in meiner
Dienstfamilie gedemütigt
wurde
Aus dem Italienischen
448 Seiten
ISBN 978-3-404-60976-5

Gleich nach ihrer Geburt wird die kleine Emma von ihrer Mutter ausgesetzt. Sie kommt in ein Kinderheim, in dem die Nonnen ein brutales Regiment führen: Der Alltag der Heimmädchen ist durchgetaktet, und noch der kleinste Regelverstoß wird mit drakonischen Strafen geahndet. Liebe und Zuneigung lernt Emma während der langen Jahre im Heim nie kennen. Ihre einzige Bezugsperson ist ihre leibliche Schwester Clotilde, doch die will von Emma nichts wissen. Kurz nach ihrem achtzehnten Geburtstag setzen die Nonnen Emma auch noch ohne Vorankündigung vor die Tür. Von einem Tag auf den anderen soll sie völlig alleine zurecht kommen ...

Bastei Lübbe

*Die Geschichte meiner autistischen Tochter
und der Katze, die sie rettete*

Arabella Carter-Johnson
IRIS UND THULA
Die Katze, die unsere
Familie rettete
Aus dem Englischen
von Bernhard Schmid
384 Seiten
mit Abbildungen
ISBN 978-3-404-60962-8

Die kleine Iris Grace ist anders. Von Geburt an jagt ihr die Welt
Furcht ein, sie lacht nie und will einfach nicht sprechen. Als Iris
drei Jahre alt ist, sucht ihre Mutter Hilfe. Die niederschmetternde
Diagnose lautet schwerer Autismus. Die Ärzte sagen, Iris werde
ihre Eltern niemals Mama und Papa nennen.

Doch dann lernt Iris die Katze Thula kennen. Die beiden werden
sofort beste Freunde und unternehmen fortan alles zusammen.
Iris und Thula malen, spielen, baden, kuscheln, schlafen und
erkunden gemeinsam die Welt, als ein Wunder geschieht: Iris
beginnt zu sprechen ...

Eine bezaubernde, wahre Geschichte.

Bastei Lübbe